Repensando a Prescrição

O GEN | Grupo Editorial Nacional – maior plataforma editorial brasileira no segmento científico, técnico e profissional – publica conteúdos nas áreas de ciências sociais aplicadas, exatas, humanas, jurídicas e da saúde, além de prover serviços direcionados à educação continuada e à preparação para concursos.

As editoras que integram o GEN, das mais respeitadas no mercado editorial, construíram catálogos inigualáveis, com obras decisivas para a formação acadêmica e o aperfeiçoamento de várias gerações de profissionais e estudantes, tendo se tornado sinônimo de qualidade e seriedade.

A missão do GEN e dos núcleos de conteúdo que o compõem é prover a melhor informação científica e distribuí-la de maneira flexível e conveniente, a preços justos, gerando benefícios e servindo a autores, docentes, livreiros, funcionários, colaboradores e acionistas.

Nosso comportamento ético incondicional e nossa responsabilidade social e ambiental são reforçados pela natureza educacional de nossa atividade e dão sustentabilidade ao crescimento contínuo e à rentabilidade do grupo.

Alexandre Freitas
Câmara

Repensando a Prescrição

gen | atlas

- O autor deste livro e a editora empenharam seus melhores esforços para assegurar que as informações e os procedimentos apresentados no texto estejam em acordo com os padrões aceitos à época da publicação, e todos os dados foram atualizados pelo autor até a data de fechamento do livro. Entretanto, tendo em conta a evolução das ciências, as atualizações legislativas, as mudanças regulamentares governamentais e o constante fluxo de novas informações sobre os temas que constam do livro, recomendamos enfaticamente que os leitores consultem sempre outras fontes fidedignas, de modo a se certificarem de que as informações contidas no texto estão corretas e de que não houve alterações nas recomendações ou na legislação regulamentadora.
- Fechamento desta edição: 24.01.2023.
- O autor e a editora se empenharam para citar adequadamente e dar o devido crédito a todos os detentores de direitos autorais de qualquer material utilizado neste livro, dispondo-se a possíveis acertos posteriores caso, inadvertida e involuntariamente, a identificação de algum deles tenha sido omitida.
- **Atendimento ao cliente: (11) 5080-0751 | faleconosco@grupogen.com.br**
- Direitos exclusivos para a língua portuguesa
  Copyright © 2023 by
  Editora Atlas Ltda.
  Uma editora integrante do GEN | Grupo Editorial Nacional
  Travessa do Ouvidor, 11
  Rio de Janeiro – RJ – 20040-040
  www.grupogen.com.br
- Reservados todos os direitos. É proibida a duplicação ou reprodução deste volume, no todo ou em parte, em quaisquer formas ou por quaisquer meios (eletrônico, mecânico, gravação, fotocópia, distribuição pela Internet ou outros), sem permissão, por escrito, da Editora Forense Ltda.
- Capa: Bruno Sales Zorzetto
- **CIP – BRASIL. CATALOGAÇÃO NA FONTE.
  SINDICATO NACIONAL DOS EDITORES DE LIVROS, RJ.**

  C172r

  Câmara, Alexandre Freitas
  Repensando a prescrição / Alexandre Freitas Câmara. – 1. ed. – Barueri [SP]: Atlas, 2023.
  256 p. ; 21 cm.

  Inclui bibliografia
  ISBN 978-65-5977-489-0

  1. Direito civil - Brasil. 2. Prescrição (Direito civil). I. Título.

  23-82105
  CDU: 347.131.2(81)

Gabriela Faray Ferreira Lopes - Bibliotecária - CRB-7/6643

Este livro é especialmente dedicado ao meu filho mais novo, Guilherme. Comecei a escrevê-lo ao mesmo tempo que recebi a notícia de sua aprovação no vestibular, tendo ele começado a estudar Direito. Que minha obra possa ser mais um meio de comunicação entre nós dois e que o Direito possa nos aproximar mais ainda, nós que sempre fomos tão próximos.

É dedicado também ao meu filho mais velho, Rodrigo, que está terminando seu curso de graduação em Direito. Desejo a ele todo sucesso na vida profissional.

Igualmente dedico este livro a Janaína, minha maior incentivadora. Depois de tantos anos juntos, vermos nossos filhos trilhando seus caminhos dá uma sensação de dever cumprido. Mas sabemos que pais e mães não descansam nunca. Ainda há muito a fazer. Obrigado por estar sempre ao meu lado.

PREFÁCIO

Alexandre Freitas Câmara gentilmente me convidou para prefaciar a sua mais nova empreitada jurídica. *Repensando a prescrição* é uma monografia instigante, não apenas pelo tema em si mas também pelo que diz do autor. O opúsculo desvela um conjunto de conhecimentos de um jurista com maturidade acadêmica e profissional, que, desde sempre, transitou entre o direito processual e o material. Seja nesta obra, seja em todos os seus trabalhos, Câmara inova sobre o dito e redito, pisado e repisado, proporcionando ao leitor, em linguagem direta e clara, uma distinta e sempre fundamentada forma de compreensão de um modelo jurídico.

Cogito que o aceno ao diálogo se deva a um conjunto de motivos: a nossa *alma mater* UERJ – Alexandre foi meu "calouro"; uma amizade antiga, movida pela mútua admiração intelectual; e, principalmente, a possibilidade de materializar um colóquio entre um civilista e um processualista, em uma temática cujas fronteiras são fluidas e os meus escritos pregressos denotam algumas posições diversas às defendidas pelo monografista na belíssima obra que se segue. Como bem sintetiza Câmara, "a prescrição é um tema do Direito Material que tem evidentes aspectos de Direito Processual Civil. Esses aspectos, porém, costumam ser deixados de lado, ou tratados de modo muito superficial, nos textos escritos por civilistas".

Estou em débito (imprescritível) com o autor e com os leitores, pois, apesar de fascinado com o tema, jamais canalizei energia suficiente para lhe dedicar uma obra autônoma. Talvez, ao contrário de Câmara, eu não guarde algo original e marcante a ser dito, que mereça publicidade. Para além do primeiro volume da coleção de Direito Civil, remeto os interessados no tema aos meus escritos esparsos.[1, 2, 3] Aliás, minha mais recente incursão ao universo da prescrição se encontra em uma aula de 50 minutos especialmente dedicada à sua natureza jurídica e disponibilizada ao público na plataforma do *YouTube*.[4]

Jamais pretenderia me servir deste espaço privilegiado para resumir o livro, colacionando todas as suas ideias e temas visitados. Se, nas palavras de Umberto Eco, a concisão é a essência da inteligência, Câmara merece todos os encômios. Assim, de forma pragmática, opto por antecipar ao leitor as minhas impressões sobre as passagens em que o autor apresenta as mais significativas cisões ao *status quo* da prescrição. Não se trata de uma tarefa singela, pois a obra transpira inovação por todos os poros. Mesmo quando adere ao senso comum, Câmara transcreve doutrina e jurisprudência apenas como passo inicial para a propositura de novos argumentos.

Alexandre Câmara inaugura o ensaio de maneira avassaladora: em seu "Conceito e razão de ser da prescrição", não se limita a reverberar a doutrina que recusa a prescrição como causa extintiva da ação ou como causa extintiva da pretensão material. O monografista assume postura vanguardista no Direito brasileiro ao desafiar a posição contemporânea da prescrição como causa de encobrimento da eficácia da pretensão material, assumindo-a como causa de extinção do direito a uma prestação, corroborando o tão combatido posicionamento de Caio Mário da Silva Pereira

---

1   ROSENVALD, Nelson. Prescrição: da exceção à objeção. In: FARIAS, Cristiano Chaves de (org.). *Leituras complementares de Direito Civil*. Salvador: JusPodivm, 2007. p. 190.

2   ROSENVALD, Nelson. Quatro sugestões para o aperfeiçoamento da prescrição no Direito Civil. *O Direito Civil em movimento*: desafios contemporâneos. 4. ed. Salvador. JusPodivm, 2022.

3   ROSENVALD, Nelson. O novo *design* da prescrição. *O Direito Civil em movimento*: desafios contemporâneos. 4. ed. Salvador. JusPodivm, 2022.

4   CONCEITOS fundamentais de Direito Civil – Nelson Rosenvald – prescrição. [*S.l.: s.n.*], 2020. 1 vídeo (55min17s). Publicado pelo canal Nelson Rosenvald. Disponível em: <www.youtube.com/watch?v=E2hr6MPcsdg>. Acesso em: 20.12.2022.

PREFÁCIO | IX

com argumentos ajustados ao estado da arte que transcendem o Direito Material.

Em publicação recente,[5] tive a oportunidade de mencionar que, tão logo se verifique o período de prescrição, o direito do credor não se extinguiu, tampouco a sua pretensão, apenas surge para o devedor o direito potestativo de recusar o cumprimento da prestação (opinião que, certamente, Câmara não compartilha). Não há nenhuma razão para um sistema jurídico ser paternalista a ponto de proteger um devedor que quer cumprir uma obrigação:

> O direito civil evoluiu bastante no tocante à compreensão da natureza da prescrição. Há muito restou superada a tese da prescrição como perda da ação (Clóvis Bevilácqua) ou como fenômeno da perda do direito subjetivo pelo credor (Caio Mário). Para um civilista desavisado, ainda prevalece uma terceira teoria, pela qual a prescrição importa na extinção da pretensão do credor, por sua inércia durante certo período fixado em lei. De fato, uma leitura do artigo 191 do Código Civil remete a essa açodada conclusão. Contudo, como já explicaram Barbosa Moreira e Humberto Theodoro Júnior, a prescrição é um fato jurídico que cria uma exceção destinada a neutralizar a eficácia da pretensão e não uma forma de sua extinção. Em outras palavras, a irrupção da prescrição não invalida a pretensão do credor, pois o crédito permanece exigível em face do devedor. O quê a prescrição propicia é o nascimento de um direito potestativo para o devedor: ele possuirá a discricionariedade de invocar um contradireito, pela via da exceção da prescrição. Compete exclusivamente ao demandado decidir se alegará a defesa indireta de mérito (como exceção substancial peremptória), ou se simplesmente renunciará à prescrição consumada, conforme lhe oportuniza o artigo 191 do Código Civil. Se essa for a opção, mesmo após a prescrição o credor verá reconhecida a sua pretensão, com autoridade de coisa julgada material. Em uma singela analogia, podemos dizer que a incidência da prescrição não retira a espada do credor, mas faculta ao devedor o uso de um escudo que neutraliza a eficácia do golpe. Todavia, se o devedor rejeitar o escudo, será atingido pela espada, mesmo que o débito esteja prescrito.

Entretanto, nas primeiras 40 páginas deste livro, com fundamento nas vicissitudes de nosso ordenamento e sólidos argumentos,

---

5 ROSENVALD, Nelson. O novo *design* da prescrição. *O Direito Civil em movimento*: desafios contemporâneos. 4. ed. Salvador. JusPodivm, 2022.

Alexandre Freitas Câmara propõe alternativas à minha narrativa. Confesso que estou "assimilando o golpe", sendo impossível redigir uma réplica minimamente decente no prazo e espaço que me foram conferidos. Porém, se algum dia uma resposta elaborada vier a lume, iniciarei homenageando o estimado Câmara por trazer impressionantes elementos ao debate. Fato é que há 20 anos civilistas e processualistas requentam a polêmica sobre a dicção do art. 189 do CC: a prescrição seria compreendida literalmente como extinção da pretensão ou, de forma mais elaborada, como fato jurídico que neutraliza a sua eficácia? Subitamente, Câmara propõe a superação da aparente dicotomia, revigorando a noção da prescrição como causa de extinção do direito material à prestação, fornecendo, a partir de Carnelutti, a importante diferenciação entre as noções material e processual de pretensão – com o interesse de agir como medida –, assumindo que apenas duas posições jurídicas de vantagem merecem reconhecimento: o direito subjetivo e a ação.

Como se não fosse suficiente, de maneira vanguardista, o autor sustenta a prescrição como um procedimento, e não propriamente um fato jurídico atomizado no decurso de determinado prazo. O procedimento se amolda a várias possibilidades, e, não obstante a possibilidade inédita de reconhecimento de ofício da prescrição no Direito brasileiro, em qualquer das hipóteses examinadas, haverá a necessidade de o demandado alegar a prescrição para a completude do desenvolvimento do procedimento prescricional, com exceção da improcedência liminar fundada em prescrição, que conduzirá a uma "prescrição presumida".

Para a próxima edição (certamente muitas virão), já sugiro ao Câmara que justifique por qual razão o ato de amoldar a prescrição a um procedimento – o que é certo – automaticamente remove o principal questionamento à insuficiência da tese da prescrição como extinção ao Direito, qual seja, a de que o Direito persiste por não ser possível a repetição de pagamento de dívida prescrita. E, junto a esse complemento, aguardamos a sua costumeira precisão na fundamentação da oposição ao conceito de "obrigação natural", que aqui foi rapidamente citada como tema para outro livro.

Na sequência, Câmara ingressa em uma abordagem "aparentemente" menos problemática: a distinção entre prescrição e os modelos da decadência, *suppressio* e preclusão. Quanto aos dois últimos, perfilha posições majoritárias e praticamente consensuais. Nada obstante, ao frisar que a prescrição atinge o direito subjetivo

PREFÁCIO | XI

a uma prestação, enquanto a decadência alcança o direito potestativo, distinção forjada em critérios de direito substancial, e não de direito processual, contesta parcialmente a festejada lição de Agnelo Amorim Filho que avançava na distinção entre o direito a uma prestação e o direito potestativo, situando a tutela processual daquela nas ações condenatórias, ao passo que a proteção dos direitos potestativos seria canalizada por ações constitutivas.

Parece-nos correta a premissa de que nem todo direito subjetivo a uma prestação será necessariamente deduzido em juízo mediante demandas condenatórias e que nem todo direito potestativo será necessariamente deduzido em juízo por meio de demandas constitutivas. Contudo, ao apresentar outra igualmente acertada colocação – quanto à distinção entre o direito a uma prestação e o direito potestativo, aquele se referindo a uma ordem de cooperação, correspondendo a um dever jurídico, passível de violação, enquanto os direitos potestativos são invioláveis, pois sua realização não corresponde a dever algum, porém a um estado de sujeição que submete uma parte ao desígnio de outra, sem que a isso possa se opor –, parece-me que surge uma contradição. Na medida em que a violação de uma prestação aciona o mecanismo da "pretensão" de direito material como exigibilidade, chave para a compreensão do fenômeno da prescrição, a circunstância de o direito potestativo dispensar um comportamento de um devedor e sua consequente violação, elide o conceito da pretensão dos domínios da decadência. Em suma, o autor exclui a pretensão do cerne da prescrição e, ao tratar da decadência como espécie distinta de extinção de direitos subjetivos, opta por não fazer menção a ela.

Adiante, outro ponto de fricção entre o que Câmara propõe e aquilo que costumeiramente lemos nos manuais concerne à possibilidade de o silêncio do demandado ser considerado um ato de renúncia à prescrição, vale dizer, da interpretação do silêncio como manifestação de vontade. O problema se coloca quando, intimado para manifestar-se sobre a possibilidade de reconhecimento da prescrição de ofício, o demandado silencia, deixando transcorrer o prazo. Enquanto, a teor do art. 114 do CC, a *communis opinio* se inclina a rejeitar o silêncio como hipótese de renúncia tácita da prescrição, o monografista edifica proposta pertinente, tomando o conceito da boa-fé processual como proteção normativa da legítima confiança, concluindo que, se o juiz, ao proferir o despacho, cumprir seu dever de advertência, determinando às partes que se manifestem sobre a possibilidade de reconhecimento da prescrição – ficando, desde logo, advertido o demandado de que seu silêncio será interpretado como renúncia tácita –, tal comportamento assim será considerado.

No que concerne à opção legislativa pela inalterabilidade convencional dos prazos prescricionais (art. 192 do CC), adiro à crítica de Câmara no sentido de que não parece adequado, nos dias atuais, em que há grande valorização da liberdade negocial até em campos tradicionalmente infensos às convenções entre particulares (como é o caso dos negócios jurídicos processuais), que simplesmente se vede qualquer alteração do prazo prescricional. O ideal seria a fixação de limites dentro dos quais essa negociação fosse permitida, estabelecendo-se critérios para determinação de um patamar mínimo (por exemplo, metade do prazo previsto em lei) e máximo (por exemplo, dez anos), permitida a alteração do prazo desde que dentro desse intervalo. No particular, em outra oportunidade, elaborei crítica ao art. 192 do CC:

> A referida norma é incoerente com a natureza jurídica patrimonial e disponível do modelo da prescrição. Nada haveria de errado se fosse permitido às partes "contratualizar" prazos prescricionais, seja para facilitar a sua incidência (reduzindo-os) ou para torná-la mais difícil de ocorrer (ampliando-os). Certamente, a autonomia privada das partes seria restrita ao campo dos contratos civis negociados e conformada por limites mínimos (*v.g.* 6 meses) e máximos (*v.g.* 20 anos) de modulação, a fim de se evitar uma "imprescritibilidade" negocial ou prazos extremamente exíguos em detrimento da satisfação do interesse do credor.[6]

Notas de rodapé são importantes sinais daquilo que o autor pensa, porém não julga fundamental naquele contexto. Na nota de n. 19, do Capítulo 2, por exemplo, Câmara anota: "E aqui se deixa claro que a usucapião, embora frequentemente chamada de 'prescrição aquisitiva', não se trata verdadeiramente de prescrição". Creio que, em uma revisão da obra, seria positivo remeter ao corpo do texto a importante advertência ao leitor – tal como bula de remédio – sobre a importância de extirparmos do vocabulário jurídico a expressão "prescrição aquisitiva". A noção pode

---

6   ROSENVALD, Nelson. Quatro sugestões para o aperfeiçoamento da prescrição no Direito Civil. *O Direito Civil em movimento*: desafios contemporâneos. 4. ed. Salvador. JusPodivm, 2022.

PREFÁCIO | XIII

ser justificada por força da tradição, mas não encontra recepção na atualidade. Ademais, tratar a usucapião como uma espécie de "prescrição aquisitiva" é outro equívoco que remonta às codificações iluministas. A prescrição se localiza no campo obrigacional, como mais um fato jurídico que faculta ao devedor excepcionar a eficácia de um crédito (tal como o pagamento, a compensação, a novação) sem adentrar no território dos direitos reais. A propriedade não se submete à prescrição em razão de uma longa desídia de seu titular. Inversamente, o que ocorre é que um dos efeitos de uma posse duradoura e inconteste é o de se conferir ao possuidor o direito de propriedade, homenageando-se a aparência de titularidade, estabilizando-se a confiança de terceiros com quem o possuidor se relacionou e imprimindo-se segurança jurídica pela neutralização de conflitos de titularidades. Nada a ver, portanto, com um fato jurídico propiciado pela passagem do tempo, que permite ao devedor neutralizar a pretensão do credor.

Mais uma vez elogiamos Câmara, ao tratar meticulosamente dos fundamentos subjacentes a cada causa impeditiva, suspensiva ou interruptiva do fluxo do prazo prescricional. Especificamente quanto à precisa hermenêutica da regra que estabelece não correr contra os absolutamente incapazes o prazo prescricional, tendo em vista a tutela do melhor interesse da criança, que, por vezes, acarretará ao jovem um tratamento menos favorável do que aquele que teria se o prazo tivesse corrido. Aproveitamos para ferir uma celeuma decorrente da vigência do Estatuto da Pessoa com Deficiência. Sabemos que as pessoas com deficiência, quando curateladas, serão relativamente incapazes (art. 4º, III, do CC), e não mais absolutamente incapazes, tal como na versão original do Código Civil de 2002. Por conseguinte, a prescrição correrá normalmente contra aquela pessoa que, em razão de deficiência psíquica ou intelectual, não pode se autodeterminar, apenas restando a ela responsabilizar o seu curador pela desídia em exercer pretensões contra terceiros nos prazos prescricionais legais (art. 195 do CC). Todavia, em vários países europeus, além dos prazos legais de suspensão da prescrição, há uma tendência de intervenção legislativa mais suave, mediante a possibilidade de um "adiamento do termo", no qual o prazo de prescrição corre, mas só se completa após a passagem de certo período suplementar. Dessa forma, circunstâncias excepcionais, como negociações entre as partes sobre o processo, a morte de uma das partes ou a falta de capacidade de uma delas, conduzirão ao adiamento do termo, mesmo fora das hipóteses de suspensão da prescrição taxativamente previstas em lei. A justificativa do adiamento é a máxima do direito comum, *agere non valenti non currit praescriptio*, isto é, a prescrição não corre contra quem não está apto a fazer valer o seu crédito. Em termos gerais, a lei só pode interferir com o curso do período prescricional quando absolutamente necessário para a proteção do credor.

Homenageando a diretriz da operabilidade (tão cara a Miguel Reale), no tocante à dicotomia interrupção/suspensão da prescrição – que pouco diz em termos de clareza, pois os termos se assemelham em nosso imaginário –, sugerimos a Câmara a seguinte reflexão: seria bom se substituíssemos a clássica *interruptio temporis* pela menos estranha e mais clara expressão "renovação" da prescrição, tal como se fez na reforma do BGB. Assim, ficaria claro que, todas as vezes que o credor exterioriza uma conduta objetiva de quem quer receber (*v.g.*, ajuizamento da demanda, protesto de um título), ou o devedor demonstra o interesse de cumprir (*v.g.*, paga parte da dívida ou amortiza os juros), temos um puro e simples recomeço da contagem.

Outro ponto digno de aplausos é o esmero de Câmara ao dialogar com os prazos prescricionais específicos do Código Civil, de 1 a 10 anos, sobretudo ao aclarar posições jurisprudenciais que conduzem a conclusões açodadas. A meu viso, Câmara se coloca de forma adequada na controvérsia acerca da exata determinação do termo inicial da prescrição, perfilhando-se àqueles que fixam o termo inicial de forma objetiva, considerando que – salvo expressa determinação legal em sentido diverso – o prazo corre a partir do exato momento em que se dá a violação do direito subjetivo, independentemente de o titular do direito ter ou não ciência de que a violação ocorreu.

Seguindo minha função propositiva, sugiro ao monografista uma reflexão de reforço à segurança jurídica nas hipóteses de aplicação da teoria subjetiva na contagem de prazos prescricionais. Tradicionalmente, o legislador aplica a teoria objetiva, pela qual a contagem do prazo prescricional tem início no momento do nascimento da pretensão do credor (interesse processual, segundo Câmara) – seja o momento da violação de um crédito (responsabilidade contratual), seja quando consumado o dano (responsabilidade extracontratual). Contudo, há uma tendência de, em algumas hipóteses, aplicar-se o critério subjetivo da *actio*

PREFÁCIO | XV

nata, pelo qual o prazo prescricional se inicia ao tempo em que o titular do direito violado tenha conhecimento de quem é o devedor ou do próprio fato danoso que dará origem à demanda. Assim se dá, ilustrativamente, pelo art. 27 do CDC, na prescrição de cinco anos por acidentes de consumo ou na ação de indenização nas relações de trabalho, cujo termo inicial do prazo prescricional será a data em que o segurado teve ciência inequívoca da incapacidade laboral (Súmula n. 278 do STJ). A adoção da teoria subjetiva nesses casos é consentânea à tutela da boa-fé do titular do direito violado que não se mostrou desidioso, pela real impossibilidade de agir. Contudo, é necessário delimitar os períodos de impedimento do curso de prescrição. Ou seja, são necessários dois prazos: um prazo razoável (e breve), para que um credor de boa-fé (seja o consumidor-vítima, seja o trabalhador) possa descobrir a autoria e a extensão do fato danoso, e outro prazo (mais longo), a fim de que exerça a sua pretensão. Só assim impede-se o risco de uma "imprescritibilidade" subjetiva de demandas, pois uma vítima que agisse negligentemente utilizaria a seu favor o argumento de que apenas "ontem" teve a inequívoca ciência de um fato acontecido há mais de 30 anos. Enfim, uma boa dica de como aperfeiçoar o sistema se encontra no regime prescricional de vícios redibitórios do art. 445 do Código Civil.

Aproximando-se do término da obra, Câmara ingressa em fundamentais aspectos processuais da prescrição. Adiro aos excelentes argumentos no tocante à alegabilidade em qualquer tempo e grau de jurisdição. Todavia, tenho algo a acrescer quanto à veemente crítica à cognoscibilidade de ofício, na qual o autor cuidadosamente adapta o art. 487, II, do CPC a princípios e regras que privilegiam o contraditório e a cooperação. Desde o advento da Lei n. 11.280/2006, refuto esse despautério jurídico.[7] Se a reforma processual pretendeu transformar o ordenamento em um laboratório, com base em um experimento apto a converter uma exceção de direito material em objeção – sob pretexto da indisponibilidade da prescrição como matéria de ordem pública – entre razões insuspeitas, tencionou conceder sentido ao art. 189 do

---

7   Oportunidade em que indaguei: "O magistrado possui uma 'bola de cristal' para antever a inexistência de causas suspensivas ou interruptivas ao curso da prescrição"? (ROSENVALD, Nelson. Prescrição: da exceção à objeção. In: FARIAS, Cristiano Chaves de (org.). *Leituras complementares de Direito Civil*. Salvador: JusPodivm, 2007. p. 190).

Código Civil, ao arbitrar que a pronúncia da prescrição "extingue a pretensão". Com efeito, no plano legislativo, a cognoscibilidade de ofício esvazia o argumento daqueles (como eu) que compreendem a prescrição como fato jurídico que cria uma exceção que paralisa a eficácia da pretensão, mediante uma defesa indireta de mérito.

Em acréscimo aos argumentos que Câmara tão bem destacou, rememoremos que uma nova lei processual não revoga o direito material, porém apenas altera procedimento. Daí que, no que concerne especificamente ao reconhecimento de ofício após a citação, podemos compreender a prescrição como objeção somente pelo ângulo processual, entendendo o interesse público como uma tentativa de aceleração de movimentação processual na qual o juiz não decide a prescrição de ofício, todavia pode "localizá-la" oficiosamente, inaugurando um contraditório prévio no qual observará a razoável duração do processo, intimando o réu para o exercício do direito à participação, oportunidade na qual, além de corroborar o reconhecimento da prescrição, outros dois desfechos não podem ser descartados: a) a faculdade de o demandado renunciar à prescrição, não apenas como um ato de autonomia privada mas também como preservação a sua honra, como direito da personalidade, preferindo efetuar o pagamento, evitando a pecha de mau pagador. Por mais que essa hipótese seja de difícil concreção, urge preservar a diretriz da eticidade, tão cara a Miguel Reale. O ordenamento jurídico não pode ser paternalista a ponto de tutelar um devedor que anseia cumprir a sua obrigação, restando ao magistrado homologar o reconhecimento do pedido (art. 487, III, do CPC); b) eventualmente, poderá o demandado suscitar que a dívida já foi paga. Extinta a obrigação, pretende ultrapassar a preliminar de mérito da prescrição para pleitear a repetição em dobro mediante pedido contraposto (art. 940 do CC). Não se olvide que o contraditório alcançará o demandante (art. 487, parágrafo único, do CPC), cuja réplica poderá concretizar o seu direito de influência, apresentando fato novo, basicamente uma causa suspensiva ou interruptiva da prescrição, normalmente por ato do credor (*v.g.*, protesto extrajudicial) ou, excepcionalmente, do próprio devedor (reconhecimento tácito do débito pelo pagamento de juros).

A meu juízo (suponho que com a discordância de Câmara), a cognoscibilidade de ofício é adequada na execução fiscal (Súmula

n. 409 do STJ) pela própria particularidade da natureza da prescrição no Direito Tributário (art. 156, V, do CTN), extinguindo o crédito tributário em si, e não a pretensão. Entretanto, em hipóteses de assimetria – como na Justiça do Trabalho, no Direito do Consumidor e no Estatuto da Pessoa Idosa –, parece-nos inadmissível a possibilidade de decretação oficiosa da prescrição de créditos, ou mesmo de sua localização de ofício, sendo imperiosa a provocação da exceção de direito material pelo empregador, fornecedor ou daquele que contratou com a pessoa idosa. Posicionamento contrário remete a um *venire* estatal, diante da lógica incompatibilidade entre a principiologia de proteção deferida a sujeitos vulneráveis, de um lado, e o reconhecimento oficioso de uma prescrição que possa lhes prejudicar, de outro.

Alexandre Câmara está de parabéns. Elegantemente, insere o seu nome na fabulosa aventura da prescrição. Tal como na ficção colaborativa do *chain novel* de Dworkin, na necessária busca por integridade e coerência, o autor redige a sua página, sempre referenciando os protagonistas dos capítulos antecedentes. Se mereci o privilégio de ser um dos primeiros leitores do livro, muito me alegrará presenciar a sua necessária divulgação, bem como a participação de encontros com processualistas e civilistas sobre as importantes reflexões aqui apresentadas.

Belo Horizonte, Copa do Mundo de 2022.

Nelson Rosenvald
Procurador de Justiça do Ministério Público de Minas Gerais.
Pós-Doutor em Direito Civil na Università Roma Tre.
Pós-Doutor em Direito Societário na Universidade de Coimbra.
Visiting Academic na Oxford University. Professor Visitante na
Universidade Carlos III. Doutor e Mestre em Direito Civil
pela PUC-SP. Presidente do Instituto Brasileiro de
Estudos de Responsabilidade Civil (Iberc). Professor
do PPGD (Doutorado e Mestrado) do IDP/DF.

APRESENTAÇÃO

Há muitos e muitos anos, digo, em livros, aulas e palestras, que não se pode ser um bom processualista sem conhecer, e bem, o Direito Material. Embora pareça um truísmo, e talvez realmente o seja, ainda são raras as abordagens sobre o Direito Material vindas de processualistas.

Alexandre Câmara é, por isso, uma ave rara.

Sua excelente formação em Direito Privado, aliada ao exercício profissional de advogado e, depois, desembargador em órgão judicante cível, levou-o a escrever muitos trabalhos sobre as interações entre o processo e o Direito Material ou sobre temas de Direito Material com óbvia repercussão no processo.

A prescrição é um desses temas.

Há quase 20 anos, Alexandre publicou um texto, que deve ser um dos seus mais citados, em cujo título havia uma palavra insólita que adjetivava uma das reformas legislativas sobre a prescrição: "descabeçada"[1]. Ele indignara-se com a (aparente) solução legal que permitia ao órgão julgador conhecer *ex officio* da prescrição, em qualquer caso. Considerava, então, que essa regra

---

1 CÂMARA, Alexandre Freitas. Reconhecimento de ofício da prescrição: uma reforma descabeçada e inócua. *Professor Flávio Tartuce*. Disponível em: <www.flaviotartuce. adv.br/artigos_convidados/22>. Acesso em: 16.12.2022.

era inconstitucional, porque, sendo a prescrição um direito, de resto renunciável (art. 191 do Código Civil), não poderia o juiz exercê-lo pelo devedor, o que seria invasão indevida do Estado na esfera privada.

Câmara volta ao tema da prescrição, agora apresentando um panorama mais vasto: embora, confessadamente, não tenha pretendido produzir um tratado, a ideia é sobrevoar os diversos aspectos da dogmática da prescrição, expondo, aqui e acolá, seus posicionamentos sobre discussões clássicas e trazendo visões originais sobre problemas ainda não devidamente enfrentados. Entre aquele texto indignado e esta obra monográfica, o exercício da magistratura no Tribunal de Justiça do Estado do Rio de Janeiro foi o fato que deu ao livro grande vivacidade intelectual e enorme importância prática.

Ademais, há algo que não é de somenos importância: Câmara conhece e respeita a língua portuguesa, além de ser muito claro em suas ideias – o que facilita a compreensão, a aplicação e o confronto.

O chavão é inevitável, ao final: Câmara é um dos gigantes da minha geração (embora seja ele quatro anos mais velho do que eu) e é, também por isso, uma enorme honra poder apresentar este seu novo livro.

Parabéns ao autor e à Editora.

SRN.

Salvador, novembro de 2022.

Fredie Didier Jr.

SUMÁRIO

Nota introdutória 1

1 Conceito e razão de ser da prescrição 5
    1.1. A prescrição como causa extintiva da ação 6
    1.2. A prescrição como causa extintiva da pretensão material.. 10
    1.3. A prescrição como causa de encobrimento da eficácia da pretensão material 16
    1.4. A prescrição como causa de extinção do direito a uma prestação 19
    1.5. A prescrição como procedimento 27

2 Distinção entre prescrição e institutos afins: decadência, *suppressio* e preclusão temporal 37
    2.1. Distinção entre prescrição e decadência 37
    2.2. Distinção entre prescrição e *suppressio* 46
    2.3. Distinção entre prescrição e preclusão 50

3 Renúncia à prescrição 53

XXII | REPENSANDO A PRESCRIÇÃO • ALEXANDRE FREITAS CÂMARA

4   Inalterabilidade convencional dos prazos prescricionais...   63

5   Impedimento e suspensão do prazo prescricional............   69

6   Interrupção do prazo prescricional.................................   103

7   Prazos prescricionais..   133
    7.1. Considerações introdutórias: o termo inicial e o termo final do prazo...   133
    7.2. Prazo geral de dez anos..   138
    7.3. Os prazos prescricionais de um ano.................................   140
    7.4. O prazo prescricional de dois anos...................................   150
    7.5. Os prazos prescricionais de três anos..............................   153
    7.6. O prazo prescricional de quatro anos..............................   183
    7.7. Os prazos prescricionais de cinco anos...........................   184

8   A "prescrição intercorrente"...   191

9   Aspectos processuais...   199
    9.1. Cognoscibilidade de ofício...   199
    9.2. Alegabilidade em qualquer tempo e grau de jurisdição...   208
    9.3. A necessidade de contraditório prévio ao reconhecimento da prescrição...   217

Referências...   221

NOTA INTRODUTÓRIA

Foi ao estudo do Direito Processual Civil que dediquei toda minha vida, mas há temas de Direito Material, especialmente do Direito Civil, que me encantam. Por isso, já tive oportunidade de escrever algumas linhas sobre institutos como o matrimônio ou o contrato estimatório. Foram, porém, textos curtos, artigos científicos. Agora, decidi escrever algo mais extenso sobre um tema que há muito me intriga (e sobre o qual já havia também escrito algumas poucas linhas), a prescrição.

Embora se trate de um instituto de Direito Material, a prescrição tem forte presença no processo civil, já que é ali que pode ela ser reconhecida. E, como está muito claramente exposto na vigente legislação processual (assim como já estava no texto legal anterior), o pronunciamento judicial acerca da prescrição é capaz de resolver o mérito do processo. Sempre que li textos escritos por civilistas sobre prescrição, porém, desde os autores clássicos aos mais atuais, sempre tive a impressão de que se tratava do tema como se o Direito Processual Civil não existisse. E não me refiro apenas à legislação processual, mas também às conquistas científicas da doutrina processual. Não vejo, por exemplo, qualquer tentativa de diálogo, por parte dos civilistas, entre o conceito de pretensão (mencionado expressamente no art. 189 do Código Civil) e todo o debate que se travou na doutrina acerca da autonomia do direito de ação em relação ao Direito Material (a partir, exatamente, da polêmica entre Windscheid e Muther acerca do conceito romano de *actio*, que foi o ponto de partida para o desenvolvimento, no Direito Civil, do conceito de pretensão).

Razões como essas é que me levaram a escrever este opúsculo sobre a prescrição. Trata-se de uma tentativa de contribuir, a partir da visão de processualista, para a compreensão de um tema de Direito Civil. Evidentemente, submeto-me aqui às críticas que certamente virão dos especialistas na matéria. Todavia, esse é um preço que vale a pena pagar quando se pretende demonstrar que nenhum ramo do Direito pode ser pensado isoladamente, sobretudo se dissociado dos temas e institutos do Direito Processual. Afinal, o processo é condição de possibilidade do exercício da atividade jurisdicional, e é por meio desta que os conflitos de Direito Material são, muitas vezes, solucionados.

Não posso deixar de registrar também que este é o primeiro de diversos trabalhos que pretendo produzir. A ideia é tentar repensar institutos clássicos do Direito, alguns de Direito Processual Civil, outros de Direito Material, e, com isso, verificar se aquilo que majoritariamente se diz sobre eles está mesmo correto ou não. É mais uma tentativa, entre as muitas que tenho realizado ao longo dos anos, de contribuir para a evolução do pensamento jurídico e para sua aplicação prática no Brasil. Espero ter êxito na empreitada.

A honestidade intelectual me impõe deixar registrado, porém, que este trabalho não pretende esgotar o tema da prescrição. Não é um tratado nem um manual sobre o assunto. É apenas uma tentativa de, em sede monográfica, expor a forma – possivelmente original em alguns aspectos – com que penso o fenômeno. Procurei escrever em linguagem acessível, de modo que se pudesse ler um texto agradável.

Não é, de outro lado, uma obra fechada. Críticas e sugestões certamente contribuirão para que, numa eventual nova edição, o trabalho saia aperfeiçoado. Afinal, o livro deve ser visto como um retrato do pensamento do autor no momento em que é escrito, e novas edições podem trazer retratos distintos, em razão da evolução desse pensamento.

Devo, ainda, reafirmar que este não é um trabalho escrito por um civilista, mas por um processualista. Aliás, cheguei mesmo a pensar em dar ao livro outro título, que seria uma forma de homenagear um dos grandes nomes da ciência processual de todas as épocas. Este livro quase se chamou *Ela, a prescrição, vista por um processualista*. Mudei de ideia, contudo, quando me dei conta de que o mais importante seria deixar claro, desde o título, que minha intenção era repensar a prescrição no Direito Civil.

Ao finalizar esta nota introdutória, quero manifestar meu sincero desejo de que este livro possa ser útil não só para reflexões acadêmicas dos cientistas, mas também para a atuação profissional dos juristas práticos. Afinal, livros jurídicos devem ser úteis, pois, se não o forem, melhor teria sido não os escrever.

Alexandre Freitas Câmara

CONCEITO E RAZÃO DE SER DA PRESCRIÇÃO

A prescrição é um dos mais complexos institutos do Direito Civil. Próxima de outros, como a decadência, inclusive guardando semelhança com institutos de outras áreas do Direito, como a preclusão, é um dos possíveis efeitos do tempo sobre as relações jurídicas. Trata-se – e esta é uma premissa essencial para a compreensão do meu modo de ver o fenômeno – de algo absolutamente excepcional na vida dos direitos,[1] já que ordinariamente espera-se do direito a sua realização prática. Por conta disso, o reconhecimento da prescrição, que levará à não satisfação do direito, deve ser algo que raramente ocorre, e só mesmo em situações que a justifiquem plenamente.

Consequência disso é a grande massa de casos em que o prazo prescricional não começa a correr, se suspende ou se interrompe. Da mesma forma, é perfeitamente possível que se renuncie à prescrição, de modo que ela não possa ser reconhecida, ainda que já consumado o prazo prescricional.

---

1   No mesmo sentido, DINAMARCO, Cândido Rangel. A excepcionalidade da prescrição na vida dos direitos. *Fundamentos do processo civil moderno.* 3. ed. São Paulo: Malheiros Editores, 2000. v. I. p. 440, em que se lê: "A mais ampla consideração a ser feita em tema de prescrição é a da sua excepcionalidade na vida dos direitos".

Há casos, porém, em que a prescrição se justifica como sanção à inércia do titular do direito. Afinal, como há milênios se diz, o direito não socorre aos que dormem (*dormientibus non succurrit ius*). Realmente, é preciso, por uma questão de segurança jurídica, admitir que, em alguns casos, em razão do decurso do tempo, o titular do direito que tenha ficado inerte veja frustrada a possibilidade de vê-lo satisfeito.

É que, violado o direito, imagina-se que seu titular vá praticar atos tendentes à sua realização (como seria, por exemplo, o ajuizamento de demanda judicial contra seu devedor para o fim de exigir o cumprimento da obrigação não realizada). Há, porém, um limite temporal para que isso seja feito. Em uma explicação que certamente ainda é muito superficial, decorrido esse prazo sem que a demanda judicial tenha sido proposta, consuma-se a prescrição, o que impedirá a satisfação daquele direito cujo titular ficou inerte.

É preciso, todavia, tentar determinar o que é, exatamente, a prescrição. Por mais antigo que seja o instituto, ainda há muita dificuldade em conceituar o fenômeno, especialmente quando se verifica que há uma opção legislativa sobre o tema (art. 189 do Código Civil), e que essa opção legislativa não dialoga adequadamente com conceitos fundamentais do Direito Processual Civil. Por isso, inicia-se este estudo pelo exame das teorias mais importantes e conhecidas acerca do conceito de prescrição. Será, inicialmente, examinada a teoria clássica, segundo a qual a prescrição acarretaria a extinção da ação. Posteriormente, será examinada a concepção hoje mais aceita na doutrina brasileira, segundo a qual a prescrição seria causa extintiva da pretensão de direito material. Na sequência, será analisada a ideia de que a prescrição não extingue – mas apenas encobre – a eficácia dessa pretensão material. Por fim, será apresentada a teoria por mim adotada, segundo a qual a prescrição é causa extintiva do próprio direito material de exigir uma prestação.

1.1. A PRESCRIÇÃO COMO CAUSA EXTINTIVA DA AÇÃO

A mais clássica doutrina brasileira acerca da prescrição a definia como a perda da ação. Assim, por exemplo, Câmara Leal: "Para nós, prescrição é a extinção de uma ação ajuizável, em

CAP. 1 – CONCEITO E RAZÃO DE SER DA PRESCRIÇÃO | 7

virtude da inércia de seu titular durante um certo lapso de tempo, na ausência de causas preclusivas de seu curso".[2]
Segundo Câmara Leal, não é contra a inércia do direito,

> mas contra a inércia da ação, que a prescrição age, a fim de restabelecer a estabilidade do direito, fazendo desaparecer o estado de incerteza resultante da perturbação, não removida pelo seu titular. E, por isso, dirigindo-se contra a inércia da ação, a prescrição só é possível quando há uma ação a ser exercitada, e o deixa de ser, e não quando há simplesmente um direito que deixa de ser exercido.[3]

O raciocínio de Câmara Leal resulta do fato de que, segundo ele, a partir do momento em que passa a ser possível ajuizar uma ação, haveria um prazo (prescricional) para seu exercício. Ficando seu titular inerte, ou seja, não ajuizando a ação dentro do prazo (e sem que tivesse havido qualquer causa capaz de prolongar esse prazo), desapareceria a própria ação, o que, como consequência, tornaria o direito "inoperante".[4]

Essa não era uma posição isolada. Também Luiz Carpenter, em outro trabalho clássico sobre o tema, assim se pronunciou:

> [P]oderemos definir a prescrição liberatória como sendo um modo de extinção dos direitos em geral, salvo os imprescritíveis, em razão de que, violados, o respectivo titular ou sujeito deixou morrer, pelo decurso do tempo, a ação que os restabeleceria.[5]

De acordo com Carpenter, "[n]ão é a ação que se extingue porque o direito prescreve, como dizem alguns; é, pelo contrário, o direito que se extingue porque a ação prescreve".[6] Daí dizer o autor que "a prescrição fere diretamente a ação, e só por via de consequência o direito".[7]

Civilistas brasileiros mais modernos seguiram essa mesma linha. Assim, por exemplo, Silvio Rodrigues:

---

2 CÂMARA LEAL, Antônio Luís da. *Da prescrição e da decadência*. 2. ed. atual. por José de Aguiar Dias. Rio de Janeiro: Forense, 1959. p. 26.
3 Ibidem, p. 24-25.
4 Ibidem, p. 25.
5 CARPENTER, Luiz F. *Da prescrição*. 3. ed. Rio de Janeiro: Editora Nacional de Direito, 1958. p. 95-96.
6 Ibidem, p. 96.
7 Idem.

8 | REPENSANDO A PRESCRIÇÃO • ALEXANDRE FREITAS CÂMARA

O que perece, portanto, através da prescrição extintiva, não é o direito. Este pode, como ensina Beviláqua, permanecer por longo tempo inativo, sem perder sua eficácia. O que se extingue é a ação que o defende. Não exercendo por longo tempo o recurso judicial conferido para a defesa de um direito violado, seu titular se conforma com a situação de fato decorrente, e o ordenamento jurídico, ansioso por estabelecer condições de segurança e harmonia na vida social, permite que tal situação se consolide.[8]

Na mesma linha, manifestou-se Limongi França: "Prescrição é a perda da ação atribuída a um direito, e de toda a sua capacidade defensiva, em consequência do não uso delas durante um determinado espaço de tempo".[9]

Não só na doutrina brasileira, porém, foi possível encontrar defensores dessa posição. Também entre os franceses essa mesma ideia pode ser encontrada, por exemplo, em Planiol e Ripert: "Quando o credor permanece por muito tempo sem atuar, a lei o priva de sua ação".[10]

Mesmo entre autores modernos, essa concepção ainda é sustentada. É o caso, por exemplo, de Pietro Perlingieri, que afirma que "talvez seja preferível recorrer à cisão entre o momento substancial e o momento processual, entre direito e ação: a prescrição extinguiria a ação, não o direito".[11]

Essa concepção sobre a prescrição, todavia, é manifestamente inadmissível (e já não encontra eco na doutrina civilista). A inadmissibilidade da teoria aqui exposta resulta do fato de que ela era inteiramente baseada numa ideia, já há muito ultrapassada, de que o direito de ação seria algo inerente ao direito material (teoria imanentista da ação).

Por essa concepção, a ação era considerada o próprio direito material depois de violado. Tendo entre seus adeptos a figura magistral de Clóvis Beviláqua, a teoria civilista da ação via nesta mero *ius persequendi in iudicio*, ou seja, a ação era "o mesmo direito

---

8   RODRIGUES, Silvio. *Direito Civil*. 17. ed. São Paulo: Saraiva, 1987. v. 1. p. 343.

9   FRANÇA, R. Limongi. *Instituições de Direito Civil*. 3. ed. São Paulo: Saraiva, 1994. p. 193.

10   PLANIOL, Marcel; RIPERT, Georges. *Derecho Civil (parte B)*. Trad. Leonel Pereznieto Castro. Cidade do México: Harla, 1997. p. 726 (é do autor a tradução livre para o português, assim como serão todas as demais traduções, salvo indicação expressa em sentido contrário).

11   PERLINGIERI, Pietro. *Manuale di Diritto Civile*. 6. ed. Nápoles: Edizioni Scientifiche Italiane, 2007. p. 324.

CAP. 1 – CONCEITO E RAZÃO DE SER DA PRESCRIÇÃO | 9

em atitude de defesa". A ação era, então, vista como "elemento constitutivo do direito subjetivo".[12] Em outras palavras, para a teoria imanentista, a ação nada mais era do que uma manifestação do direito material, ou seja, era a forma como se manifestava o direito material após sofrer uma lesão.

Aliás, é importante observar que Clóvis Beviláqua, defensor da teoria imanentista da ação, foi o autor do anteprojeto que resultou no Código Civil de 1916 (que falava expressamente em prescrição da ação). Naquele mesmo Código, fez-se inserir um art. 75, por força do qual "[a] todo o direito corresponde uma ação, que o assegura".

Vale notar, por isso, que o próprio Beviláqua, ao comentar esse art. 75 do Código Civil revogado, demonstrava uma imensa confusão de conceitos. São suas palavras: "Como já se expoz nos Preliminares, cap. X, a acção é parte constitutiva do direito subjectivo, pois que é o próprio direito em atitude defensiva. Neste sentido, acção corresponde ao *Anspruch* do direito allemão".[13]

O que se percebe, então, é que aqueles que sustentaram a ideia de que a prescrição seria a extinção da ação (e não do direito), a rigor, confundiam os dois institutos, uma vez que consideravam a ação algo inerente ao direito subjetivo. Além disso, Beviláqua claramente dizia que a palavra "ação" teria, aí, o mesmo sentido do vocábulo alemão *Anspruch* (que, como se verá melhor adiante, não é aceito de forma pacífica como sinônimo de ação). Ademais, o próprio Beviláqua era defensor – como não poderia deixar de ser – da teoria aqui exposta e criticada, segundo a qual a prescrição seria causa de extinção da ação.[14]

A conclusão, portanto, a que se chega é de que, para essa primeira teoria, a prescrição acarretaria a perda da ação, que seria ela própria um elemento do direito (e daí seus defensores tão frequentemente falarem que haveria o desaparecimento da ação e, por via oblíqua, do direito, como afirmou Carpenter em trecho citado anteriormente). E, ainda por cima, havia a ideia de que a

---

12 BEVILÁQUA, Clóvis. *Teoria geral do Direito Civil*. 4. ed. Brasília: Ministério da Justiça, 1972. p. 296.
13 BEVILÁQUA, Clóvis. *Código Civil dos Estados Unidos do Brasil comentado*. 2. ed. Rio de Janeiro: Francisco Alves, 1921. v. 1. p. 307.
14 Ibidem, p. 423.

10 REPENSANDO A PRESCRIÇÃO • ALEXANDRE FREITAS CÂMARA

ação corresponderia ao conceito alemão de *Anspruch*, o que não é tão pacificamente aceito.

Certo é, pois, que essa teoria não pode ser aceita, e facilmente se percebe por que foi ela superada.

1.2. A PRESCRIÇÃO COMO CAUSA EXTINTIVA DA PRETENSÃO MATERIAL

Diz o art. 189 do Código Civil brasileiro que "[v]iolado o direito, nasce para o titular a pretensão, a qual se extingue, pela prescrição, nos prazos a que aludem os arts. 205 e 206". Assim, facilmente se percebe que a literalidade do texto legal leva à conclusão de que existiria algo chamado "pretensão", que nasceria para o titular do direito quando da violação deste e se extinguiria com a prescrição. É preciso, então, compreender o significado disso.

A doutrina brasileira que se produziu depois do Código Civil de 2002 tem se manifestado, majoritariamente, na mesma linha do que consta do texto legal. Assim, por exemplo, diz Tartuce:

> (...) a ideia de pretensão adotada pelo Código Civil Brasileiro tem relação com a noção de Windscheid, com o fim de transpor ao Direito Privado a *actio*, oriunda do antigo Direito comum. Trata-se do conceito de direito subjetivo processual, considerado a partir da *possibilidade de processo* (LARENZ, Karl. *Derecho Civil...*, p. 315).
>
> Na prescrição, nota-se que ocorre a extinção da pretensão; todavia, o direito em si permanece incólume, só que sem proteção jurídica para solucioná-lo. Tanto isso é verdade que, se alguém pagar uma dívida prescrita, não pode pedir a devolução da quantia paga, eis que existia o direito de crédito que não foi extinto pela prescrição.[15]

Embora longo o trecho da obra de Humberto Theodoro Júnior que trata do ponto, vale a pena transcrevê-lo para facilitar a compreensão da concepção que aqui se descreve:[16]

---

15 TARTUCE, Flavio. *Direito Civil*. 12. ed. Rio de Janeiro: Forense, 2016. v. 1. p. 460. No mesmo sentido, LEONI LOPES DE OLIVEIRA, José Maria. *Direito Civil*: parte geral. 2. ed. Rio de Janeiro: Forense, 2018. p. 738: "a prescrição determina a perda da *pretensão* de direito material".

16 THEODORO JÚNIOR, Humberto. *Comentários ao novo Código Civil*. Rio de Janeiro: Forense, 2003. v. III. t. II. p. 151-154.

CAP. 1 - CONCEITO E RAZÃO DE SER DA PRESCRIÇÃO | 11

A prescrição faz extinguir o direito de uma pessoa a exigir de outra uma prestação (ação ou omissão), ou seja, provoca a extinção da pretensão, quando não exercida no prazo definido na lei.

Não é o direito subjetivo descumprido pelo sujeito passivo que inércia do titular faz desaparecer, mas o direito de exigir em juízo a prestação inadimplida que fica comprometido pela prescrição. O direito subjetivo, embora desguarnecido da pretensão, subsiste, ainda que de maneira débil (porque não amparado pelo direito de forçar o seu cumprimento pelas vias jurisdicionais), tanto que se o devedor se dispuser a cumpri-lo, o pagamento será válido e eficaz, não autorizando repetição de indébito (art. 882) [.]

Evitou o Código a linguagem do direito antigo, segundo o qual a prescrição provocaria a perda da *ação*. E o fez para evitar que o conflito com os conceitos do direito processual moderno, que emancipara a *ação* de seu vínculo com o direito material da parte e a deslocara para o campo do direito público, onde exercer o papel de direito subjetivo à prestação jurisdicional, qualquer que seja o sentido dado à composição do litígio. Nesse rumo não se pode mais ver a ação como a reação judicial à violação do direito subjetivo, porquanto até mesmo o autor que afinal não se reconheceu como titular do direito invocado contra o réu, teve *ação*. Na ótica do direito processual ação é, pois, um direito autônomo e abstrato, que se satisfaz com a prestação jurisdicional (direito à sentença de mérito), não importa em favor de qual dos litigantes. O titular do direito prescrito não perde o direito processual de ação, porque a rejeição de sua demanda, por acolhida da exceção de prescrição, importa uma sentença de mérito (CPC [de 1973], art. 269, n. IV).

Daí que andou corretamente o Código ao prever que a inércia do titular do direito violado, que deixa de fazer atuar a *pretensão* durante o prazo determinado pela lei, provoca a extinção desta, segundo os mecanismos da prescrição.

A *pretensão*, para o art. 189, tem um sentido que se aproxima não da *ação* moderna, mas da antiga *actio* do direito romano. Para evitar dificuldades teóricas, o Código teve o cuidado de dizer o que era a *pretensão* atingível pela força extintiva da prescrição, servindo-se, para tanto, do conceito de Savigny a respeito da *ação em sentido material*, que se contrapõe [ao] de *ação em sentido processual*.

[Anota] Moreira Alves, em seu relato na Comissão Revisora do Projeto que se transformou no atual Código Civil, que Pugliese, ao analisar o conceito de *pretensão* (*Anspruch*), moldado por Windscheid, concluiu que nada mais continha do que uma denominação nova para a figura que Savigny concebera, como *[A]nspruch*, o direito de postular a eliminação da violação de um direito primário, e, portanto, uma figura distinta do direito violado e cuja não satisfação seria a condição da *actio*. É, pois, a *actio* em sentido material – direito à prestação que irá reparar o direito violado – que será o objeto da prescrição. Não é nem o *direito subjetivo material* da parte, nem o direito processual de *ação* que a prescrição atinge, é apenas a pretensão de obter a prestação devida por quem a descumpriu (*actio* romana ou ação em sentido material).

Mais objetivamente, mas seguindo a mesma linha, afirma Schreiber:

> (...) a prescrição conduz à extinção da pretensão. Perde o titular do direito não o direito material em si nem o direito de ação, hoje considerado abstrato e autônomo, mas tão somente a faculdade de exigir o atendimento daquele direito material. A prescrição deve, então, ser definida como a extinção de uma pretensão pelo decurso de certo lapso de tempo previsto em lei.[17]

Como se percebe da leitura dos autores citados, notadamente do que dizem Tartuce e Theodoro Júnior, a concepção acolhida por eles, e adotada pela disposição normativa do art. 189 do Código Civil, é baseada no conceito de pretensão (*Anspruch*) desenvolvido originariamente por Windscheid. Impende, então, compreender o que dizia esse jurista alemão.

Windscheid desenvolveu suas ideias acerca do tema em uma monografia, publicada originariamente em 1856, destinada a analisar um conceito de Direito Romano, a *actio*.[18], o que é um ponto que já deve ser levado em consideração. Afinal, a determinação de um conceito do Direito Romano não significa necessariamente que ele deva ser reputado correto nos dias atuais. Além disso, trata-se de um texto escrito em meados do século XIX, e é essencial considerar que muita coisa aconteceu desde a época em que Windscheid escreveu, notadamente no que diz respeito à evolução do Direito Processual Civil. Como se poderá ver, muitas vezes fica a impressão

---

17 SCHREIBER, Anderson. *Manual de Direito Civil*. 4. ed. São Paulo: Saraiva, 2021. p. 296.

18 WINDSCHEID, Bernhard. La "actio" del Derecho Civil romano, desde el punto de vista del Derecho actual. In: WINDSCHEID, Bernhard; MUTHER, Theodor. *Polemica sobre la "Actio"*. Trad. Tomás A. Banzhaf. Buenos Aires: EJEA, 1974. p. 3-196.

CAP. 1 - CONCEITO E RAZÃO DE SER DA PRESCRIÇÃO | 13

de que nada disso tem sido levado em consideração por boa parte da doutrina.

Outra questão a considerar é terminológica. Windscheid, evidentemente, escreveu em alemão, e o termo que ele empregou para se referir ao conceito que tentava estabelecer foi *Anspruch*, o que tem sido traduzido por "pretensão". Isso, porém, exige uma explicação mais cuidadosa.

Acontece que a tradução do vocábulo alemão *Anspruch* gerou, nas línguas neolatinas, muita discussão. Sobre o ponto, vale recordar o que disse Santiago Sentís Melendo na apresentação à tradução espanhola do livro *Der Feststellungsanspruch*, de Adolf Wach.[19] Diz Sentís Melendo, acerca do vocábulo *Anspruch*, que não foram poucas as dúvidas e vacilações em torno de sua tradução. Lembra que os italianos inicialmente a traduziram por um termo de sentido genérico, *ragione*, e, depois de alguns anos, passaram a empregar a expressão *pretesa giuridica*, só se chegando a fixar, de maneira indiscutível, sua tradução e seu conceito por ocasião do prólogo escrito por Pugliese à polêmica entre Windscheid e Muther. Diz Sentís Melendo que, entre juristas de língua espanhola, não é incomum que, para que se entendam sobre o conceito de pretensão, digam *Anspruch*. Ademais, mesmo com o emprego da palavra alemã, mantém-se o dissenso, bastando lembrar o sentido que lhe dá Guasp. Recorda, ainda, Prieto Castro, que, ao tratar do livro que Sentís Melendo apresenta, afirma ser obra que aborda a "ação declaratória". Conta, inclusive, que conversou sobre o tema com Alcalá Zamora e que este sugeriu traduzir-se *Anspruch* por *pretensión*, no sentido de exigência ou direito a algo.[20]

É preciso, portanto, ter claro que o conceito de *Anspruch* (e, por conseguinte, o de "pretensão") não é tão facilmente determinável. Para que se compreenda o significado da palavra "pretensão", nos termos do art. 189 do Código Civil, e que seria, então, o objeto da prescrição, é imprescindível compreender o significado que lhe dá (ou, mais propriamente, que dá ao termo *Anspruch*) o jurista alemão Bernhard Windscheid.

Impende perceber, desse modo, que, para Windscheid, a *actio* do Direito Romano corresponderia ao que modernamente

---

19 SENTÍS MELENDO, Santiago. Presentación. In: WACH, Adolf. *La Pretensión de Declaración*. Trad. Juan M. Semon. Buenos Aires: EJEA,1962. p. 10-14.

20 Idem.

se chamaria de pretensão (*Anspruch*). São suas palavras: "*La actio está, pues, em lugar de la pretensión*".[21] Além disso, lembra o jurista que muitos autores já advertiam que a palavra *actio* era usada para designar "não só uma faculdade processual, mas também uma faculdade material".[22]

Windscheid, então, diz que é preciso distinguir a possibilidade de perseguir um direito em juízo (ação) da possibilidade de exigir o cumprimento de uma obrigação (pretensão, *Anspruch*).[23] Assim, sustenta que a pretensão se extingue pela prescrição.[24]

O que se pode dizer, dessa froma, é que haveria, segundo a concepção de Windscheid, três posições jurídicas diferentes: o direito subjetivo, a pretensão e o direito de ação. Inaugurado um vínculo obrigacional, surgiria para o credor um direito subjetivo (que pode ser aqui descrito como o direito de receber um bem jurídico que lhe deve ser atribuído pelo devedor). Violado o direito subjetivo (por não ter o devedor adimplido a prestação devida), nasceria a pretensão, entendida como a posição jurídica de vantagem que permite ao seu titular exigir o cumprimento da prestação. Há, ainda, uma terceira posição jurídica, a ação, que permite ao seu titular ir a juízo postular proteção. Havendo a previsão de um prazo prescricional, então, e não exercido o direito de ação dentro desse prazo, não seria mais possível exercer-se a pretensão, que se extinguiria pela prescrição. Esta, em breve síntese, a opinião de Windscheid.

Na doutrina alemã, essas ideias conquistaram outros defensores, tendo sido acolhida pelo art. 194 do Código Civil daquele país ("o direito de exigir que alguma pessoa faça ou deixe de fazer alguma coisa (pretensão) está sujeito à prescrição").[25]

Ludwig Enneccerus, por exemplo, afirma que "pretensão é o direito de exigir de outra pessoa um ato ou uma omissão".[26] Afirma o autor que a "acionabilidade" é uma propriedade necessária da

---

21 WINDSCHEID, Bernhard. La "actio"..., cit., p. 12.
22 Ibidem, p. 12-13.
23 Ibidem, p. 13-14.
24 Ibidem, p. 58-59.
25 É livre a tradução para o português, feita a partir do texto do Código Civil alemão (BGB) em inglês que consta no *site* do Ministério da Justiça da República Federal da Alemanha. Esse texto pode ser consultado em: <www.gesetze-im-internet.de/englisch_bgb/englisch_bgb.html#p0570>. Acesso em: 16.12.2021.
26 ENNECCERUS, Ludwig; KIPP, Theodor; WOLFF, Martin. *Tratado de Derecho Civil*. 3. ed. Trad. Blas Pérez González e José Alguer. Barcelona: Bosch, 1981. v. 2. t. I. p. 957.

CAP. 1 - CONCEITO E RAZÃO DE SER DA PRESCRIÇÃO | 15

pretensão, já que o sistema jurídico pressupõe que as pretensões podem se fazer valer judicialmente.[27] Aduz, ainda, que o conceito de pretensão adotado pelo Direito Material não se confunde com aquele adotado pelo Direito Processual Civil (que seria o "objeto do litígio").[28] Foi a partir dessa concepção alemã acerca do conceito de pretensão (e, eventualmente, da afirmação de que a prescrição a extingue, como afirmava Windscheid) que a teoria acabou por chegar ao Direito brasileiro.

Pontes de Miranda, por exemplo, que classificava a definição do § 194 do Código Civil alemão de "infeliz",[29] afirmava:

> (...) [as] pretensões contêm exigibilidade, de pessoa a pessoa, ou pelo ato administrativo, ou pela "ação". Se ainda é exigível a prestação, ou a satisfação do direito, sem já se ter ação, ainda há pretensão; se não se pode exigir a satisfação, ou a prestação, mas há a ação, há pretensão: porque, se bem que possam ser separadas as exigibilidades, elas compõem a pretensão, e, enquanto há uma, há pretensão. Não há exigibilidade sem pretensão.[30]

A partir dessas ideias, afirma Pontes de Miranda que "[p]retensão é a posição subjetiva de poder exigir de outrem alguma prestação positiva ou negativa".[31] Em seguida, estabelece a distinção de que, "[r]igorosamente, há três posições em vertical: o direito subjetivo, a pretensão e a ação, *separáveis*".[32] E afirma, afinal, que a *actio* é a pretensão.[33]

Foi partindo dessas ideias que acabou por prevalecer, no Código Civil brasileiro, a afirmação de que a prescrição extingue a pretensão.[34] Com base nisso, assevera Humberto Theodoro Júnior:

> (...) [p]retensão [é] algo novo no mundo jurídico, algo que não corresponde a todo e qualquer direito, mas apenas àqueles que propor-

---

27   Ibidem, p. 961.
28   Ibidem, p. 963.
29   PONTES DE MIRANDA, Francisco Cavalcanti. *Tratado das ações*. Atual. por Vilson Rodrigues Alves. Campinas: Bookseller, 1998. t. I. p. 60.
30   Ibidem, p. 61.
31   Ibidem, p. 68.
32   Idem.
33   Idem.
34   NEVES, Gustavo Kloh Müller. *Prescrição e decadência no Direito Civil*. Rio de Janeiro: Lumen Juris, 2006. p. 19.

cionam ao titular o poder de, em determinado momento, exigir uma prestação de outrem. Esse poder ("exigibilidade") ocorre no plano do direito material e não se confunde nem com o direito subjetivo, em seu estado de inércia, nem com o direito de ação exercitável para provocar a atuação da jurisdição (direito neutro em relação a ser ou não o autor titular do direito material disputado em juízo). [É] a pretensão (e não o direito subjetivo de cuja violação ela se originou) que ficará, como preceitua o art. 189 do Código Civil, sujeita a extinguir-se pelo decurso do tempo no sistema da prescrição.[35]

Percebe-se, assim, que a lei civil brasileira expressamente afirma que a prescrição é causa extintiva da pretensão (material). Essa posição, porém, não é pacífica na doutrina moderna nem é a única concepção de prescrição que põe como seu objeto a pretensão.

1.3. A PRESCRIÇÃO COMO CAUSA DE ENCOBRIMENTO DA EFICÁCIA DA PRETENSÃO MATERIAL

Alguns autores, embora afirmem que a prescrição atinge a pretensão material, dizem não se ter aí propriamente uma causa extintiva, mas apenas um *encobrimento de eficácia* do fenômeno.

José Carlos Barbosa Moreira, por exemplo, confrontando o art. 189 do Código Civil brasileiro com o § 194, I, do Código Civil alemão, afirma que em ambos os textos se identifica a pretensão como objeto da prescrição, mas aduz que a lei alemã, ao contrário da brasileira, "animou-se a oferecer uma definição da pretensão (*Anspruch*), cujo núcleo consiste num 'direito de exigir'".[36]

Para o autor, a pretensão pressupõe a existência de um direito, além de ser necessário que esse direito tenha sido violado. Daí se ter a impressão de que a pretensão seria o "*poder de exigir* (legitimamente) uma prestação de outrem".[37] Depois de algumas considerações sobre a pretensão, ressalta Barbosa Moreira que a afirmação de que ela se extingue pela prescrição "não parece compatível com o sistema do nosso próprio Código Civil". Afinal,

---

35 THEODORO JÚNIOR, Humberto. *Prescrição e decadência*. 2. ed. Rio de Janeiro: Forense, 2021. p. 8.

36 BARBOSA MOREIRA, José Carlos. Notas sobre pretensão e prescrição no sistema do novo Código Civil brasileiro. *Revista da Academia Brasileira de Letras Jurídicas*, v. 19, n. 22, 2002. p. 148.

37 Ibidem, p. 150.

CAP. 1 - CONCEITO E RAZÃO DE SER DA PRESCRIÇÃO | 17

se "a pretensão prescrita se achasse *extinta*, jamais se conceberia que o juiz pudesse proferir decisão favorável ao autor: estaria a conceder-lhe algo que ele já não pode legitimamente pretender".[38] Impende recordar, porém, que Barbosa Moreira escreveu sobre o tema quando ainda era vedada pela lei brasileira a apreciação *ex officio* da prescrição. Por isso, afirmava ele:

> (...) [a] regra proibitiva de forma alguma se justificaria caso ocorresse mesmo extinção: como forçar o juiz – na ausência de outro fundamento bastante para decidir contra o autor – a julgar procedente o pedido *apesar de extinta a pretensão*? Tal sentença seria manifestamente injusta.[39]

A partir daí, diz Barbosa Moreira que ao réu se faculta, quando demandado após o vencimento do prazo prescricional, que alegue como defesa a prescrição; e que, se provada sua alegação, então "a única possível conclusão é a de que a pretensão teve sua eficácia tolhida".[40]

Em outras palavras, e sempre segundo Barbosa Moreira, a prescrição não faria desaparecer o poder do titular do direito de exigir a realização da prestação. O que houve foi que a eficácia desse poder de exigir foi tolhida por ter o réu oposto a prescrição como defesa.[41]

Afirma, então, Barbosa Moreira:

> Bem pesadas as coisas, pois, a prescrição por si só, na realidade não subtrai ao credor o que quer que seja. Decerto não lhe subtrai a ação, que ser até eficazmente exercida. Tampouco lhe subtrai o direito: basta ver que o pagamento de dívida prescrita não comporta repetição (Código de 1916, art. 970; de 2002, art. 882), o que significa que não foi indevido. Nem mesmo de pretensão – a despeito do que se lê no art. 189 do novo Código – fica desprovido o credor: é perfeitamente concebível que, reclamando a prestação em juízo, ele venha a ser atendido. O que a prescrição faz é dar ao devedor um escudo com que paralisar, caso queira, a arma usada pelo credor.[42]

---

38 Ibidem, p. 152.
39 Ibidem, p. 153.
40 Idem.
41 Idem.
42 Idem.

Como se percebe, para essa concepção, a pretensão é o objeto da prescrição, mas não haveria sua extinção, e sim um encobrimento de sua eficácia. A pretensão se tornaria ineficaz e, com isso, se tornaria vedada a prolação de decisão favorável ao demandante.

Esse entendimento, registre-se, não é isolado. Vários outros autores defendem, essencialmente, a mesma ideia. Na doutrina alemã, por exemplo, Enneccerus afirma que a prescrição alcança a pretensão, e não o direito, não podendo este mais, porém, ser exercido contra o adversário e seus sucessores.[43] No entanto, sustenta, na sequência, que a pretensão não se extingue, mas a ela se opõe uma exceção peremptória, já que, após decorrido o prazo prescricional, surge para o devedor a faculdade de denegar a prestação.[44]

Outros autores brasileiros têm sustentado essa mesma ideia. É o caso, por exemplo, de Farias e Rosenvald, para quem "a prescrição não extingue o direito subjetivo, nem a sua pretensão". Apenas paralisa a eficácia dessa pretensão.[45]

Como se percebe, então, essa concepção acerca da prescrição também vê na pretensão seu objeto, mas considera que a prescrição não chega ao ponto de extingui-la (dada a necessidade de que o devedor a alegue). Haveria, assim, por força do decurso do prazo prescricional, o surgimento, para o devedor, da faculdade de alegar a prescrição. Caso alegada, cessaria a eficácia da pretensão, que seria, dessa forma, rejeitada.

É importante notar, porém, que, desde 2006, por força da Lei n. 11.280/2006 (que alterou o CPC/1973 e o Código Civil), passou a ser possível, no Direito brasileiro, o reconhecimento de ofício da prescrição.[46] A partir daí, pelo menos para o ordenamento jurídico brasileiro, a ideia de que haveria apenas o encobrimento

---

43 ENNECCERUS, Ludwig; KIPP, Theodor; WOLFF, Martin. *Tratado de Derecho Civil*, cit., p. 1.063-1.064.

44 Ibidem, p. 1.064.

45 FARIAS, Cristiano Chaves de; ROSENVALD, Nelson. *Curso de Direito Civil*. 13. ed. São Paulo: Atlas, 2015. v. 1. p. 619.

46 Analisei essa alteração legislativa, que reputo extremamente infeliz, em artigo publicado na época da edição da Lei n. 11.280/2006: CÂMARA, Alexandre Freitas. Reconhecimento de ofício da prescrição: uma reforma descabeçada e inócua. *Professor Flávio Tartuce*. Disponível em: <www.flaviotartuce.adv.br/artigos_convidados/22>. Acesso em: 16.12.2022.

CAP. 1 – CONCEITO E RAZÃO DE SER DA PRESCRIÇÃO | 19

da eficácia da pretensão em razão da alegação do devedor parece mesmo não fazer sentido. Basta recordar que, segundo a lição anteriormente citada, de Barbosa Moreira, não faria sentido afirmar que a pretensão está extinta se existe, ao menos em tese, a possibilidade de o juiz julgar o pedido do autor procedente. Com a possibilidade de reconhecimento de ofício da prescrição, todavia, esse argumento não parece mais passível de ser acolhido.[47]

1.4. A PRESCRIÇÃO COMO CAUSA DE EXTINÇÃO DO DIREITO A UMA PRESTAÇÃO

Chega-se, assim, à última corrente – que será aqui sustentada –, segundo a qual a prescrição é causa de extinção do direito subjetivo a uma prestação. Antes, porém, é preciso justificar a razão que leva a não se aceitar a afirmação, contida no art. 189 do Código Civil, de que é a pretensão que se extingue pela prescrição (ou, mais amplamente, porque não se pode admitir que a pretensão é o objeto da prescrição).

Para isso, impõe-se deixar claro, desde logo, que há, na doutrina, o reconhecimento de dois diferentes conceitos de pretensão. É que, na verdade, o que os civilistas costumam chamar de pretensão (e que talvez fosse melhor chamar de *pretensão material*) é um conceito distinto daquele que, no Direito Processual Civil, se costuma chamar pelo mesmo nome (e que, para distinguir, talvez fosse o caso de chamar de *pretensão processual*).

O conceito de pretensão material já foi anteriormente apresentado. Recordando, porém, trata-se da possibilidade de exigir-se de alguém o cumprimento de uma prestação. Em outros termos, existiria um direito subjetivo a uma prestação (isto é, o direito de alguém a que corresponderia o dever de outrem de realizar uma prestação) e, violado esse direito, surgiria um novo direito, que com aquele não se confunde, o direito de exigir o cumprimento da prestação. Este segundo direito, e não aquele primeiro, seria chamado de pretensão (material).

Distinto é o conceito processual de pretensão, o qual só pode ser compreendido a partir da obra de Carnelutti, para quem

---

47. Curioso notar, porém, que mesmo em obras escritas já bem depois dessa alteração legislativa, como a de Farias e Rosenvald citada há pouco, esse ponto parece ter passado despercebido.

20 | REPENSANDO A PRESCRIÇÃO • ALEXANDRE FREITAS CÂMARA

pretensão é "a exigência da subordinação de interesse alheio a um interesse próprio".[48] Aliás, é o próprio Carnelutti quem distingue seu conceito daquele que corresponde à *Anspruch* do Direito alemão:

> Esta noção é o resultado de uma ampla elaboração. Como tal exigência a formula, geralmente, o titular do direito, as primeiras observações induziram a acreditar que se tratava de um elemento ou, pelo menos, de uma atitude do direito subjetivo, que se determinava frente à sua violação ou à ameaça dela; os alemães deram-lhe o nome de *Anspruch*, e os italianos traduziram algumas vezes por *pretensão*, outras por *razão*. Os dois conceitos, direito e pretensão, essencialmente distintos, contudo acabaram por mostrar suas diferenças.[49]

A partir da concepção carneluttiana, então, a pretensão "é um ato e não um poder, ou seja, algo que o titular do interesse faz, e não algo que tem; uma manifestação e não uma superioridade do seu querer".[50] E esse ato chamado pretensão (processual) "não apenas é direito, mas que nem sequer o supõe. A pretensão pode se formular por quem tiver o direito, mas também por quem não o tiver: tanto pretensão é a pretensão *fundada* como a *infundada*".[51]

Percebe-se, desse modo, que a pretensão processual não é um direito, ou um poder, que alguém tem sobre outrem, e que deriva de uma lesão a um direito preexistente. A pretensão processual é um ato, o ato de querer ver o interesse de quem o realiza prevalecer sobre o interesse de outrem (ainda que não haja direito material).

Essa concepção não é incompatível com outra, apresentada na doutrina processual alemã, por Rosenberg, que afirmava que o significado de pretensão que empregava era "puramente processual", com um sentido completamente diferente do conceito correspondente de Direito Civil.[52] Segundo o processualista alemão, a pretensão a que se refere a lei processual daquele país não é a mesma do § 194 do Código Civil alemão.[53] Para ele, a pretensão

---

48 CARNELUTTI, Francesco. *Sistema de Direito Processual Civil*. Trad. Hiltomar Martins Oliveira. São Paulo: Classic Book, 2000. v. II. p. 30.
49 Ibidem, p. 30-31.
50 Ibidem, p. 31.
51 Idem.
52 ROSENBERG, Leo. *Tratado de Derecho Procesal Civil*. Trad. Angela Romera Vera. Lima: Ara, 2007. t. II. p. 43.
53 Idem.

CAP. 1 – CONCEITO E RAZÃO DE SER DA PRESCRIÇÃO | 21

(processual) é "a petição dirigida à declaração da uma consequência jurídica com autoridade de coisa julgada que se aponta pelo pedido apresentado e, enquanto for necessário, pelas circunstâncias de fato propostas para seu fundamento".[54]

Tentou juntar essas duas ideias Jaime Guasp, para quem a pretensão processual é a "reclamação, frente a pessoa distinta e ante o juiz, de uma conduta determinada".[55]

De todos esses conceitos, porém, o de Carnelutti realmente se mostra o mais acertado. *Pretensão (processual) é a manifestação da vontade de fazer com que um interesse prevaleça sobre o de outrem.* Ademais, não pode haver processo em que não se manifeste uma pretensão (processual).[56]

Vê-se, então, que pretensão (processual) é algo que se tem, ainda que não exista o direito material afirmado. Aquele que, por exemplo, vai a juízo cobrar uma quantia indevida não é titular de direito, mas, sem qualquer dúvida, terá manifestado em juízo uma pretensão.

A ocorrência da prescrição não altera este fato: o processo instaurou-se porque o demandante deduziu, perante órgão do Poder Judiciário, uma *pretensão (processual).* A pretensão, no caso, deverá ser rejeitada. Mas isso não significa que a pretensão (processual) não exista, ou que é ineficaz. Significa, tão somente, que a pretensão existe, produz efeitos, mas é infundada e, por isso, será rejeitada.

Não existe, portanto – nem poderia mesmo existir –, qualquer relação entre o conceito de prescrição e a pretensão processual. Mas, a rigor, não é disso que se trata. O que se queria era mostrar que a pretensão processual não se confunde com o conceito de pretensão de direito material acolhido pelo § 194 do Código Civil alemão e pelo art. 189 do Código Civil brasileiro.

Agora é preciso examinar o conceito de pretensão material. E o que esse exame vai demonstrar é que tal conceito não se sustenta, sendo absolutamente dispensável.[57]

---

54 Ibidem, p. 50.

55 GUASP DELGADO, Jaime. *La Pretensión Procesal.* 2. ed. Madri: Civitas, 1985. p. 62.

56 Daí a afirmação de Schwab de que a pretensão processual é o objeto do processo: SCHWAB, Karl Heinz. *El Objeto Litigioso del Proceso.* Trad. Tomás A. Banzhaf. Buenos Aires: EJEA, 1968. p. 244.

57 No mesmo sentido, afirmando ser esse um conceito "plenamente dispensável", DINAMARCO, Cândido Rangel. Polêmicas do processo civil. *Fundamentos do Processo Civil moderno.* 3. ed. São Paulo: Malheiros Editores, 2000. v. I. p. 282.

22 | REPENSANDO A PRESCRIÇÃO • ALEXANDRE FREITAS CÂMARA

A demonstração da dispensabilidade desse conceito parte de uma premissa que precisa ser aqui deixada clara: Windscheid, o jurista responsável por estabelecer o conceito de *Anspruch* (que se costuma traduzir, como já visto, por razão ou por pretensão), era um jurista de seu tempo. Ele escreveu seus trabalhos sobre o tema anos antes da apresentação da obra que seria responsável pela separação definitiva do ordenamento jurídico em dois planos, o substancial e o processual.[58] É preciso, então, considerar que, na construção de Windscheid, não havia preocupação em separar esses dois planos.

Ocorre que, a partir do momento em que se admite a separação entre o plano do Direito Substancial e o do Direito Processual, não faz sentido sustentar-se a existência de uma espécie de "figura intermediária", que fica a meio caminho entre o direito subjetivo a uma prestação e o direito de ação (entendido este como direito de acesso ao processo e à jurisdição). Diante da existência de dois planos distintos, duas – e apenas duas – são as posições jurídicas de vantagem que precisam ser reconhecidas: o direito subjetivo e a ação. Esta, como é notório, existe independentemente da efetiva existência daquele.

Dito de outro modo, é preciso reconhecer que, exercido o direito de ação, e proferida sentença de mérito, vai-se afirmar a existência ou não do direito material. Dois planos, duas posições jurídicas de vantagem. E isso é suficiente.[59]

---

58 A referência, aqui, é à obra de Oskar von Bülow, lançada originariamente em 1868 (11 anos depois da obra pioneira de Windscheid sobre o conceito romano de *actio*) e apontada, de forma que se pode reputar unânime, como o marco inaugural do Direito Processual Civil como ramo autônomo da ciência jurídica, integrante do Direito Público, e distinto de todos os ramos do Direito Material. Confira-se, pois, VON BÜLOW, Oskar. *La Teoría de las Excepciones Procesales y los Presupuestos Procesales*. Trad. Miguel Angel Rosas Lichtschein. Buenos Aires; EJEA, 1964. p. 1-17.

59 Há outro dado que não pode deixar de ser referido. É que não é pacífica a ideia de que a *actio* do Direito Romano corresponda à *Anspruch* ("pretensão material"), e não ao direito de ação. Sobre o ponto, basta recordar a lição de Muther, na resposta que escreveu ao trabalho de Windscheid, no qual se lê que a *actio* do Direito Romano é um Direito Público, distinto do Direito Material, que tem por efeito a tutela desse outro direito (MUTHER, Theodor. Sobre la Doctrina de la Actio Romana, del Derecho de Accionar Actual, de la Litiscontestatio y de la Sucesión Singular en las Obligaciones – Crítica del Libro de Windscheid *La Actio del Derecho Civil Romano, Desde el Punto de Vista del Derecho Actual*. In: WINDSCHEID, Bernhard; MUTHER, Theodor. *Polemica sobre la "Actio"*. Trad. Tomás A. Banzhaf. Buenos Aires: EJEA, 1974. p. 241).

CAP. 1 – CONCEITO E RAZÃO DE SER DA PRESCRIÇÃO | 23

Claro que, neste momento, alguém poderá pensar que, com a violação do direito, algo novo surge. De fato, isso é verdade. O que surge ali, porém, não é essa exótica figura, distinta do direito subjetivo e do direito de ação, chamada *Anspruch* ("pretensão material"). O que surge ali é a exigibilidade do direito. E aí aparece uma figura muito relevante para o estudo do Direito Processual Civil: o interesse de agir.

Não é o caso de examinar-se aqui, com profundidade, o conceito de interesse de agir. É sabido, porém, que se trata de requisito essencial para que se possa, em um processo judicial, prover sobre o mérito (já que sua ausência, nos termos do art. 485, VI, do CPC, acarreta a prolação de sentença sem resolução do mérito). De outro lado, também vale a pena recordar que existem dois elementos de aferição do interesse de agir, muito úteis para que, em um caso concreto, se verifique se esse requisito está presente ou não: a necessidade do processo e a adequação do provimento jurisdicional postulado (daí falar-se em *interesse-necessidade* e *interesse-adequação*).

Se a obrigação ainda não é exigível, não há necessidade do processo. Vale referir, aqui, as palavras de Dinamarco:

> Só há o *interesse-necessidade* quando, sem o processo e sem o exercício da jurisdição, o sujeito seria incapaz de obter o bem desejado. Um caso muito expressivo de falta do interesse-necessidade, posto que de raríssima ocorrência, seria a demanda de condenação do devedor que já houvesse posto o valor do débito à disposição do credor. As demandas de tutela jurisdicional destinadas a suprir omissão do obrigado (ações condenatórias ou executivas) só estão amparadas pelo interesse-necessidade a partir de quando a prestação for *exigível*; antes da exigibilidade, falta o interesse porque ainda não se sabe se a parte obrigada cumprirá ou não a obrigação. Não existe a exigibilidade das obrigações antes do vencimento nem quando a lei substancial ou o contrato condicionam a prestação do devedor a uma prévia prestação do próprio credor.[60]

Há, portanto, uma forte ligação entre a exigibilidade e o interesse de agir. Afinal, aquele que vai a juízo demandar o cumprimento

---

60 DINAMARCO, Cândido Rangel. *Instituições de Direito Processual Civil*. 6. ed. São Paulo: Malheiros Editores, 2009. v. II. p. 311-312.

de prestação ainda não exigível não tem interesse de agir, e, assim, o processo deverá ser extinto sem resolução de mérito.

Percebe-se, dessa maneira, que é a partir do momento em que a obrigação se torna exigível – e, pois, a partir do momento em que se configura o interesse de agir – que começa a correr o prazo prescricional. Daí haver sentido em empregar-se a expressão latina *actio nata*, muito frequentemente encontrada na jurisprudência,[61] para se fazer referência ao termo inicial do prazo prescricional. Este começa a correr, ao menos em regra, no momento em que surge o interesse de agir, isto é, quando a prestação que se queira ver realizada torna-se exigível. Dito de outro modo, a partir do momento em que nasce o interesse de agir (metaforicamente se pode dizer que esse seria o momento em que "nasce a ação", daí *actio nata*) torna-se possível o legítimo exercício do direito de ação e, portanto, a partir daí corre o prazo prescricional.

Decorrido o prazo prescricional, porém, não se poderá falar em prescrição da ação (já que, como visto, o direito de ação permanece íntegro, e haverá resolução do mérito, ainda que já se tenha consumado a prescrição) nem em prescrição da pretensão material (já que esse conceito, como também já se pôde ver, é absolutamente dispensável). Impõe-se reconhecer, então, que o objeto da prescrição não é a ação nem a pretensão. O que prescreve é o direito subjetivo a uma prestação.[62]

Trata-se da posição que classicamente foi defendida, na doutrina brasileira, por Caio Mário da Silva Pereira:

> Diferentemente da prescrição aquisitiva, que atua como força criadora, a *extintiva* ou *liberatória* conduz à perda do direito pelo seu titular negligente, ao fim de certo lapso de tempo, e pode ser em contraste com a primeira, encarada como força destrutiva.
>
> Perda do *direito*, dissemos, e assim nos alinhamos entre os que consideram que a prescrição implica em algo mais do que o perecimento da ação. No direito romano, onde a princípio não se admitida a prescrição, quando foi consagrada, entendeu-se que alcançava a *actio*, subsistindo

---

61 Veja-se, por exemplo, o acórdão proferido pelo STJ no julgamento do REsp n. 1.460.053/PE, rel. Min. Sérgio Kukina, j. 28.09.2021, em cuja ementa se lê que "[o] termo inicial da prescrição coincide com o momento da ocorrência da lesão ao direito, consagração do princípio universal da *actio nata*".

62 Essa é a posição que, com muita coerência, defende DINAMARCO, Cândido Rangel. A excepcionalidade da prescrição na vida dos direitos, cit., p. 440, nota de rodapé n. 3.

CAP. 1 – CONCEITO E RAZÃO DE SER DA PRESCRIÇÃO | 25

o direito. O Código Civil brasileiro [de 1916] no mesmo sentido se pronuncia, falando sempre em *prescrição da ação* (arts. 177 e 178). Pelo efeito do tempo, entretanto, aliado à inércia do sujeito, é o *próprio direito* que perece. O titular não pode reclamá-lo pela ação, porque não o pode tornar efetivo. Observando apenas o aspecto da ineficácia da tutela jurídica, comumente sustentam muitos autores que a *praescriptio* tem por efeito fulminar tão-somente a *actio*, deixando o direito intato. Tem por consequência, acrescentam, extinguir o tegumento protetor da relação jurídica, deixando incólume a sua substância. Numa concepção análoga, outros declaram que a prescrição não extingue a pretensão em si mesma, senão permite opor-lhe uma exceção peremptória.

Esdrúxulo se nos afigura, entretanto, que o ordenamento legal reconheça o direito, afirme a sua vinculação ao sujeito ativo, proclame a sua oponibilidade ao sujeito passivo, mas recuse os meios de exercê--lo eficazmente. Se o direito é reconhecido, não deve ser desvestido do poder da *rem persequendi in iudicio*. Com o perecimento da ação, extingue-se efetivamente o próprio direito, pois, na verdade, [a ação] é um elemento externo do direito subjetivo que toma corpo à vista de qualquer lesão. O direito perde a faculdade de se fazer valer, e qualquer atentado o atinge até a essência, restando sem poder defensivo, porque não é direito sobrevivo; porque se extingue.[63]

Na doutrina italiana clássica, esse mesmo entendimento já era aceito. Assim, por exemplo, Ruggiero e Maroi afirmavam que o conceito romano de prescrição era no sentido de que se atingiria a *actio*, entendida esta como "meio processual com que o direito se fazia valer".[64] Esses autores, porém, sustentaram que "o efeito extintivo se produzia sobre o direito", e "a sobrevivência de um direito à sua tutela, isto é, à ação, não tem objetivo ou utilidade prática, porque o direito não poderia ser feito valer".[65]

Também Messineo afirmava que "[a] prescrição é o modo (ou meio) pelo qual, mediante o decurso do tempo, se extingue (e se perde) um direito subjetivo".[66] Mais adiante, afirmava o autor que

---

63 PEREIRA, Caio Mário da Silva. *Instituições de Direito Civil*. 9. ed. Rio de Janeiro: Forense, 1986. v. I. p. 473-474.

64 RUGGIERO, Roberto de; MAROI, Fulvio. *Istituzioni di Diritto Privato*. 8. ed. Milão: Giuseppe Principato, 1950. v. I. p. 159. Interessante notar que os civilistas italianos aqui citados tratam a *actio* do Direito Romano como correspondente da ação, não cogitando de um conceito como o de pretensão.

65 Idem.

66 MESSINEO, Francesco. *Manuale di Diritto Civile e Commerciale*. 9. ed., Milão: Giuffrè, 1957. v. I. p. 178.

26 | REPENSANDO A PRESCRIÇÃO • ALEXANDRE FREITAS CÂMARA

o Código Civil italiano (de 1942) "concebeu – corretamente – a prescrição como fato que alcança *o direito subjetivo*".[67]

Autores italianos modernos sustentam essa mesma ideia. Veja-se, por exemplo, a lição de Torrente e Schlesinger, para quem "a 'prescrição extintiva' produz a extinção do direito subjetivo por efeito da *inércia* do titular do próprio direito, que não o exercita [ou] não o usa, pelo tempo determinado por lei".[68]

Também na doutrina portuguesa se fala da prescrição como causa de extinção do direito subjetivo.[69]

Quando se parte da premissa – já apresentada – de que só faz sentido falar-se em duas posições jurídicas distintas, o direito subjetivo e o direito de ação, e sendo certo que não pode ser este último que a prescrição alcança (por razões que também já foram expostas), então é preciso aceitar-se a conclusão aqui alcançada: a prescrição extingue o próprio direito subjetivo, em razão do seu não exercício pelo prazo previsto para tanto.

Os argumentos contrários a essa ideia, com todas as vênias, não se sustentam. Não se pode aceitar que o direito persiste mesmo depois de consumada a prescrição com base na possibilidade de ser proferida sentença favorável ao seu titular, a uma porque o ordenamento brasileiro, correta ou incorretamente (aqui pouco importa), admite o reconhecimento da prescrição de ofício. Assim, o fato de não ter havido alegação da prescrição não é suficiente para levar a uma decisão favorável ao titular do direito.

De outro lado, inaceitável a afirmação de que o direito persiste por não ser possível a repetição de pagamento de dívida prescrita. Para isso, nem é preciso invocar-se o questionável conceito de obrigação natural,[70] bastando perceber – e isso será tema do próximo tópico deste capítulo – que a prescrição é um procedimento, e não propriamente um fato jurídico.

---

67 Ibidem, p. 183.

68 TORRENTE, Andrea; SCHLESINGER, Piero. *Manuale di Diritto Privato*. 19. ed. Milão: Giuffrè, 2009. p. 212.

69 Assim, por exemplo, PINTO, Carlos Alberto da Mota. *Teoria geral do Direito Civil*. 3. ed. Coimbra: Coimbra Editora, 1994. p. 373.

70 Não é essa, evidentemente, a sede própria para enfrentar o ponto, mas fica aqui registrado que, a meu juízo, não existem obrigações naturais. Existem, isso sim, casos de obrigação sem responsabilidade, sendo certo que o fenômeno da responsabilidade não tem qualquer ligação, a meu ver, com o campo do Direito Material, sendo tema de Direito Processual. Mas isso é assunto para outro trabalho.

CAP. 1 - CONCEITO E RAZÃO DE SER DA PRESCRIÇÃO | 27

Por tal razão, impõe-se passar ao próximo tópico, em que se exporá de forma mais aprofundada o modo como funciona a prescrição, o que permitirá uma mais adequada compreensão de seu conceito.

1.5. A PRESCRIÇÃO COMO PROCEDIMENTO

Diferentemente do que pode parecer à primeira vista, a prescrição não é um *fato jurídico*. Em outros termos, não se tem aí a perda do direito em razão de um fato único, o decurso do tempo. Na verdade, a prescrição é um *procedimento*, isto é, um conjunto ordenado de fatos que produz uma consequência jurídica.[71]

Em outras palavras, o que se está a sustentar é que a prescrição faz desaparecer o direito subjetivo a uma prestação, mas, para que se consume a prescrição, *não basta o decurso do prazo previsto na lei*. Esse é, apenas, o primeiro dos fatos jurídicos integrantes do procedimento necessário para o direito subjetivo deixar de existir.

A rigor, para que se possa considerar prescrito um direito, impõe-se que alguns fatos jurídicos (empregada a expressão aqui em sentido amplo, a fim de englobar também os atos jurídicos) ocorram em sequência.

O primeiro fato, então, é o decurso do prazo prescricional. Afinal, se o direito é exercido antes de o prazo terminar, não há que se falar em prescrição. Tendo decorrido o prazo prescricional, será preciso, na sequência, verificar se os demais fatos componentes desse *procedimento prescricional* também ocorreram. Aqui, é preciso dizer que não se trata de simplesmente "copiar" o que é sustentado em sede doutrinária, especialmente com relação ao Direito italiano, já que, no Brasil, diferentemente do que acontece nos demais ordenamentos, há uma esdrúxula autorização legal para que o juiz conheça de ofício da prescrição.

Pois bem, o segundo fato integrante do *procedimento prescricional* é o ajuizamento, depois do decurso do prazo de prescrição, da demanda destinada a exigir o cumprimento da prestação. Em outros termos, impõe-se que aquele que afirma ser titular

---

71 A ideia de que a prescrição seria um procedimento foi defendida no Brasil, pioneiramente, por DINAMARCO, Cândido Rangel. A excepcionalidade da prescrição na vida dos direitos, cit., p. 442-443, com base na obra do professor italiano Bruno Troisi, *La Prescrizione come Procedimento*.

do direito subjetivo de natureza a uma prestação tenha, após decorrido o prazo de prescrição, ajuizado a demanda destinada a obter uma decisão que reconheça a exigibilidade desse direito, ou a executar a obrigação de que se afirma credor.[72] É que só se pode cogitar da prescrição se ela for judicialmente reconhecida. Dizendo de outro modo: *não existe prescrição que não tenha sido pronunciada judicialmente.*

Evidentemente, pode acontecer de o titular do direito, sabedor de que já decorreu o prazo prescricional, opte por nem mesmo demandar, não exercendo seu direito. Nesse caso, porém, haverá *renúncia ao direito*, e não propriamente prescrição.

Então, para que se configure a prescrição é preciso que, depois de encerrado o prazo prescricional, tenha sido ajuizada a demanda por meio da qual aquele que se considera titular do direito violado pretenda ver seu direito reconhecido ou realizado. Aí passa a ser necessário tratar de algumas hipóteses distintas, que só existem – ao menos que se tenha notícia – no Direito brasileiro.[73]

Figure-se, assim, a seguinte hipótese: não houve reconhecimento de ofício da prescrição, tendo ela sido alegada pela parte demandada. Essa alegação, registre-se, pode se dar a qualquer tempo ao longo do desenvolvimento do processo perante as instâncias ordinárias.[74] Pois bem, não tendo o juízo reconhecido de ofício a prescrição, a alegação, pelo demandado, de que houve o ajuizamento tardio da demanda, tendo se consumado o prazo prescricional, é o terceiro fato necessário para que se tenha a prescrição do direito.

Tendo havido essa alegação, virá o quarto (e último) fato integrante do *procedimento prescricional*: a decisão judicial que

---

72 A dupla possibilidade retratada no texto resulta do fato de que a demanda ajuizada pelo afirmado credor pode levar à instauração de um processo de natureza cognitiva (para reconhecimento da exigibilidade da obrigação) ou executiva (para sua satisfação prática).

73 É que, repita-se, só no Brasil, ao que se sabe, admite-se o reconhecimento de ofício da prescrição. Nos demais ordenamentos, a prescrição só pode ser reconhecida se tiver sido alegada pelo demandado. Esse ponto será mais detidamente apreciado em tópico próprio deste trabalho.

74 Não se admite, porém, a alegação da prescrição originariamente em sede de recurso especial ou extraordinário, por faltar aí o requisito do prequestionamento. A matéria foi examinada pelo STJ, que decidiu exatamente nesse sentido ao julgar o REsp n. 1.608.048/SP, j. 22.05.2018, rel. Min. Marco Aurélio Bellizze. Ao tema se voltará mais adiante, quando da análise dos aspectos processuais da prescrição.

CAP. 1 - CONCEITO E RAZÃO DE SER DA PRESCRIÇÃO | 29

pronuncia a prescrição. Afinal, como dito anteriormente, *não existe prescrição que não tenha sido pronunciada judicialmente*. Nesse caso, então, o procedimento prescricional terá a seguinte estrutura:

Decurso do prazo **+** Ajuizamento da demanda **+** Alegação **+** Decisão **=** Prescrição

Há, porém, uma segunda possibilidade a considerar: a de o juiz, depois de citado o réu, verificar de ofício que a demanda pode ter sido ajuizada depois de decorrido o prazo prescricional. Perceba-se que essa situação se diferencia bastante da anterior, já que ali a prescrição foi alegada pelo demandado, enquanto aqui se trata de conhecimento *ex officio* da prescrição.

Nessa hipótese, o procedimento tem início da mesma forma, com o decurso do prazo e o ajuizamento tardio da demanda, porém o réu foi citado e não alegou a prescrição como defesa. O juiz, todavia, verificou – de ofício – que a demanda foi (ou ao menos parece ter sido) ajuizada depois do decurso do prazo prescricional.

Na situação aqui figurada, incumbe ao juiz determinar a oitiva das partes sobre a possibilidade de vir a ser reconhecida a prescrição. Essa exigência decorre da vedação das decisões-surpresa (art. 10 do CPC), sendo expresso sobre o ponto o parágrafo único do art. 487 do CPC.[75]

Haverá aqui, então, um despacho judicial determinando às partes que se manifestem sobre a possibilidade de reconhecimento da prescrição. Diante desse despacho, terá o demandado três possibilidades: alegar que o direito estaria prescrito, renunciar expressamente à prescrição ou silenciar, deixando transcorrer o prazo sem qualquer manifestação.

Pois bem: no primeiro caso, terá havido a alegação de prescrição. Essa alegação, é certo, não terá sido espontânea, mas provocada pelo juiz. De todo modo, tendo o demandado alegado

---

75 Art. 487, parágrafo único, do CPC: "Ressalvada a hipótese do § 1º do art. 332, a prescrição e a decadência não serão reconhecidas sem que antes seja dada às partes oportunidade de manifestar-se". Acerca da ressalva prevista no dispositivo se falará um pouco adiante.

30 | REPENSANDO A PRESCRIÇÃO • ALEXANDRE FREITAS CÂMARA

a prescrição, virá o último fato integrante desse procedimento prescricional: a decisão judicial que reconhece a prescrição. Só aí estará propriamente prescrito o direito.

Pode ocorrer, porém, de o demandado renunciar expressamente à prescrição (como lhe permite o art. 191 do Código Civil), caso em que não poderá o juiz pronunciá-la. Nessa hipótese, em razão da expressa manifestação de vontade do demandado no sentido de afastar a prescrição, o procedimento prescricional não estará completo e, portanto, não terá havido a prescrição do direito.

Por fim, pode acontecer de o demandado, tendo sido intimado a manifestar-se sobre a possibilidade de reconhecimento de ofício da prescrição, ter silenciado, deixando transcorrer o prazo para sua manifestação. Nesse caso, é preciso considerar ter havido renúncia tácita à prescrição (art. 191, *parte final*, do Código Civil). Nos termos da disposição legal, "tácita é a renúncia quando se presume de fatos do interessado, incompatíveis com a prescrição". Logo, é possível presumir, da inatividade do demandado que foi expressamente intimado a manifestar-se sobre a possibilidade de se reconhecer a prescrição, que ele não quer vê-la reconhecida. Como afirma Troisi, a renúncia tácita se dá "por meio de um comportamento incompatível com a vontade de valer-se da prescrição".[76] Além disso, é incompatível com a vontade de valer-se da prescrição deixar precluir a possibilidade de a invocar quando o juiz expressamente tenha instado a parte a fazê-lo. Nesse caso, então, também não poderá ser reconhecida a prescrição.

Vale observar que tudo o que foi dito aqui é compatível com a afirmação, feita anteriormente, de que a prescrição é algo absolutamente excepcional na vida dos direitos. Em outros termos, a regra é não haver prescrição, e o reconhecimento dessa causa de extinção do direito é absolutamente excepcional.

Verifica-se, dessa forma, que, mesmo nesse caso de reconhecimento de ofício da prescrição (ocorrido em processo no qual o demandado já havia sido citado), há a exigência de alegação pelo demandado para que a prescrição se consume. A única diferença entre essa hipótese e a anterior, portanto, é que, no caso que

---

76 TROISI, Bruno. *Diritto Civile – Lezioni*. 5. ed. Nápoles: Edizioni Scientifiche Italiane, 2009. p. 85.

CAP. 1 - CONCEITO E RAZÃO DE SER DA PRESCRIÇÃO | 31

agora se examinou, a alegação da prescrição foi provocada por um despacho do juiz, enquanto, na anterior, a alegação se deu de modo espontâneo.

Fica assim, então, a estrutura do procedimento prescricional neste segundo caso:

$$\text{Decurso do prazo} + \text{Ajuizamento da demanda} + \text{Despacho} + \text{Alegação} + \text{Decisão} = \text{Prescrição}$$

Existe, ainda, uma terceira possibilidade (também exclusiva do ordenamento jurídico brasileiro): o reconhecimento de ofício da prescrição antes mesmo da citação, por meio de um julgamento de improcedência liminar do pedido (art. 332, § 1º, do CPC). Nessa hipótese, a prescrição é reconhecida por decisão proferida em processo para o qual o demandado não foi citado e, portanto, não haverá, antes do pronunciamento judicial, qualquer possibilidade de alegação da prescrição.

É por isso, aliás, que o parágrafo único do art. 487 do CPC, ao estabelecer que o pronunciamento da prescrição exige a prévia oportunidade de manifestação das partes, ressalva exatamente esse caso de que aqui se trata.

É preciso observar, porém, que a ressalva legal deve ser interpretada com muito cuidado. Realmente, não haveria sentido em, no caso de improcedência liminar do pedido, ouvir *as partes*, ambas, antes de proferir decisão. Afinal, o que se tem aí é um pronunciamento exarado em processo no qual o demandado não foi citado e, portanto, não tem de se manifestar. Registre-se que essa possibilidade se justifica por se tratar de pronunciamento que favorece o demandado, de modo que não há, aí, qualquer desrespeito à garantia constitucional do contraditório. Tanto é assim, aliás, que o art. 9º do CPC é expresso em vedar que se profira decisão *contra* uma das partes sem antes se dar a ela a oportunidade de ser ouvida. Não se pode, portanto, decidir *contra* a parte que não pôde ser ouvida. Decidir a seu favor, porém, é perfeitamente possível.

O que não se pode admitir, de outro lado, é a prolação dessa decisão sem que antes se ouça o demandante acerca da possibilidade de reconhecimento de ofício da prescrição. Nesse caso, ter-se-ia uma decisão-surpresa, vedada pelo art. 10 do CPC e manifestamente ofensiva do princípio constitucional do contraditório.[77]

A manifestação do autor, nesse caso, será um espaço de oportunidade para tentar demonstrar que não houve prescrição, seja por não ter decorrido por completo o prazo prescricional, seja por ter havido alguma causa que obsta a consumação desse prazo (mais adiante se falará das causas de impedimento, suspensão e interrupção do prazo prescricional). De todo modo, depois de se dar ao demandante oportunidade para manifestar-se, será possível a prolação de decisão de improcedência liminar do pedido em razão do reconhecimento de prescrição. Nesse caso, o demandado não terá sido ouvido.

Há aqui, porém, algumas questões a considerar, essenciais para que se compreenda como funciona, na verdade, o fenômeno da prescrição.

Em primeiro lugar, é preciso perceber que a autorização para o juiz afirmar a prescrição em processo no qual o demandado sequer foi citado é uma forma de reconhecer o que normalmente acontece: o demandado dificilmente renuncia à prescrição.[78] Dessa decisão, porém, é possível haver a interposição de recurso. Saber se o recurso foi ou não interposto será decisivo para a compreensão do modo como se consuma a prescrição do direito.

No caso de ser interposto recurso contra a decisão que reconheceu a prescrição, será preciso citar o demandado para que ofereça contrarrazões ao recurso (art. 332, § 4º, do CPC). Aí duas

---

77 Sobre disposição que permite, em alguns casos, a rejeição liminar da demanda no Direito alemão, assim se manifesta Dieter Leipold: "Então eu penso que as mencionadas regras devem ser interpretadas no sentido de que antes de rejeitar a demanda o autor deve ser informado sobre a opinião da corte de que sua demanda é claramente infundada, e deve ter o direito de emendar sua inicial do mesmo modo que com relação a requisitos processuais" (LEIPOLD, Dieter. *Oral and Written Elements within the Introductory Phase of Civil Procedure*. Texto de palestra proferida no colóquio *Oralidad y Escritura en un Proceso Civil Eficiente*, organizado pela International Association of Procedural Law em Valência, Espanha, em novembro de 2008. Disponível em: <www.uv.es/coloquio/coloquio/ponencias/5oraleip.pdf>. Acesso em: 20.12.2022).

78 Uma pesquisa feita em 2022 na jurisprudência do STJ, restrita aos casos que versam sobre relações jurídicas de direito privado, mostra que se reconheceu ter havido renúncia à prescrição em pouquíssimos casos. Localizei apenas três acórdãos nesse sentido, e, em um deles, não houve propriamente renúncia, mas pagamento de dívida depois do decurso do prazo, o que não é exatamente a mesma coisa.

CAP. 1 - CONCEITO E RAZÃO DE SER DA PRESCRIÇÃO | 33

possibilidades surgem: ou o demandado oferece contrarrazões, ou deixa transcorrer o prazo sem apresentá-las.

Caso o executado não ofereça contrarrazões, deve-se considerar ter havido renúncia tácita à prescrição (do mesmo modo como, antes, se deu a renúncia tácita no caso do demandado que, intimado a pronunciar-se sobre a ocorrência da prescrição, não se manifestou). Nessa hipótese, caberá ao tribunal, ao apreciar o recurso, dar-lhe provimento, afastando a prescrição em razão da renúncia tácita.

Já na hipótese de o demandado oferecer contrarrazões, pode ele expressamente alegar a prescrição ou não. Caso ele não a alegue, sustentando apenas outras matérias em sua petição, também aí terá havido renúncia tácita à prescrição. Pode até ocorrer uma renúncia expressa, em que o réu-apelado, em suas contrarrazões, manifesta-se no sentido de não querer que a prescrição seja reconhecida. Em ambos os casos aqui descritos, uma vez mais, caberá ao Tribunal dar provimento ao recurso, afastando a prescrição em razão da renúncia (expressa ou tácita, conforme o caso).

Nenhuma dessas situações descritas deve causar espanto. Há aí um fato superveniente à decisão de primeiro grau de jurisdição, mas anterior ao julgamento do recurso, e que é capaz de influir na resolução do mérito do processo. Esses fatos supervenientes devem ser levados em conta pelo órgão julgador (art. 493 do CPC), por força do fenômeno conhecido como *atendibilidade dos fatos supervenientes*,[79] o qual incide também em segundo grau de jurisdição.[80]

A última situação possível é a do demandado que, citado, oferece contrarrazões e expressamente afirma a prescrição. Nesse caso, diante da alegação do demandado, a prescrição estará finalmente consumada, o que será reconhecido pelo tribunal de segundo grau de jurisdição, que deverá negar provimento ao recurso. Perceba-se, então, que, no caso de ser proferida decisão de improcedência liminar do pedido fundada na ocorrência de prescrição, e tendo sido interposto recurso contra essa decisão, o julgamento de mérito do recurso só será no sentido de afirmar a prescrição se o

---

79 Sobre o tema, CUNHA, Leonardo Carneiro da. *A atendibilidade dos fatos supervenientes no processo civil*. Coimbra: Almedina, 2012. passim.

80 Como expressamente decidiu o STJ, por exemplo, ao apreciar o AgInt no AREsp n. 1.589.440/RJ, j. 28.09.2021, rel. Min. Marco Buzzi.

34 | REPENSANDO A PRESCRIÇÃO • ALEXANDRE FREITAS CÂMARA

demandado a alegar em suas contrarrazões. Portanto, nesse caso, fica assim o esquema do procedimento prescricional:

Decurso do prazo **+** Ajuizamento da demanda **+** Improcedência liminar **+** Recurso **+** Alegação **+** Julgamento do recurso **=** Prescrição

O que se verifica, então, pelo exame dos casos até agora expostos, é que, não obstante a possibilidade de reconhecimento de ofício da prescrição, em qualquer das hipóteses examinadas, haverá a necessidade de que, em algum momento, espontaneamente ou não, o demandado alegue a prescrição para que se tenha o completo desenvolvimento do procedimento prescricional, o qual termina com a prolação de uma decisão que reconhece a prescrição e, com isso, conclui tal procedimento.

Resta, porém, uma última situação, esta, sim, diferente de todas as demais. É o caso da improcedência liminar fundada em prescrição, não havendo interposição de recurso contra essa decisão.

Nesse caso, o juiz terá, de ofício (e após haver oportunidade de manifestação sobre o tema do demandante), proferido decisão em que se reconhece a prescrição. Não havendo recurso, essa decisão se torna imutável, formando-se coisa julgada material, nos termos do art. 502 do CPC (já que a decisão que se pronuncia sobre prescrição, conforme o art. 487, II, do mesmo Código, resolve o mérito do processo). Veja-se, então, que esse é o único caso em que terá havido a consumação da prescrição sem que, em momento algum, tenha havido uma manifestação do demandado nesse sentido, nem antes nem depois da decisão judicial que a reconhece.

É possível considerar que aqui, como na hipótese anterior, a autorização para o pronunciamento da prescrição de ofício e sem prévia oitiva do demandado resulta do fato de que raramente ocorre a renúncia à prescrição. Dessa decisão, como visto, é admissível a interposição de recurso.

Ocorre que o demandante, ao não interpor recurso admissível, acaba por permitir que se torne imutável e indiscutível a decisão de improcedência de seu pedido, o que implica uma renúncia ao seu direito (que talvez existisse, já que poderia o demandado,

CAP. 1 – CONCEITO E RAZÃO DE SER DA PRESCRIÇÃO | 35

expressa ou tacitamente, renunciar à prescrição mesmo depois da prolação da decisão, desde que interposto o recurso, como já visto). O que se tem aí, então, é uma renúncia ao direito que, por força do ordenamento jurídico positivado, é equiparada a uma prescrição do direito. Em outras palavras, pode-se falar aqui em *prescrição presumida*. Há uma presunção legal de prescrição, legitimada pela improcedência liminar do pedido e pelo fato de não ter havido a interposição de recurso admissível. Essa prescrição presumida acarreta a extinção do direito, sendo a decisão que a pronuncia imutável e indiscutível porque coberta pela autoridade de coisa julgada material.

Nesse último caso, então, há o seguinte esquema do procedimento prescricional:

| Decurso do prazo | + | Ajuizamento da demanda | + | Improcedência liminar | + | Trânsito em julgado | = | Prescrição presumida |

Como se pôde ver, apesar de a dicção da lei autorizar o pronunciamento da prescrição de ofício, a sua consumação sempre dependerá de uma manifestação do demandado, levando ao pronunciamento judicial da prescrição, ato final do *procedimento prescricional*. A única exceção é o caso de se proferir decisão de improcedência liminar do pedido fundada em prescrição contra a qual não se interponha recurso admissível, caso em que se terá uma prescrição *presumida* afirmada por decisão imutável e indiscutível.

Sendo a prescrição um procedimento, que só estará completo se houver um pronunciamento judicial que a reconheça, é preciso afirmar que a prescrição é, em qualquer caso, fundamento de uma decisão de improcedência da pretensão daquele que afirma ser credor.[81-82] Ora, se a decisão que reconhece a prescrição é de improcedência do pedido, então é preciso ter claro que ela declara a própria inexistência do direito subjetivo, como o faz toda decisão

---

81 Fala-se em pretensão, no texto, evidentemente, no seu sentido processual, que – como visto ao longo deste capítulo – é o único que pode ser admitido.

82 A afirmação de que o reconhecimento da prescrição é tão somente um fundamento de um julgamento de improcedência é feita há já muito tempo. Veja-se, por todos, LIEBMAN, Enrico Tullio. O despacho saneador e o julgamento do mérito. *Estudos sobre o processo civil brasileiro*. São Paulo: Saraiva, 1947. p. 151.

36 | REPENSANDO A PRESCRIÇÃO • ALEXANDRE FREITAS CÂMARA

de improcedência.[83] Conclui-se, assim, que o encerramento do procedimento prescricional, com a prolação de decisão que afirma a prescrição, faz com que haja o reconhecimento judicial da inexistência do direito subjetivo. A prescrição, portanto, é causa extintiva do direito subjetivo a uma prestação.

---

83 JAUERNIG, Othmar. *Direito Processual Civil*. Trad. F. Silveira Ramos. Coimbra: Almedina, 2002. p. 308; CHIOVENDA, Giuseppe. *Instituições de Direito Processual Civil*. Trad. J. Guimarães Menegale. 3. ed. São Paulo: Saraiva, 1969. v. 1. p. 330; LIEBMAN, Enrico Tullio. *Manuale di Diritto Processuale Civile*. 5. ed. Milão: Giuffrè, 1992. v. 1. p. 269; DINAMARCO, Cândido Rangel. *Instituições de Direito Processual Civil*. 6. ed. São Paulo: Malheiros Editores, 2009. v. III. p. 224. Evidentemente, não se está aqui a fazer referência à sentença que julga improcedente uma demanda declaratória negativa, já que, nesse caso, a decisão seria declaratória positiva (certificando a existência do direito negado pelo demandante). Nos casos, porém, em que o demandante afirma ser titular do direito, a decisão de improcedência do pedido é declaratória da inexistência do direito afirmado.

2

DISTINÇÃO ENTRE PRESCRIÇÃO E INSTITUTOS AFINS: DECADÊNCIA, *SUPPRESSIO* E PRECLUSÃO TEMPORAL

Como já se pôde perceber, a prescrição é um fenômeno que resulta dos efeitos do tempo sobre os direitos e as relações jurídicas. Não é, porém, o único. Outros fenômenos jurídicos estão ligados à passagem do tempo e, por isso, têm alguns pontos de contato com a prescrição, embora com eles não se confundam. Daí a importância de mostrar a diferença entre eles.

De todos esses fenômenos, destacam-se em importância a decadência, a *suppressio* e a preclusão temporal, dos quais se tratará neste tópico do trabalho.

2.1. DISTINÇÃO ENTRE PRESCRIÇÃO E DECADÊNCIA

O primeiro instituto de que se deve tratar, sem sombra de dúvida, é a decadência. Esta pode ser definida, segundo clássica doutrina brasileira, como "perecimento do direito pelo decurso do prazo fixado ao seu exercício, sem que seu titular o tivesse

38 | REPENSANDO A PRESCRIÇÃO • ALEXANDRE FREITAS CÂMARA

exercido".[1] No entanto, como facilmente se percebe, essa definição acaba por impedir uma distinção clara entre decadência e prescrição, já que esta última, como visto no capítulo anterior, é igualmente causa de extinção do direito. Aliás, um autor que também via na prescrição uma causa de extinção do direito, tanto quanto a decadência, chegou mesmo a afirmar que "[é], com efeito, tão sutil a diferença em alguns casos que o jurista mais sente a aceita pela sensibilidade do que define e caracteriza abstratamente".[2]

Em razão dessa dificuldade para distinguir prescrição de decadência, há quem elogie o Código Civil por ter dado ao problema uma solução prática, dotada de *operabilidade*: são prescricionais os prazos previstos nos arts. 205 e 206, e decadenciais todos os demais, especialmente os que constam na Parte Especial.[3]

Evidentemente, os critérios empregados por aqueles que não veem na prescrição uma causa de extinção do direito não serviriam para explicar a diferença entre os dois fenômenos. É preciso tratar do tema a partir da premissa, adotada neste trabalho, de que tanto a prescrição quanto a decadência são causas de extinção de direitos subjetivos.

Tampouco seria aceitável o emprego de critérios desprovidos de qualquer valor científico (como dizer que os prazos de decadência são mais curtos, ou que os prazos de prescrição podem ser suspensos ou interrompidos), já que, nesses casos, o que se tem é mera opção legislativa, que pode ser alterada sem mudar a natureza jurídica de cada fenômeno.

Importa, porém, examinar o que ficou conhecido, na doutrina brasileira, como "critério científico" para distinguir a prescrição da decadência, desenvolvido por Agnelo Amorim Filho.

Esse autor, em trabalho originariamente publicado em 1960,[4] baseou-se numa distinção que se popularizou a partir da obra de Chiovenda, entre dois tipos de direito subjetivo: o direito a uma prestação e o direito potestativo, e no fato de que a tutela

---

1 CÂMARA LEAL, Antônio Luís da. *Da prescrição e da decadência*, cit., p. 113. Aliás, o próprio Câmara Leal afirmava serem "unânimes os escritores em reconhecer, na prática, a dificuldade de distinção entre a decadência e a prescrição" (ibidem, p. 117).

2 PEREIRA, Caio Mário da Silva. *Instituições de Direito Civil*, v. I, cit., p. 481.

3 THEODORO JÚNIOR, Humberto. *Prescrição e decadência*, cit., p. 334-335.

4 AMORIM FILHO, Agnelo. Critério científico para distinguir a prescrição da decadência e para identificar as ações imprescritíveis. *Revista da Faculdade de Direito da Universidade Federal do Ceará*, v. 14, p. 301-351, 1958. p. 301 e seguintes.

CAP. 2 – DISTINÇÃO ENTRE PRESCRIÇÃO E INSTITUTOS AFINS | 39

processual dos primeiros seria postulada por meio de "ações" (*rectius*, demandas) condenatórias, enquanto a dos segundos por meio de "ações" (*rectius*, demandas) constitutivas. Com isso em mente, ele buscou estabelecer um critério que pode ser assim sintetizado, nas palavras do próprio autor:

1ª) – Estão sujeitas a prescrição: – todas as ações condenatórias, e somente elas (arts. 177 e 178, do Código Civil [de 1916]);

2ª) – Estão sujeitas a decadência (indiretamente, isto é, em virtude da decadência do direito a que correspondem): as ações constitutivas que têm prazo especial de exercício fixado em lei.[5]

Esse critério, embora seja extremamente útil, parte de duas premissas equivocadas: primeiro, a de que é possível distinguir prescrição de decadência, fenômenos de direito material, a partir de conceitos processuais (a natureza da demanda, fixada a partir do pedido imediato que nela se formula); segundo, a ideia de que todo direito subjetivo a uma prestação será necessariamente deduzido em juízo mediante demandas condenatórias e todo direito potestativo será necessariamente deduzido em juízo mediante demandas constitutivas (ainda que isso seja o que normalmente acontece).

Para estabelecer adequadamente a distinção entre prescrição e decadência, é preciso, porém, estabelecer a diferença entre dois tipos de direito subjetivo: o direito a uma prestação e o direito potestativo. Essa distinção, registre-se desde logo, aqui se faz a partir das ideias de Chiovenda sobre o tema.[6]

O processualista italiano divide os direitos em duas grandes categorias: os *direitos a uma prestação* (que se subdividem em absolutos e relativos, reais – que seriam, segundo ele, espécie dos direitos absolutos – e pessoais)[7] e os *direitos potestativos*, que "care[riam] completamente daquilo que é característico dos direitos a uma prestação, ou seja, precisamente a obrigação de uma pessoa de realizar uma prestação".[8] Essa categoria, então, seria formada por direitos que atribuem ao seu titular:

---

5 Ibidem, p. 350.
6 CHIOVENDA, Giuseppe. *Instituições de Direito Processual Civil*, v. 1, cit., p. 10 e seguintes.
7 Ibidem, p. 11-12.
8 Ibidem, p. 14-15.

(...) o poder de influir, com sua manifestação de vontade, sobre a condição jurídica de outro, sem o concurso da vontade deste [,] ou fazendo cessar um direito ou um estado jurídico existente; [ou] produzindo um novo direito, ou estado ou efeito jurídico.[9]

Esses direitos potestativos não se confundiriam com as simples manifestações de capacidade jurídica (como a capacidade de testar, por exemplo), já que a estas não corresponde qualquer sujeição alheia.[10] Seriam, então, direitos que tendem "à produção de um efeito jurídico a favor de um sujeito e a cargo de outro, o qual nada deve fazer, mas nem por isso pode esquivar-se àquele efeito, permanecendo sujeito à sua produção".[11]

Também Von Tuhr reconhece que, muitas vezes, o direito subjetivo é o reverso de um dever jurídico,[12] mas há direitos que não geram qualquer jurídico a cargo de ninguém, como os direitos potestativos.[13] Ele define estes últimos como "[o] poder de vontade reconhecida pela lei [que consiste] na faculdade de constituir um direito para si, ou para outro, ou na de extingui-lo ou modificá-lo".[14]

Em outras palavras, pode-se dizer o seguinte: existem duas espécies de direito subjetivo: o direito a uma prestação e o direito potestativo.

Chama-se direito a uma prestação todo direito subjetivo a que corresponda um dever jurídico. Em alguns casos, o dever jurídico é de um (ou alguns) sujeito(s) determinado(s), como é o caso do direito de crédito (a que corresponde o dever jurídico de efetuar o pagamento). Em outros casos, o dever jurídico é de toda a coletividade (como acontece no caso dos direitos reais, a que corresponde um dever geral de abstenção). O que se tem nesses casos é uma posição jurídica de vantagem que permite ao seu titular exigir do(s) outro(s) sujeito(s) o cumprimento de uma prestação. Trata-se, pois, do *direito a uma prestação*.

---

9 Ibidem, p. 15.
10 Idem.
11 Idem.
12 VON TUHR, Andreas. *Derecho Civil*: parte general. Trad. Wenceslao Roces. Cidade do México: Porrúa, 1946. p. 24.
13 Ibidem, p. 25.
14 Ibidem, p. 34.

CAP. 2 - DISTINÇÃO ENTRE PRESCRIÇÃO E INSTITUTOS AFINS | 41

De outro lado, existe uma espécie de direito subjetivo a que não corresponde qualquer dever. A esse tipo de direito corresponde um estado de sujeição jurídica do outro sujeito da relação jurídica. O que se tem aí é uma posição jurídica de vantagem que permite ao seu titular, pelo exercício de sua vontade, provocar a formação de uma nova situação jurídica, alcançando a esfera do outro sujeito da relação, independentemente da vontade deste. É o caso, por exemplo, do direito do empregador de demitir seu empregado, ou do direito do mandante de revogar o mandato outorgado ao seu mandatário. Esses são *direitos potestativos*.

Há um aspecto que distingue de forma bastante nítida o direito a uma prestação do direito potestativo. É que o direito a uma prestação, exatamente porque lhe corresponde um dever jurídico, pode sofrer violação. Afinal, basta que o outro sujeito da relação jurídica não cumpra seu dever jurídico para haver uma violação ao direito subjetivo. Em outras palavras, a satisfação prática do direito subjetivo a uma prestação depende da cooperação do titular do dever jurídico, a quem incumbe cumprir esse dever (o que pode ocorrer mediante a realização de um *dar*, de um *fazer* ou de um *não fazer*). Assim, por exemplo, caso o devedor de uma obrigação resolva não efetuar o pagamento, ou se alguém que não é proprietário de um imóvel começar, sem título que o autorize, a usar bem alheio, haverá descumprimento do dever e, por conseguinte, violação do direito. Como se vê, não havendo a cooperação do titular do dever jurídico, estará violado o direito a uma prestação.

De outro lado, os direitos potestativos não podem ser violados de maneira alguma. Isso porque sua realização prática sempre independe da vontade do outro sujeito da relação jurídica, a quem não corresponde dever algum, mas um estado de sujeição. Assim, por exemplo, se o mandante resolve extinguir o mandato, nada pode fazer o outro sujeito da relação a não ser sujeitar-se à sua nova situação jurídica, em que já não é mais mandatário. Esse tipo de direito, potestativo, portanto, não pode sofrer violação.

Essa distinção, aliás, gera uma curiosa consequência. Como sabido, o art. 5º, XXXV, da Constituição da República estabelece que "a lei não excluirá da apreciação do Poder Judiciário lesão ou ameaça a direito", o que é reproduzido, ainda que com um texto ligeiramente diferente, no art. 3º do CPC. A fórmula empregada no texto constitucional e no Código de Processo Civil, porém, é manifestamente insatisfatória, pois parece deixar fora da proteção constitucional os direitos potestativos, que são insuscetíveis de lesão (ou ameaça de lesão).[15] Daí a importância de interpretar-se esse dispositivo constitucional – e, na mesma linha, o texto normativo do CPC – como base para a construção de um direito fundamental de acesso à jurisdição, capaz de permitir que se busque em juízo proteção para qualquer tipo de posição jurídica de vantagem, de modo que ficam a salvo de eventuais restrições de acesso que o legislador infraconstitucional pretendesse estabelecer também os direitos potestativos. Em outras palavras, também os direitos potestativos integram o conjunto das posições jurídicas de vantagem que podem ser protegidas por meio do processo, independentemente de expressa autorização legal.

Nem se diga que, por serem potestativos esses direitos, não haveria necessidade de sua realização mediante o processo. É que, em muitos casos, o ordenamento não permite a realização do direito potestativo por meio de mera manifestação unilateral de vontade de seu titular, havendo a necessidade do processo judicial para sua satisfação. É o que se dá, por exemplo, no caso do direito potestativo à invalidação de negócio jurídico por vício de consentimento, ou do direito potestativo à anulação de casamento. Em outros casos, havendo acordo entre as partes, o direito potestativo pode realizar-se extrajudicialmente (como é o caso do direito potestativo à revisão judicial do aluguel), mas, no caso de não haver consenso, haverá necessidade do processo judicial (caso em que será possível o ajuizamento da "ação revisional de aluguel").

É nessa hipótese que se encontra o direito potestativo ao divórcio. Se sua realização prática for consensual, e não havendo filhos incapazes, esse direito poderá ser satisfeito extrajudicialmente. No caso de haver filhos incapazes, porém, ainda que consensual a dissolução do casamento, impõe-se a instauração de um processo de jurisdição voluntária para o divórcio consensual. Quanto ao caso de haver litígio entre os cônjuges, haverá necessidade do processo (de jurisdição contenciosa) de divórcio. Por isso, não se pode admitir

---

15 Isso já havia sido observado, ainda ao tempo da Constituição anterior, por José Carlos Barbosa Moreira. Confira-se, então, BARBOSA MOREIRA, José Carlos. Notas sobre o problema da "efetividade" do processo. *Temas de Direito Processual (terceira série).* São Paulo: Saraiva, 1984. p. 32.

CAP. 2 - DISTINÇÃO ENTRE PRESCRIÇÃO E INSTITUTOS AFINS | 43

a figura do "divórcio judicial unilateral", pois isso produziria a satisfação judicial do direito sem o devido processo constitucional.[16]

Estabelecida a distinção entre o direito a uma prestação e o direito potestativo, torna-se possível estabelecer a diferença fundamental entre prescrição e decadência: é que a prescrição acarreta a extinção do direito a uma prestação, enquanto a decadência é causa extintiva do direito potestativo.[17]

Não se extraia daí, porém, que todo direito a uma prestação estaria necessariamente sujeito à prescrição, ou que todo direito potestativo se sujeite a decadência. Só se cogitará de prescrição ou de decadência quando houver a expressa previsão, em lei ou em negócio jurídico,[18] de um prazo para exercício do direito. Nada impede, portanto, a existência de um direito imprescritível a uma prestação (como se dá, por exemplo, com o direito de propriedade, que não prescreve pelo seu não exercício),[19] ou de um direito potestativo que não se sujeita à decadência (como é o caso do direito do mandante de extinguir o mandato, que pode ser exercido a qualquer tempo enquanto existir a relação jurídica entre as partes).

Essa distinção, firmada a partir da espécie de direito subjetivo, porém, não é a única diferença entre prescrição e decadência. Existe outra diferença fundamental: a prescrição é um procedimento, como se viu no capítulo anterior, enquanto a

---

16   Basta pensar que, nesse caso, haveria a prolação de decisão contrária a uma das partes sem sua prévia oitiva, o que contraria frontalmente o art. 9° do CPC e viola manifestamente o princípio do contraditório. Afinal, não se está aí diante de qualquer das hipóteses em que o parágrafo único do art. 9° do CPC autoriza a prolação de decisão sem prévia oitiva da parte contrária. Além disso, haveria aí uma tutela provisória de divórcio, capaz de gerar inúmeros problemas. Basta pensar na possibilidade de ambos os cônjuges terem obtido, em processos distintos, e sem que um saiba do que o outro fez, o "divórcio unilateral". Seria admissível o decreto de divórcio de um casal já divorciado? Qual seria a data do divórcio, a da primeira decisão ou a da segunda? Averbado o divórcio, seria possível que as partes se reconciliassem (como se jamais tivessem se divorciado)? Ou precisariam, nesse caso, celebrar um novo casamento? Outros problemas podem surgir nessa situação, todos eles a corroborar o que aqui se sustentou. Não pode haver divórcio unilateral, ou divórcio deferido por meio de tutela provisória, no ordenamento jurídico brasileiro.

17   Reconhece ser válida e proveitosa essa forma de distinção CAHALI, Yussef Said. *Prescrição e decadência.* 2. tir. São Paulo: Ed. RT, 2008. p. 28.

18   Os prazos prescricionais estão sempre previstos em lei e não podem ser alterados pelas partes (art. 192 do Código Civil). A decadência, porém, pode ser legal ou convencional (art. 211 do Código Civil).

19   Aqui se deixa claro que a usucapião, embora frequentemente chamada de "prescrição aquisitiva", não se trata verdadeiramente de prescrição.

decadência é um *fato jurídico simples*. Explique-se: nos casos em que o exercício do direito potestativo se sujeita a um prazo (decadencial), basta o decurso do prazo para que se configure a decadência. Assim, ajuizada a demanda depois do prazo decadencial, já estará configurada a perda do direito. Isso explica por que, em qualquer hipótese, a decadência pode ser reconhecida de ofício e possa levar à improcedência liminar do pedido, não podendo ser objeto de renúncia. Nesse caso, o direito alegado pelo demandante já não existe mais, e cabe ao juiz, portanto, pronunciar a improcedência do pedido.

Perceba-se, porém, que até aqui toda a distinção foi feita a partir de categorias de direito material (a distinção entre direito a uma prestação e direito potestativo, evidentemente, não pertence ao Direito Processual Civil). Em momento algum se falou sobre o tipo de demanda que se revela adequado para buscar a realização prática desses direitos subjetivos, critério que, como dito anteriormente, foi empregado por Agnelo Amorim Filho. Contudo, é preciso voltar ao ponto.

É certo que, de modo geral, a doutrina do Direito Processual Civil estabelece uma relação entre direitos a uma prestação e demandas condenatórias, assim como o faz entre direitos potestativos e demandas constitutivas. Nesse sentido, por exemplo, diz Chiovenda:

> (...) [se] a vontade da lei impõe ao réu uma prestação passível de execução, a sentença que acolhe o pedido é de condenação e tem duas funções concomitantes, de declarar o direito e de preparar a execução; se a sentença realiza um dos direitos potestativos que, para ser atuados, requerem o concurso do juiz, é *constitutiva*.[20]

Ocorre que essa ligação entre direito a uma prestação e demanda condenatória de um lado, e entre direito potestativo e demanda constitutiva de outro, embora seja o que mais frequentemente se vê, não é absoluta e imutável. Isso porque o direito fundamental à tutela processual efetiva que resulta do art. 5º,

---

20 CHIOVENDA, Giuseppe. *Instituições de Direito Processual Civil*, v. 1, cit., p. 34-35. Barbosa Moreira expressamente afirmava que pelas "ações constitutivas [se] exercitam direitos potestativos" (BARBOSA MOREIRA, José Carlos. Notas sobre o problema da "efetividade" do processo, cit., p. 32).

CAP. 2 – DISTINÇÃO ENTRE PRESCRIÇÃO E INSTITUTOS AFINS | 45

XXXV, da Constituição da República,[21] exige que o ordenamento processual seja construído a fim de permitir a tutela processual do titular do direito subjetivo da forma mais eficiente possível. Pode acontecer, por exemplo, de se verificar que a forma mais eficiente de tutelar o titular de um direito a uma prestação é por meio de uma decisão de natureza constitutiva, e não de uma condenação.

Basta ver o que acontece no caso de alguém ser credor de uma obrigação de emitir declaração de vontade, como a que resulta dos contratos preliminares. Desses contratos resulta uma obrigação de fazer, consistente na celebração de outro contrato. Assim, por exemplo, tem-se a lição de José Roberto de Castro Neves:

> Por meio do contrato preliminar, as partes estabelecem uma obrigação de fazer, consistente na declaração de vontade, para o fim de firmar um contrato definitivo, nas bases que aquele acordo preliminar desenhou, além de praticar, de boa-fé, os atos necessários para firmar o contrato definitivo.[22]

No caso de ser violado o direito de uma das partes de exigir da outra o cumprimento da obrigação de emitir a declaração de vontade (o que, nitidamente, se constitui como direito a uma prestação, e não como direito potestativo), pode-se postular em juízo uma decisão que substitua a declaração de vontade não emitida (art. 501 do CPC). Essa decisão, segundo entendimento amplamente majoritário, tem natureza constitutiva.[23] É que, nesse caso, não faria qualquer sentido proferir-se uma decisão que reconhece a exigibilidade da obrigação do devedor de emitir uma declaração de vontade, instaurando-se, na sequência, um procedimento executivo (de cumprimento de sentença) para determinar ao demandado que celebrasse o contrato principal, se é possível que a própria decisão judicial produza todos os efeitos da declaração não emitida. O emprego da técnica processual consistente na prolação de

---

21 Sobre o direito fundamental à tutela efetiva, e sua origem no art. 5º, XXXV, da Constituição da República, MARINONI, Luiz Guilherme. Il Diritto alla Tutela Giurisdizionale Effettiva nella Prospettiva della Teoria dei Diritti Fondamentali. *Studi di Diritto Processuale Civile in Onore di Giuseppe Tarzia*. Milão: Giuffrè, 2005. t. I. p. 105.

22 NEVES, José Roberto de Castro. *Teoria geral dos contratos*. Rio de Janeiro: GZ, 2021. p. 163-164.

23 DINAMARCO, Cândido Rangel. *Instituições de Direito Processual Civil*, v. III, cit., p. 258; YARSHELL, Flávio Luiz. *Tutela jurisdicional específica nas obrigações de declaração de vontade*. São Paulo: Malheiros Editores, 1993. p. 52.

46 | REPENSANDO A PRESCRIÇÃO • ALEXANDRE FREITAS CÂMARA

decisão de natureza constitutiva, portanto, é muito mais eficiente, permitindo a produção do resultado sem que haja a necessidade da prática de todos os atos que normalmente seriam praticados em um procedimento de cumprimento de sentença que reconhece a exigibilidade de obrigação de fazer. Atende-se, desse modo, ao princípio da eficiência, que é norma fundamental do processo civil (art. 8º do CPC), e ao princípio constitucional da tutela processual efetiva (art. 5º, XXXV, da Constituição da República).

Daí se poder concluir que pode haver casos em que, embora constitutiva a demanda, não é potestativo o direito subjetivo que se faz valer em juízo. Isso confirma o erro da tentativa de distinguir-se a prescrição da decadência a partir da natureza condenatória ou constitutiva da demanda judicial.

Conclui-se este tópico, portanto, com a reafirmação de que o único critério admissível para distinguir prescrição de decadência, baseado em critérios de direito substancial – e não de direito processual –, é o que afirmar que a prescrição atinge o direito subjetivo a uma prestação, enquanto a decadência atinge o direito potestativo.

2.2. DISTINÇÃO ENTRE PRESCRIÇÃO E *SUPPRESSIO*

Outro instituto que guarda alguma semelhança com a prescrição é a *suppressio*, que se constitui em uma das manifestações da boa-fé objetiva, uma de suas figuras parcelares.[24] Tanto na prescrição como na *suppressio*, o que se vê é a perda de um direito em razão de seu não exercício por determinado período. Não obstante isso, porém, os institutos não se confundem, o que torna relevante compreender a diferença entre eles.

Ensina Menezes Cordeiro: "Diz-se *suppressio* a situação do direito que, não tendo sido, em certas circunstâncias, exercido durante um determinado lapso de tempo, não possa mais sê-lo por, de outra forma, se contrariar a boa-fé".[25]

Ademais, sustenta Penteado que a *suppressio* "verifica-se de tal modo que o tempo implica a perda de uma situação jurídica

---

24 PENTEADO, Luciano de Camargo. Figuras parcelares da boa-fé objetiva e *venire contra factum proprium*. *Thesis*, São Paulo, v. 8, ano IV, 2007. p. 50.

25 MENEZES CORDEIRO, António Manuel da Rocha e. *Da boa fé no Direito Civil*. 4. reimpr. Coimbra: Almedina, 2011. p. 797.

CAP. 2 – DISTINÇÃO ENTRE PRESCRIÇÃO E INSTITUTOS AFINS | 47

subjetiva em hipóteses não subsumíveis nem à prescrição, nem à decadência".[26] Haveria aí, então, uma "caducidade que tem por causa a inação prolongada em segmento temporal significativo. Não se aplica ao simples não ajuizamento de uma ação ou de uma reconvenção".[27] Perceba-se que, a se aceitar esse entendimento, só se poderia cogitar de *suppressio* no caso de se estar diante de um direito para cujo exercício não se estabeleceu em lei qualquer prazo de prescrição ou de decadência. Assim não é, porém. Afinal, o Direito brasileiro, assim como o português, prevê prazos de prescrição ou de decadência para quase todos os direitos subjetivos, seja direito prestacional, seja direito potestativo, sendo absolutamente excepcional não haver essa previsão de prazo. Pode-se dizer, então, com base em Menezes Cordeiro, que o Direito brasileiro:

> (...) codificou a influência do tempo nas situações jurídicas em termos conclusivos; todos os direitos [subjetivos] estão sujeitos ao tempo, de acordo com regras precisas. Não se põe, por isso, como tal, um problema geral de complementação das regras que, através da repercussão do tempo nas situações jurídicas, visem adequar a regulação normativa às realidades [fáticas]; qualquer complementação teria de ser pontual.[28]

Pode-se afirmar, dessa forma, que o ordenamento jurídico brasileiro estabeleceu regras uniformes para a sanção decorrente do não exercício dos direitos (mediante a prescrição e da decadência), a fim de evitar uma busca individualizadora de justiça do caso concreto.[29] Desse modo, a *suppressio* não pode ser entendida como um mecanismo destinado a complementar o regime da prescrição ou da decadência. Adiciona-se, ainda, o fato de que a função da boa-fé não é regular o tempo nas relações jurídicas.[30]

Isso que acaba de ser dito, porém, só torna mais difícil compreender a distinção entre a prescrição e a *suppressio*.

---

26   PENTEADO, Luciano de Camargo. Figuras parcelares da boa-fé objetiva e *venire contra factum proprium*, cit., p. 58.

27   Idem.

28   MENEZES CORDEIRO, António Manuel da Rocha e. *Da boa fé no Direito Civil*, cit., p. 819.

29   Assim, para o Direito português: MENEZES CORDEIRO, António Manuel da Rocha e. *Da boa fé no Direito Civil*, cit., p. 819.

30   Ibidem, p. 820.

Existe, por exemplo, decisão do STJ entendendo que a *suppressio* seria um instituto de aplicação complementar e subsidiário, incidente em casos nos quais os prazos de prescrição ou decadência fossem inexistentes ou insuficientes para proteger a boa-fé objetiva. Confira-se:

> Direitos autorais. Recurso especial. Ação indenizatória. 1. Embargos de declaração rejeitados. Alegação de violação dos arts. 458 e 535 do CPC/1973. Ausência de violação. Suficiência na fundamentação. 2. Tutela da boa-fé objetiva. *Supressio*. Aplicabilidade no âmbito dos direitos autorais. Possibilidade. Compatibilização com princípios e direitos especiais. 3. Formação de legítima expectativa em razão da conduta recíproca e reiterada. 4. Recurso especial desprovido.
>
> 1. Não viola os arts. 458 e 535 do CPC/1973 o acórdão que declina, de forma expressa e coerente, os fundamentos suficientes adotados como razão de decidir, ainda que não se manifeste sobre cada uma das teses suscitadas pelas partes.
>
> 2. O mero inconformismo da parte com o julgamento contrário à sua pretensão não caracteriza falta de prestação jurisdicional.
>
> 3. A *suppressio*, regra que se desdobra do princípio da boa-fé objetiva, reconhece a perda da eficácia de um direito, longamente não é exercido ou observado, do qual se extrai uma legítima expectativa para a contraparte.
>
> 4. O caráter subsidiário e complementar da *suppressio* viabiliza sua aplicação sempre que o prazo legal de prescrição e decadência for inexistente ou insuficiente para assegurar a proteção ao princípio da boa-fé objetiva.
>
> 5. O exercício de posições jurídicas, mesmo no âmbito dos direitos autorais, encontra-se limitado pela boa-fé objetiva, impondo-se a todas as partes o dever de conduta ética, leal e conformada às normas jurídicas impositivas.
>
> 6. No caso concreto, foi reconhecida a existência de contrato válido entre as partes acerca da utilização gratuita de vinhetas protegidas pelos direitos de autor, uma vez que, á época dos fatos, não havia exigência legal quanto à forma escrita. O acordo foi observado pelas partes, de modo pacífico e tranquilo, ao longo de mais de 4 (quatro) décadas, com convivência amistosa entre elas. A modificação de comportamento abrupta por uma das partes não condiz com a boa-fé objetiva, fazendo incidir a *suppressio*, a despeito da vitaliciedade dos direitos autorais.
>
> 7. Recurso especial desprovido.[31]

---

31 STJ, REsp n. 1.643.203/RJ, rel. Min. Marco Aurélio Bellizze, 3ª T., j. 17.11.2020, *DJe* 01.12.2020.

CAP. 2 – DISTINÇÃO ENTRE PRESCRIÇÃO E INSTITUTOS AFINS | 49

Esse entendimento, porém, contraria o que aqui se sustenta, no sentido de que não existe essa relação de complementariedade. O ponto, aqui, é outro.

É que na prescrição não há uma preocupação com a proteção da confiança. O prazo prescricional está expressamente previsto em lei, e pouco importa se há ou não, de parte do devedor, alguma legítima expectativa criada pelo comportamento do credor para que se tenha por consumada a prescrição. Já na *suppressio*, figura parcelar da boa-fé, o que se busca é a tutela da legítima expectativa que o comportamento de uma das partes tenha gerado na parte adversa.[32]

Isso porque uma das funções da boa-fé objetiva (de que a *suppressio*, como visto, é uma figura parcelar) é impedir o exercício de direitos em contrariedade à recíproca lealdade e confiança que deve ser observada em todas as situações jurídicas.[33] Veja-se, por exemplo, o julgado sintetizado na seguinte ementa:

> Direito Civil. Condomínio. Área comum utilizada pelo demandado como garagem. Destinação que, embora descabida, se prolongou no tempo. Situação consolidada muito antes da aquisição do bem pelo réu, o qual, antes do levantamento da questão pelo Condomínio, já ocupava a área há mais de quatro anos. *Suppressio*. Recurso provido.[34]

Aí se tratou de reconhecer a perda do direito do condomínio de exigir que cessasse a utilização por um condômino de uma área que era empregada como vaga de garagem por estar a situação absolutamente consolidada há muitos anos. Veja-se que há aí a perda do direito em razão de uma inércia prolongada, mas não pelo mero decurso de um prazo previamente fixado em lei. O que há, aí, é a consolidação de uma situação jurídica prolongada como forma de proteção da legítima confiança da contraparte.

---

32 Afinal, como diz Menezes Cordeiro, o que se busca na *suppressio* é "proteger a situação da contraparte" (MENEZES CORDEIRO, António Manuel da Rocha e. *Da boa fé no Direito Civil*, cit., p. 820).

33 SCHREIBER, Anderson. *A proibição de comportamento contraditório*. Rio de Janeiro: Renovar, 2005. p. 83. Afirma, expressamente, a ligação entre boa-fé objetiva e confiança MENEZES CORDEIRO, António Manuel da Rocha e. *Da boa fé no Direito Civil*, cit., p. 1.250).

34 TJRJ, AC n. 0017432-86.2009.8.19.0042, rel. Des. Alexandre Freitas Câmara, j. 18.09.2013, Segunda Câmara Cível.

Aliás, é interessante perceber que, enquanto na prescrição o prazo é expressamente estabelecido por lei, na *suppressio* isso não ocorre, e o tempo de inércia necessário para a configuração da perda do direito é estabelecido de acordo com as características do caso concreto.

Ademais, a *suppressio* não é um procedimento como a prescrição. Basta a existência de uma situação de inércia no exercício de um direito com duração prolongada e ensejadora de legítima confiança na contraparte para que se configure a perda do direito.

Assim, embora possa parecer sutil a distinção, inegavelmente são inconfundíveis os fenômenos da prescrição e da *suppressio*.

2.3. DISTINÇÃO ENTRE PRESCRIÇÃO E PRECLUSÃO

Em obra clássica sobre o estudo da preclusão, é apontada a necessidade de distinguir-se esse instituto da prescrição.[35] Aqui se examinará a distinção entre a prescrição e a preclusão temporal, a única espécie de preclusão com a qual a prescrição guarda alguma afinidade.

Como sabido, preclusão é a perda da possibilidade de praticar um ato processual.[36] Trata-se de uma das espécies de estabilidade processual, assegurando o regular andamento do processo, de modo que este se desenvolva em direção ao seu resultado, evitando-se retrocessos.

Afinal, uma das espécies de preclusão é a temporal, consistente na perda da possibilidade de prática de um ato processual em razão do decurso de um prazo. Assim, por exemplo, o término do prazo para a interposição de um recurso, ou para a apresentação do rol de testemunhas, é suficiente para gerar a perda da possibilidade de praticar aquele ato processual.[37]

Há, pois, evidente semelhança entre a prescrição e a preclusão temporal, já que em ambas se vê uma consequência jurídica

---

35 BARBOSA, Antônio Alberto Alves. *Da preclusão processual civil.* 2. ed. São Paulo: Ed. RT, 1992. p. 120 e seguintes.

36 CÂMARA, Alexandre Freitas. *Manual do mandado de segurança.* São Paulo: Atlas, 2012. p. 478.

37 Existem outras formas de preclusão (lógica e consumativa), mas elas não guardam qualquer relação com o fenômeno da passagem do tempo e, por isso, não interessam ao presente estudo.

CAP. 2 – DISTINÇÃO ENTRE PRESCRIÇÃO E INSTITUTOS AFINS | 51

resultante da passagem do tempo. São inconfundíveis os fenômenos, porém.

A preclusão temporal é um fenômeno de direito processual, ao passo que a prescrição é instituto de direito material.[38] Em outros termos, enquanto a preclusão faz desaparecer a possibilidade de prática de um ato do processo, a prescrição leva ao desaparecimento do próprio direito subjetivo (a uma prestação).

Além disso, a preclusão é fenômeno endoprocessual, ou seja, só produz efeitos dentro do processo em que ocorre.[39] Já a prescrição, uma vez reconhecida, levará a que se tenha de reconhecer a inexistência do direito subjetivo não só no processo em que se tenha afirmado sua prescrição, mas também em qualquer outro processo em que sua existência venha a ser alegada (sob pena de violar-se a coisa julgada que sobre a decisão que reconhece a prescrição se terá formado).

Assim, embora se trate de distinção mais simples que as anteriores, também a diferença entre a prescrição e a preclusão temporal precisava ser estabelecida.

---

38   BARBOSA, Antônio Alberto Alves. *Da preclusão processual civil*, cit., p. 121.
39   MEDINA, José Miguel Garcia. *Direito Processual Civil moderno*. São Paulo: Ed. RT, 2015. p. 727.

3

RENÚNCIA À PRESCRIÇÃO

Tema que já foi mencionado anteriormente (quando se tratou do próprio conceito de prescrição) é o da renúncia a ela. Dela trata o art. 191 do Código Civil, por força do qual:

> Art. 191. A renúncia da prescrição pode ser expressa ou tácita, e só valerá, sendo feita, sem prejuízo de terceiro, depois que a prescrição se consumar; tácita é a renúncia quando se presume de fatos do interessado, incompatíveis com a prescrição.

A renúncia à prescrição já era admitida em clássica doutrina do Direito Civil, tanto de modo expresso como tácito.[1] Assim, está, como visto, previsto o fenômeno na lei civil brasileira. Resulta a possibilidade de renúncia do fato de que a prescrição sempre recai sobre direitos patrimoniais, de caráter disponível, tanto assim que se exige, para a validade da renúncia, que o renunciante tenha plena capacidade para alienar bens.[2]

Desse modo, os absolutamente incapazes não podem renunciar à prescrição, nem mesmo quando representados. É que eles

---

1   ZACHARIAE, Karl-Salomo. *Le Droit Civil Français*. Trad. G. Massé e Ch. Vergé. Paris: Auguste Durand, Libraire-Éditeur, 1860. t. 5. p. 341.

2   COVIELLO, Nicolas. *Doctrina General del Derecho Civil*. Buenos Aires: Rodamillans, 2003. p. 501. No mesmo sentido, THEODORO JÚNIOR, Humberto. *Prescrição e decadência*, cit., p. 68.

não podem alienar bens, senão mediante autorização judicial, e não se pode conceber que um juiz autorize a renúncia à prescrição que favoreceria o absolutamente incapaz, o que só seria possível caso se admitisse que essa renúncia seria do interesse do devedor, o que é inconcebível.

Quanto aos relativamente incapazes, Câmara Leal afirmava que o mesmo raciocínio deveria ser aplicado em relação aos que sejam incapazes em razão da idade, admitindo, porém, a renúncia no caso de outros relativamente incapazes.[3] Há, porém, quem repute admissível em qualquer caso a renúncia à prescrição feita pelos relativamente incapazes (desde que assistidos, evidentemente).[4]

A rigor, porém, deve-se considerar que nem os relativamente incapazes, seja por idade, seja por qualquer outra razão, podem validamente renunciar à prescrição, ainda que assistidos por seus pais, tutores ou curadores. É que, nos termos do art. 725, III, do CPC, depende de autorização judicial a alienação de bens não só de crianças ou adolescentes (sem distinção entre os absoluta e os relativamente incapazes), mas também de todos os interditos. Como no vigente ordenamento jurídico brasileiro só se cogita a interdição de relativamente incapazes (que não o sejam em razão da idade),[5] então a alienação de bens de relativamente incapazes sempre dependerá de autorização judicial, seja a incapacidade relativa resultante da idade ou de outra condição pessoal da pessoa maior de 18 anos (como a existência de causa, transitória ou permanente, que impeça a expressão da vontade). Como o juiz não poderia jamais autorizar a alienação do bem do incapaz senão quando isso fosse essencial para a proteção de seu interesse, e não sendo possível conceber que a renúncia à prescrição beneficie o devedor relativamente incapaz, então só pessoas plenamente capazes poderão renunciar à prescrição.

Dispõe o art. 191 do Código Civil que só se pode renunciar à prescrição já consumada. Em outras palavras, a previsão contida no texto legal é a de que só se admite a renúncia à prescrição depois de consumado o prazo prescricional. Realmente, não faria sentido admitir a renúncia prévia à prescrição. É que, se fosse

---

3   CÂMARA LEAL, Antônio Luís da. *Da prescrição e da decadência*, cit., p. 72-73.

4   THEODORO JÚNIOR, Humberto. *Prescrição e decadência*, cit., p. 69.

5   GODINHO, Robson Renault. *Comentários ao Código de Processo Civil*. São Paulo: Saraiva, 2018. v. XIV. p. 373.

CAP. 3 - RENÚNCIA À PRESCRIÇÃO | 55

admissível a renúncia à prescrição antes mesmo de ocorrer a lesão ao direito (e, portanto, antes de ter início o curso do prazo prescricional), certamente passaria a haver uma exigência dos credores de inclusão, nos negócios jurídicos em geral, de uma cláusula de renúncia, o que afastaria a prescrição definitivamente. Em outros termos, aconteceria aqui o que já se viu acontecer com o benefício de ordem do fiador (que, segundo o texto da lei, é exceção, mas não se vê, na prática, contrato de fiança que não contenha cláusula de renúncia a ele). Admitir a renúncia prévia, portanto, seria o mesmo que eliminar a prescrição do sistema jurídico, ao menos para as obrigações que tivessem origem em contratos.[6]

Há, de outro lado, divergência acerca da possibilidade de renúncia à prescrição durante o curso do prazo prescricional. Há quem a admita, equiparando esse fenômeno à interrupção da prescrição em razão do reconhecimento do direito pelo devedor,[7] enquanto há também quem negue categoricamente essa possibilidade, dizendo que os dois fenômenos (o reconhecimento do direito e a renúncia à prescrição) não se confundem.[8]

De fato, parece mais correta essa segunda corrente. O ato do devedor que, no curso do prazo prescricional, "renuncia a essa prescrição" consiste, na verdade, em um ato de reconhecimento do direito, causando a interrupção da prescrição. Não se tem aí, propriamente, uma renúncia, ainda que o efeito prático seja o mesmo. Afinal, a partir do ato de reconhecimento do direito, que interrompe a prescrição, novo prazo prescricional volta a correr. De outro lado, a renúncia à prescrição não impede que, a partir dela, compute-se novo prazo prescricional (sob pena de a renúncia gerar um direito imprescritível).

Outro ponto relevante diz respeito à forma da renúncia, que pode ser expressa ou tácita. Na renúncia expressa, como não poderia mesmo deixar de ser, aquele que se beneficiaria da prescrição manifesta, de forma clara, sua intenção de interromper a prescrição. Põe-se, porém, o problema de determinar em que casos haveria renúncia tácita. O Código Civil, é certo, busca estabelecer um critério mínimo, constando do texto legal que

---

6   No mesmo sentido, TORRENTE, Andrea; SCHLESINGER, Piero. *Manuale di Diritto Privato*, cit., p. 212.

7   CÂMARA LEAL, Antônio Luís da. *Da prescrição e da decadência*, cit., p. 64-65.

8   TORRENTE, Andrea; SCHLESINGER, Piero. *Manuale di Diritto Privato*, cit., p. 212.

"tácita é a renúncia quando se presume de fatos do interessado, incompatíveis com a prescrição".

Pense-se, por exemplo, no caso de devedor que, espontaneamente, paga parte da dívida prescrita, ou naquele que, depois da consumação do prazo prescricional, encaminha correspondência ao credor postulando um parcelamento do valor da obrigação. Comportamentos assim implicam renúncia à prescrição.

Mais complexo, porém, é determinar se seria possível considerar-se que o silêncio de devedor, que simplesmente deixa de se manifestar (isto é, deixa de alegar a prescrição em um processo judicial), implica renúncia tácita à prescrição. Isso por duas razões, como se poderá ver.

A primeira e mais óbvia razão está em que a prescrição pode ser alegada, conforme consta do art. 193 do Código Civil, "em qualquer grau de jurisdição" (o que, como se poderá compreender melhor adiante, em item deste livro que tratará especificamente do ponto, significa que a prescrição pode ser alegada originariamente a qualquer tempo durante o desenvolvimento do processo perante as assim chamadas *instâncias ordinárias*). Ora, se assim é, então o mero fato de o réu não ter alegado a prescrição na contestação, ou em algum outro momento do processo em que se esteja perante as instâncias ordinárias, não é, por si só, sinal de renúncia.

A outra razão está em que, como tem entendido a jurisprudência firme do STJ (e com razão), a renúncia tácita exige a prática de ato inequívoco de reconhecimento do direito". Veja-se, por exemplo, a seguinte ementa:

> Agravo interno nos embargos de declaração no agravo em recurso especial. Renúncia tácita. Omissão não configurada. Harmonia entre o acórdão recorrido e a jurisprudência do STJ. Súmula 83/STJ. Agravo interno não provido.
>
> 1. A Corte de origem dirimiu a matéria submetida à sua apreciação, manifestando-se expressamente acerca dos temas necessários à integral solução da lide. Dessa forma, à míngua de qualquer omissão, contradição, obscuridade ou erro material no aresto recorrido, não se vislumbra ofensa ao artigo 1.022 do CPC.
>
> 2. "A renúncia tácita da prescrição somente se viabiliza mediante a prática de ato inequívoco de reconhecimento do direito pelo prescribente" (AgInt no AREsp 918.906/BA, Rel. Ministra Maria Isabel Gallotti, Quarta Turma, julgado em 14.02.2017, *DJe* de 21.02.2017).

CAP. 3 - RENÚNCIA À PRESCRIÇÃO | 57

3. Encontrando-se o acórdão impugnado no recurso especial em consonância com o entendimento deste Tribunal, incide a Súmula 83/STJ.

4. Agravo interno não provido.[9]

Não se trata de uma decisão isolada. Outros acórdãos podem aqui ser lembrados:

Agravo interno no agravo em recurso especial. Expurgos inflacionários. 1. Negativa de prestação jurisdicional. Não ocorrência. 2. Prescrição. Renúncia tácita pelo exequente. Ausência de reconhecimento do direito dos poupadores. Súmula 83/STJ. 3. Agravo desprovido.

1. Verifica-se que o Tribunal de origem analisou todas as questões relevantes para a solução da lide, de forma fundamentada, não havendo que se falar em negativa de prestação jurisdicional.

2. A renúncia tácita à prescrição, como forma de confissão de débito já prescrito feita pelo executado, nos termos do art. 191 do CC, somente será possível quanto houver a prática inequívoca de reconhecimento do direito da parte contrária. Precedentes. Na espécie, o depósito foi realizado com o intuito de viabilizar a defesa nos autos. Acórdão em harmonia com a jurisprudência desta Corte. Súmula 83/STJ.

3. Agravo interno desprovido.[10]

Agravo interno no agravo em recurso especial. Omissão. Inexistência. Cumprimento de sentença. Impugnação. Excesso de execução. Prescrição. Renúncia tácita. Situação incontestável. Revisão. Revolvimento de fatos e provas. Súmula 7/STJ. Agravo improvido.

1. Nos termos da jurisprudência vigente neste Tribunal Superior, os embargos de declaração possuem fundamentação vinculada, só podendo ser manejados quando a decisão recorrida estiver eivada de obscuridade, contradição, omissão ou erro material (art. 1.022 do CPC/2015), sendo vedada a interposição do recurso para conferir ao julgado natureza infringente.

2. Inexiste omissão no julgado quando a instância ordinária, ao dirimir a lide exposta nos autos, aplica o direito que considera cabível ao deslinde da controvérsia.

---

9   STJ, AgInt nos EDcl no AREsp n. 1.758.645/PR, rel. Min. Raul Araújo, 4ª T., j. 28.06.2021, *DJe* 05.08.2021.

10 STJ, AgInt no AREsp n. 1.240.386/PR, rel. Min. Marco Aurélio Bellizze, 3ª T., j. 19.10.2020, *DJe* 26.10.2020.

3. Na hipótese dos autos, ficou constatado que o Tribunal estadual, ao julgar a demanda, se manifestou sobre todos os pontos considerados necessários para o deslinde da controvérsia, reconhecendo que apenas parte dos valores pleiteados pelos recorridos foi fulminado pela prescrição. Isso porque a outra parcela havia sido reconhecida pelos agravantes quando da interposição da impugnação de sentença, na qual apresentaram cálculo do valor considerado por eles como devido, entendendo a instância ordinária que, em relação a esta quantia, renunciaram os recorrentes à incidência da prescrição.

4. Segundo orientação jurisprudencial deste Tribunal Superior, há renúncia tácita à prescrição quando constatado comportamento do réu que aponte para o reconhecimento inequívoco do direito pleiteado.

5. *In casu*, nos termos da decisão agravada, os recorrentes, ao apresentarem impugnação ao cumprimento de sentença, alegando excesso na execução dos valores pleiteados e apresentando demonstrativo com a quantia considerada por eles como devida, R$ 907,57 (novecentos e sete reais e cinquenta e sete centavos), aceitaram, de forma incontestável, parte do débito pleiteado, sendo, dessa forma, devidamente possível o reconhecimento da renúncia tácita à prescrição da quantia em destaque.

6. A alteração das conclusões adotadas pela Corte estadual exigiria profundo exame dos elementos fático-probatórios, devidamente vedado pela Súmula 7/STJ.

7. Agravo interno desprovido.[11]

Esse último acórdão, aliás, traz um caso interessante, em que se considerou haver renúncia à prescrição por parte de um demandado que, em sede de cumprimento de sentença, ofereceu impugnação alegando tão somente o excesso de execução, e reconhecendo expressamente ser devedor de uma parte daquilo que se exigia. Em um caso assim, há inegável reconhecimento da existência do direito de crédito, o que implica renúncia à prescrição, e a controvérsia fica limitada à determinação do *quantum debeatur*.

Fica, porém, o problema consistente em saber se há alguma situação em que o silêncio do demandado pode ser considerado um ato de renúncia à prescrição. Isso passa, em primeiro lugar, pelo exame – que se pode reputar inexistente na doutrina do Direito Processual Civil – da interpretação do silêncio como manifestação de vontade.

---

11 STJ, AgInt no AREsp n. 1.320.641/PR, rel. Min. Marco Aurélio Bellizze, 3ª T., j. 26.08.2019, *DJe* 30.08.2019.

CAP. 3 – RENÚNCIA À PRESCRIÇÃO | 59

A questão se põe naquele caso em que o juiz, de ofício, suscita a prescrição, determinando a ambas as partes que sobre ela se manifestem (art. 487, parágrafo único, do CPC). Sendo intimadas as partes, pode o demandado, evidentemente, manifestar-se no sentido de pretender ver reconhecida a prescrição (nesse caso, o problema não se põe, pois não terá havido renúncia). Também pode acontecer de ele, expressamente, renunciar à prescrição. A questão é saber o que ocorre se, intimado *para manifestar-se sobre a possibilidade de reconhecimento da prescrição*, o demandado simplesmente silenciar, deixando transcorrer o prazo.

Aí é preciso examinar o silêncio como manifestação de vontade a partir do princípio da boa-fé, que está previsto no art. 5º do CPC como norma fundamental do processo civil brasileiro. Trata-se, então, de examinar o silêncio à luz da boa-fé objetiva.

A boa-fé processual já foi definida como "conduta exigível a toda pessoa, no marco de um processo, por ser socialmente admitida como correta".[12] Consiste esse princípio em:

> (...) exigir do agente a prática do ato jurídico sempre pautado em condutas normativamente corretas e coerentes, identificados com a ideia de *lealdade* e *lisura*. Com isso, confere-se segurança às relações jurídicas, permitindo-se aos respectivos sujeitos confiar nos seus efeitos programados e esperados.[13]

Do princípio da boa-fé objetiva no processo civil, portanto, resulta – como se dá em qualquer outra área do Direito – uma proteção normativa da legítima confiança, a fim de impedir condutas desleais ou inesperadas. Quanto ao silêncio, trata-se de uma forma de comportamento que deve, então, ser interpretada à luz do princípio da boa-fé.[14]

---

12 PICÓ I JUNOY, Joan. *El Principio de la Buena Fe Procesal*. Barcelona: Bosch, 2003. p. 69.

13 NUNES, Dierle; BAHIA, Alexandre; PEDRON, Flávio Quinaud. *Teoria geral do processo*. Salvador: JusPodivm, 2020. p. 468.

14 Já o dizia Serpa Lopes, em clássica monografia dedicada ao tema: "Outro aspéto ponderoso na teoria do *'affidamento'* na questão do silencio no consiste no princípio da boa-fé. [Digna] de proteção incontestavelmente é a boa-fé dos que confiaram nesse *'non fare'* ou nesse *'non contradicere'*, agindo em consequência dessa mesma confiança. [Ora], um dos três principais característicos da boa-fé é o de servir como critério estimativo e, por conseguinte, como critério de interpretação dos atos jurídicos" (SERPA LOPES, Miguel Maria de. *O silêncio como manifestação de vontade*. Rio de Janeiro: A. Coelho Branco Filho, 1935. p. 148).

Pois bem: se o juízo suscita, de ofício, a questão atinente à possibilidade de reconhecimento da prescrição, e o demandado, intimado para manifestar-se especificamente sobre esse assunto, silencia, deve-se considerar que ele não pretende ver declarada a prescrição, o que deve ser interpretado como renúncia tácita. Afinal, se ele silenciasse e, posteriormente, viesse a se manifestar no sentido de já estar consumada a prescrição, seria preciso considerar ter havido aí um comportamento contraditório, o que é vedado no processo (*nemo venire contra factum proprium*). Sobre o tema, manifesta-se Picó i Junoy:

> A doutrina dos próprios atos é de plena aplicação não só no âmbito das relações privadas mas também no marco do processo, sendo precisamente nesse âmbito – e assim o põe em relevo Díez-Picazo – em que surge a figura anglo-saxônica do "estoppel", que impede ao litigante formular alegações em contradição com o sentido objetivo de sua anterior conduta, configurando-se como uma das regras do *fair play* processual, que entra em jogo dentro do processo e nunca fora dele.[15]

Como se vê, então, resulta do princípio da boa-fé processual, norma fundamental do processo civil, a necessidade de se interpretar o silêncio do demandado intimado especificamente para manifestar-se sobre a possibilidade de reconhecimento de ofício da prescrição como uma inequívoca manifestação de vontade de renunciar a ela, o que significa uma renúncia tácita à prescrição. Isso será ainda mais claro (e, portanto, ainda menos sujeito a qualquer discussão) se o juiz, ao proferir o despacho, determinar às partes que se manifestem sobre a possibilidade de reconhecimento da prescrição, ficando, desde logo, advertido o demandado de que seu silêncio será interpretado como renúncia tácita. Assim, o juiz cumprirá seu dever de advertência, que resulta do princípio processual da cooperação (art. 6º do CPC).[16]

Confirma-se, dessa maneira, o que foi anteriormente sustentado neste trabalho: não obstante haver uma autorização legal

---

15 PICÓ I JUNOY, Joan. *El Principio de la Buena Fe Procesal*, cit., p. 114.

16 Sobre o dever de advertência como elemento integrante do princípio da cooperação, SOUSA, Miguel Teixeira de. Omissão do dever de cooperação do tribunal: que consequências? *Academia*, 2015. Disponível em: <www.academia.edu/10210886/TEIXEIRA_DE_SOUSA_M._Omiss%C3%A3o_do_dever_de_coopera%C3%A7%C3%A3o_do_tribunal_que_consequ%C3%AAncias_01.2015>. Acesso em: 20.12.2022.

CAP. 3 – RENÚNCIA À PRESCRIÇÃO | 61

para que o juiz conheça de ofício da prescrição, continua ela a depender, para seu reconhecimento, de uma alegação daquele a quem a prescrição beneficia.

Por fim, é preciso examinar um último aspecto da renúncia à prescrição. Expressa ou tácita, ela só pode ocorrer *sem prejuízo de terceiro*. Daí não resulta, porém, que incumba ao juiz, diante da renúncia, investigar a existência de algum terceiro que por ela possa ser prejudicado. Permite-se ao terceiro, todavia, que impugne a renúncia à prescrição, demonstrando ter sido por ela prejudicado.

É que a renúncia à prescrição que reduz o devedor à insolvabilidade (ou que a agrava) constitui, quando observada sob a ótica de outros credores do renunciante, fraude contra credores, podendo o credor lesado impugná-la mediante o ajuizamento de "ação pauliana".[17] Bastará ao credor prejudicado demonstrar seu prejuízo, resultante da insolvabilidade do devedor renunciante, para que sua pretensão seja acolhida. Nenhum requisito subjetivo terá de ser verificado, dada a natureza gratuita do ato de renúncia.[18]

Importante ter claro, aqui, que, não obstante o texto da lei (art. 191 do Código Civil) dizer que a renúncia que prejudique terceiros não *valerá*, o fenômeno de que aqui se trata não está no plano da validade, mas no da eficácia do ato jurídico.[19] A renúncia que prejudique terceiros é ineficaz em relação a esses terceiros, não lhes sendo oponível (o que será reconhecido mediante decisão proferida no processo da "ação pauliana"). Entre credor e devedor renunciante, porém, o ato é capaz de produzir todos os seus efeitos.[20]

Pode acontecer, porém, de a renúncia não prejudicar quem também seja credor do renunciante, mas outro tipo de terceiro, titular de outro direito que venha a ser lesado pela renúncia à prescrição. Tome-se o seguinte exemplo, encontrado na obra de Humberto Theodoro Júnior:

> [O] proprietário prometeu vender um imóvel, o devedor não pagou o preço ajustado, e o prazo prescricional de execução do compromisso se esgotou, sem que qualquer ação fosse ajuizada. Tempos mais tarde,

---

17 CÂMARA LEAL, Antônio Luís da. *Da prescrição e da decadência*, cit., p. 74.
18 Ibidem, p. 75.
19 THEODORO JÚNIOR, Humberto. *Prescrição e decadência*, cit., p. 70-71.
20 Ibidem, p. 71.

igual negócio foi praticado com outra pessoa. Se o promitente vendedor renunciar à prescrição relativamente ao primeiro contrato, não estará apenas abdicando de um direito próprio; estará também lesando os direitos do segundo promissário comprador, porque fará prevalecer a posição jurídica do primeiro. Daí o direito reconhecido àquele de opor-se à renúncia.[21]

Em qualquer situação, entretanto, será preciso que o terceiro que se sinta lesado pelo ato de renúncia à prescrição ajuíze demanda cujo objeto será a decretação da ineficácia da renúncia.

---

21   Ibidem, p. 70-71.

4

INALTERABILIDADE CONVENCIONAL DOS PRAZOS PRESCRICIONAIS

Diz o art. 192 do Código Civil, expressamente, que "[o] s prazos de prescrição não podem ser alterados por acordo das partes". Há, portanto, uma expressa vedação à alteração dos prazos prescricionais por meio de convenção das partes.

A doutrina costuma explicar essa inalterabilidade a partir da afirmação de que a prescrição é matéria de ordem pública.[1] Por conta dessa natureza, então, é que não se admitiria a alteração convencional do prazo de prescrição.

A inalterabilidade do prazo por convenção das partes é uma legítima opção legislativa e, embora possa ser questionada, deve ser necessariamente respeitada. Não parece ser correto, porém, o fundamento que normalmente se aponta para sua previsão no ordenamento jurídico brasileiro. Afinal, embora seja de ordem pública a prescrição, pode ela ser objeto de renúncia (como já visto). O que há, aí, é pura e simplesmente uma opção política. Poderia a lei ter estabelecido, por exemplo, a possibilidade de

---

1 Assim, entre outros, LEONI LOPES DE OLIVEIRA, José Maria. *Direito Civil*: parte geral, cit., p. 746; THEODORO JÚNIOR, Humberto. *Prescrição e decadência*, cit., p. 74.

redução convencional, ou de sua ampliação convencional (ou ambas). Opções legislativas, desde que não sejam inconstitucionais, devem ser respeitadas em um Estado Democrático de Direito. Veja-se, por exemplo, que a preocupação em evitar que um aumento convencional do prazo de prescrição poderia, na prática, tornar algum direito imprescritível poderia ter levado a que se estabelecesse algum tipo de limite (por exemplo, admitindo que prazos prescricionais inferiores a dez anos – o maior prazo previsto na lei civil – pudessem ser aumentados por convenção das partes até o limite de um decênio). De outro lado, a preocupação com uma redução convencional que levasse o prazo a ser tão exíguo que impediria o regular exercício do direito (como sua fixação em poucas horas, ou em um dia) poderia ter levado a que se estabelecesse um limite de redução, por exemplo, estabelecendo-se a possibilidade de redução até a metade.

Nada disso, porém, foi feito, e a lei civil brasileira simplesmente vedou qualquer tipo de alteração convencional, para mais ou para menos, do prazo de prescrição.

Consequência dessa opção legislativa é a impossibilidade de alteração convencional do termo inicial do prazo de prescrição.[2] Por essa razão, aliás, o Superior Tribunal de Justiça tem entendimento firme no sentido de que a previsão contratual de vencimento antecipado da dívida (no caso de não se efetuar o pagamento de alguma parcela do preço) não implica a modificação do termo inicial do prazo prescricional. É o que se vê, por exemplo, na decisão assim ementada:

> Recurso especial. Civil. Contrato de assunção parcial de dívidas. Inadimplemento. Execução judicial. Prescrição. Termo inicial. Data de vencimento da última prestação. Trato sucessivo. Descaracterização. Obrigação única desdobrada em parcelas. Vencimento antecipado da dívida. Faculdade do credor. Mecanismo de garantia do crédito. Termo *a quo* do prazo prescricional inalterado.
>
> 1. A questão controvertida na presente via recursal consiste em definir qual é o termo inicial do prazo de prescrição da pretensão de cobrança (ou de execução) fundada em contrato de mútuo (ou em contratos de renegociação) nas hipóteses em que, em virtude do inadimplemento do devedor, opera-se o vencimento antecipado da dívida.

---

2   THEODORO JÚNIOR, Humberto. *Prescrição e decadência*, cit., p. 74.

CAP. 4 – INALTERABILIDADE CONVENCIONAL DOS PRAZOS PRESCRICIONAIS | 65

2. O prazo para o adimplemento da obrigação é comumente estipulado em benefício do devedor, sobretudo nos contratos de execução continuada ou de execução diferida, não podendo o credor exigir o cumprimento da prestação antes do seu vencimento (art. 939 do CC). Aliás, como cediço, a dívida vence, ordinariamente, no termo previsto contratualmente.

3. É possível aos contratantes, com amparo no princípio da autonomia da vontade, estipular o vencimento antecipado, como costuma ocorrer nos mútuos feneratícios, em que o inadimplemento de determinado número de parcelas acarretará o vencimento extraordinário de todas as subsequentes, ou seja, a integralidade da dívida poderá ser exigida antes de seu termo.

4. O vencimento antecipado da dívida, ao possibilitar ao credor a cobrança de seu crédito antes do vencimento normalmente contratado, objetiva protegê-lo de maiores prejuízos que poderão advir da mora do devedor, sendo um instrumento garantidor das boas relações creditórias, revestindo-se de uma finalidade social. É, portanto, uma faculdade do credor e não uma obrigação, de modo que pode se valer ou não de tal instrumento para cobrar seu crédito por inteiro antes do advento do termo ordinariamente avençado, sendo possível, inclusive, sua renúncia no caso do afastamento voluntário da impontualidade pelo devedor (arts. 401, I, e 1.425, III, do CC).

5. **O vencimento antecipado da dívida livremente pactuado entre as partes, por não ser uma imposição, mas apenas uma garantia renunciável, não modifica o início da fluência do prazo prescricional, prevalecendo, para tal fim, o termo indicado no contrato (arts. 192 e 199, II, do CC). Precedentes.**

6. Por se tratar de obrigação única (pagamento do valor emprestado), que somente se desdobrou em prestações repetidas para facilitar o adimplemento do devedor, o termo inicial do prazo prescricional também é um só: o dia em que se tornou exigível o cumprimento integral da obrigação, isto é, o dia de pagamento da última parcela (princípio da actio nata – art. 189 do CC). Descaracterização da prescrição de trato sucessivo.

7. Recurso especial provido.[3]

No mesmo sentido, esta outra:

Recurso especial. Civil. Violação do art. 535 do CPC. Não ocorrência. Mútuo imobiliário. Inadimplemento. Execução judicial. Embargos do

---

3   STJ, REsp n. 1.523.661/SE, rel. Min. Paulo de Tarso Sanseverino, rel. p/ Acórdão Min. Ricardo Villas Bôas Cueva, 3ª T., j. 26.06.2018, DJe 06.09.2018.

66 REPENSANDO A PRESCRIÇÃO • ALEXANDRE FREITAS CÂMARA

devedor. Prescrição. Termo inicial. Data de vencimento da última prestação. Obrigação de execução continuada. Vencimento antecipado da dívida. Faculdade do credor. Mecanismo de garantia do crédito. Termo *a quo* do prazo prescricional inalterado.

1. Cinge-se a controvérsia a definir qual o termo inicial do prazo de prescrição da pretensão de cobrança fundada em contrato de mútuo habitacional nas hipóteses em que, em virtude do inadimplemento do mutuário, opera-se o vencimento antecipado da dívida.

2. O prazo para o adimplemento da obrigação é comumente estipulado em benefício do devedor, sobretudo nos contratos de execução continuada ou de execução diferida, não podendo o credor exigir o cumprimento da prestação antes do seu vencimento (art. 939 do CC). Aliás, como cediço, a dívida vence, ordinariamente, no termo previsto contratualmente.

3. É possível aos contratantes, com amparo no princípio da autonomia da vontade, estipular o vencimento antecipado, como sói ocorrer nos mútuos feneratícios, em que o inadimplemento de determinado número de parcelas acarretará o vencimento extraordinário de todas as subsequentes, ou seja, a integralidade da dívida poderá ser exigida antes de seu termo.

4. O vencimento antecipado da dívida, ao possibilitar ao credor a cobrança de seu crédito antes do vencimento normalmente contratado, objetiva protegê-lo de maiores prejuízos que poderão advir da mora do devedor, sendo um instrumento garantidor das boas relações creditórias, revestindo-se de uma finalidade social. É, portanto, uma faculdade do credor e não uma obrigatoriedade, de modo que pode se valer ou não de tal instrumento para cobrar seu crédito por inteiro antes do advento do termo ordinariamente avençado, sendo possível, inclusive, sua renúncia no caso do afastamento voluntário da impontualidade pelo devedor (arts. 401, I, e 1.425, III, do CC).

5. O vencimento antecipado da dívida livremente pactuado entre as partes, por não ser uma imposição, mas apenas uma garantia renunciável, não modifica o início da fluência do prazo prescricional, prevalecendo, para tal fim, o termo ordinariamente indicado no contrato, que, no caso do mútuo imobiliário, é o dia do vencimento da última parcela (arts. 192 e 199, II, do CC). Precedentes.

6. Recurso especial provido.[4]

---

4 STJ, REsp n. 1.489.784/DF, rel. Min. Ricardo Villas Bôas Cueva, 3ª T., j. 15.12.2015, *DJe* 03.02.2016.

CAP. 4 - INALTERABILIDADE CONVENCIONAL DOS PRAZOS PRESCRICIONAIS | 67

Fica claro, então, que não se pode admitir, por força da expressa vedação contida no art. 192 do Código Civil, qualquer tentativa, ainda que indireta, de modificação do prazo prescricional, nem mesmo por intermédio da alteração de seu termo inicial. Mais uma vez precisa ser dito o que antes se afirmou: essa é uma legítima opção legislativa, que deve ser respeitada, ainda que seja possível criticá-la. Realmente, não parece adequado, nos dias atuais, em que há grande valorização da liberdade negocial até em campos tradicionalmente infensos às convenções entre particulares (como é o caso dos negócios jurídicos processuais), que simplesmente se vede qualquer alteração do prazo prescricional, como se vê no art. 192 do Código Civil. O ideal seria a fixação de limites dentro dos quais essa negociação fosse permitida, estabelecendo-se critérios para determinação de um patamar mínimo (por exemplo, metade do prazo previsto em lei) e máximo (por exemplo, dez anos), permitida a alteração do prazo desde que dentro desse intervalo. Fica, aqui, então, a sugestão *de lege ferenda*.

5

IMPEDIMENTO E SUSPENSÃO DO PRAZO PRESCRICIONAL

Os arts. 197 a 201 do Código Civil tratam das causas que impedem ou suspendem a prescrição. Trata-se, na verdade, de causas que impedem ou suspendem o fluxo do prazo prescricional.

Impõe-se, em primeiro lugar, estabelecer a distinção entre o impedimento e a suspensão do prazo prescricional.

Causas impeditivas do prazo prescricional são aquelas que, contemporâneas do momento da violação do direito subjetivo, não permitem que o prazo comece a correr. Significa isso dizer, então, que, havendo alguma causa de impedimento, o prazo de prescrição não começará a correr quando da violação do direito subjetivo, e seu marco inicial será o momento em que essa causa impeditiva desaparecer. Assim, por exemplo, se é violado um direito subjetivo a uma prestação de um absolutamente incapaz, o prazo prescricional não começa a correr desde logo, mas só terá início quando cessar a incapacidade absoluta.

Já as causas suspensivas do prazo prescricional são supervenientes ao início da fluência do prazo e o paralisam enquanto subsistirem. Cessada a causa suspensiva, o prazo voltará a fluir pelo tempo restante. Imagine-se, por exemplo, que, tendo corrido dois anos de um prazo prescricional quinquenal, credor e devedor se casem. Enquanto durar a sociedade conjugal, o prazo prescricional parará de correr. Imagine-se agora que eles, dez anos depois, divorciem-se. A partir daí, correrão os três anos que ainda faltavam para consumar-se o prazo prescricional que estava suspenso.

Desse modo, a diferença entre a causa impeditiva e a causa suspensiva do prazo prescricional está em que a causa impeditiva é contemporânea do momento da violação do direito, enquanto a causa suspensiva é superveniente àquele momento e ocorre no curso do prazo prescricional já iniciado.[1]

A diferença entre a causa impeditiva e a causa suspensiva, portanto, está em que a primeira não permite que o prazo prescricional comece a correr, enquanto a segunda o paralisa temporariamente. Essa distinção, todavia, nem sempre é bem percebida. Veja-se, por exemplo, a redação do art. 921, § 4º, do CPC (na redação que lhe deu a Lei n. 14.195/2021). Ali se afirma que o termo inicial do prazo de prescrição intercorrente (fenômeno de que se tratará em momento próprio) é a ciência da primeira tentativa infrutífera de localização do devedor ou de bens penhoráveis, e essa prescrição ficará "suspensa" pelo prazo de um ano. O que há aí, porém, é a previsão de um impedimento ao início do prazo prescricional, que fica postergado para um ano depois do momento em que se dá a primeira tentativa infrutífera de localização do devedor ou de bens penhoráveis.[2]

Estabelecida a distinção entre as causas impeditivas e as causas suspensivas do prazo prescricional, impõe-se examinar

---

1   Em sentido análogo, THEODORO JÚNIOR, Humberto. *Prescrição e decadência*, cit., p. 115. Curioso notar, porém, que o autor citado diz que a causa impeditiva deve preceder ao início do prazo, quando basta que ela exista *no momento em que* o direito é violado.

2   Sobre o ponto, manifestei-me em outro trabalho: "Dado relevante é que, nos termos da redação atribuída pela Lei n. 14.195/2021 ao art. 921, § 4º, o termo inicial da prescrição intercorrente seria a ciência da primeira tentativa infrutífera de localização do devedor ou de bens penhoráveis, e que esse prazo ficaria suspenso pelo prazo máximo de um ano, na forma do § 1º do mesmo artigo. Essa redação, porém, é muito ruim. Ora, não se pode admitir que o termo inicial do prazo se dê numa determinada data (por exemplo, a da primeira tentativa infrutífera de localizar o devedor), mas esse prazo só comece a correr um ano depois por estar suspenso. O que há, aí, não é uma suspensão do prazo prescricional, mas uma causa impeditiva da prescrição (nos mesmos termos do que se tem nos arts. 197 a 199 do Código Civil). A prescrição intercorrente não corre pelo prazo máximo de um ano a contar da data da primeira tentativa infrutífera de localização do executado ou de bens penhoráveis. Passado esse um ano, começa, aí, sim, a correr o prazo prescricional" (CÂMARA, Alexandre Freitas. *O novo processo civil brasileiro*. 8. ed. São Paulo: Atlas, 2022. p. 437).

CAP. 5 - IMPEDIMENTO E SUSPENSÃO DO PRAZO PRESCRICIONAL | 71

quais são elas. Aqui é preciso ter claro que as causas previstas nos arts. 197 e 198 do Código Civil tanto podem ser impeditivas como suspensivas, a depender do momento em que ocorrerem. Caso sejam contemporâneas do momento da violação do direito, serão causas impeditivas. Já no caso de ocorrerem no curso do prazo prescricional, serão causas suspensivas.

Contudo, há uma divergência em relação às causas previstas no art. 199 do Código Civil. De um lado, há quem diga que elas sempre seriam impeditivas, e jamais suspensivas, do prazo prescricional.[3] De outro, há quem sustente que elas tanto podem ser impeditivas como suspensivas, nos termos do que se dá nas hipóteses previstas nos outros dois dispositivos.[4]

À vista disso, é preciso examinar cada um dos incisos desse art. 199 para que se possa chegar a uma conclusão acerca do ponto. A ele se voltará, portanto, adiante.

Outro ponto relevante a considerar é que as causas previstas nos arts. 197 e 198 são *subjetivas*, já que sempre ligadas a um ou mais dos sujeitos da relação jurídica. No art. 199, por sua vez, encontra-se a previsão de causas *objetivas* para que não corra o prazo prescricional.

Estabelece o art. 197, I, do Código Civil que não corre a prescrição entre os cônjuges, na constância da sociedade conjugal. Assim, e como já foi indicado em exemplo anteriormente apresentado, caso credor e devedor sejam casados entre si, não corre o prazo de prescrição, que fica, conforme o caso, impedido ou suspenso. Pense-se, portanto, na hipótese de um dos cônjuges, agindo imprudentemente, causar um acidente de trânsito e provocar danos ao carro do outro cônjuge. Enquanto durar a sociedade conjugal, o prazo de prescrição não começará a correr.

Do mesmo modo, se as pessoas envolvidas no acidente vierem a posteriormente se casar, então o prazo prescricional será suspenso e só voltará a ser computado quando extinguir-se a sociedade conjugal (pela separação ou pelo divórcio).

Questão interessante é a de saber se essa regra se aplica nos casos em que o casamento tenha sido anulado. Nessa hipótese, é

---

3   Assim, por todos, LEONI LOPES DE OLIVEIRA, José Maria. *Direito Civil*: parte geral, cit., p. 754.

4   Assim, por exemplo, THEODORO JÚNIOR, Humberto. *Prescrição e decadência*, cit., p. 115.

preciso verificar se algum dos cônjuges desse casamento anulado estava de boa-fé. É que, nesse caso, haverá um casamento putativo, nos termos do art. 1.561 do Código Civil. O casamento putativo produz efeitos em relação ao(s) cônjuge(s) de boa-fé.[5] Daí o acerto da afirmação de Humberto Theodoro Júnior, para quem:

> (...) [no] caso de anulação do casamento, quem a provocou (o cônjuge de má-fé) não pode se prevalecer do tempo de convivência conjugal para os fins do art. 197, I. Contra ele deve-se contar o prazo prescricional como se o casamento nunca existira. Mas, ao cônjuge de boa-fé, no tocante à validade do casamento (putatividade que lhe assegura os efeitos matrimoniais, nos termos do art. 1.561), é de reconhecer-se a imunidade prescricional.[6]

Tratando-se de putatividade recíproca (ou seja, no caso de ser inválido o casamento, mas estarem ambas as partes de boa-fé), o impedimento ou a suspensão do prazo prescricional beneficiará a ambos.

Tema interessante é o consistente em determinar se o prazo de prescrição corre a partir da separação de fato, ou se só depois da separação judicial ou do divórcio é que cessa a causa de impedimento ou suspensão.

A jurisprudência do Superior Tribunal de Justiça tem entendido, de forma bastante tranquila, que, no caso de estar consolidada a separação de fato "por longo período", cessa a causa impeditiva (ou suspensiva) da prescrição. Confira-se, por exemplo, a seguinte ementa:

> Civil. Processual civil. Usucapião especial urbana. Prescrição extintiva. Escoamento do prazo para dedução de pretensão. Prescrição aquisitiva. Forma de aquisição da propriedade. Distinções. Causa impeditiva de fluência da prescrição. Aplicabilidade às prescrições extintivas e aquisitivas. Constância da sociedade conjugal e fluência do prazo prescricional. Causa impeditiva da prescrição que cessa com a separação judicial, com o divórcio e também com a separação de fato por longo período. Tratamento isonômico para situações demasiadamente

---

5 CAHALI, Yussef Said. *O casamento putativo*. 2. ed. São Paulo: Ed. RT, 1979. p. 123.
6 THEODORO JÚNIOR, Humberto. *Prescrição e decadência*, cit., p. 121.

CAP. 5 - IMPEDIMENTO E SUSPENSÃO DO PRAZO PRESCRICIONAL | 73

semelhantes. Prescrição aquisitiva configurada. Apuração dos demais requisitos configuradores da usucapião especial urbana. Necessidade de rejulgamento da apelação.

1- Ação distribuída em 31.07.2014. Recurso especial interposto em 31.03.2017 e atribuído à Relatora em 15.09.2017.

2- O propósito recursal consiste em definir se a separação de fato do casal é suficiente para cessar a causa impeditiva da fluência do prazo prescricional prevista no art. 197, I, do CC/2002, e, assim, para deflagrar o cômputo do prazo para a prescrição aquisitiva do imóvel previsto no art. 1.240 do CC/2002.

3- Duas espécies distintas de prescrição são reguladas pelo CC/2002: a extintiva, relacionada ao escoamento do lapso temporal para que se deduza judicialmente pretensão decorrente de violação de direito (arts. 189 a 206) e a aquisitiva, relacionada a forma de aquisição da propriedade pela usucapião (arts. 1.238 a 1.244). Precedente.

4- A causa impeditiva de fluência do prazo prescricional prevista no art. 197, I, do CC/2002, conquanto topologicamente inserida no capítulo da prescrição extintiva, também se aplica às prescrições aquisitivas, na forma do art. 1.244 do CC/2002.

5- A constância da sociedade conjugal, exigida para a incidência da causa impeditiva da prescrição extintiva ou aquisitiva (art. 197, I, do CC/2002), cessará não apenas nas hipóteses de divórcio ou de separação judicial, mas também na hipótese de separação de fato por longo período, tendo em vista que igualmente não subsistem, nessa hipótese, as razões de ordem moral que justificam a existência da referida norma. Precedente.

6- Sendo incontroverso o transcurso do lapso temporal quinquenal entre a separação de fato e o ajuizamento da ação de usucapião, mas não tendo havido a apuração, pelas instâncias ordinárias, acerca da presença dos demais pressupostos configuradores da usucapião, impõe--se a devolução do processo para rejulgamento da apelação, afastada a discussão acerca da prescrição aquisitiva.

7- Recurso especial conhecido e provido, para determinar que seja rejulgada a apelação e examinada a eventual presença dos demais requisitos da usucapião especial urbana.[7]

---

7   STJ, REsp n. 1.693.732/MG, rel. Min. Nancy Andrighi, 3ª T., j. 05.05.2020, DJe 11.05.2020. No caso julgado por esse acórdão, a separação de fato já durava cinco anos.

74 | REPENSANDO A PRESCRIÇÃO • ALEXANDRE FREITAS CÂMARA

Veja-se, ainda, esta outra ementa:

Civil. Recurso especial. Recurso especial interposto sob a égide do NCPC. Família. Divórcio. Pretensão de partilha de bens comuns após 30 (trinta) anos da separação de fato. Prescrição. Regra do art. 197, I, do CC/02. Ocorrência da prescrição. Equiparação dos efeitos da separação judicial com a de fato. Recurso especial não provido.

1. Aplicabilidade das disposições do NCPC, no que se refere aos requisitos de admissibilidade do recurso especial ao caso concreto ante os termos do Enunciado Administrativo n. 3, aprovado pelo Plenário do STJ na sessão de 9/3/2016: Aos recursos interpostos com fundamento no CPC/15 (relativos a decisões publicadas a partir de 18 de março de 2016) serão exigidos os requisitos de admissibilidade na forma do novo CPC.

2. Na linha da doutrina especializada, razões de ordem moral ensejam o impedimento da fluência do curso do prazo prescricional na vigência da sociedade conjugal (art. 197, I, do CC/02), cuja finalidade consistiria na preservação da harmonia e da estabilidade do matrimônio.

3. Tanto a separação judicial (negócio jurídico), como a separação de fato (fato jurídico), comprovadas por prazo razoável, produzem o efeito de pôr termo aos deveres de coabitação, de fidelidade recíproca e ao regime matrimonial de bens (elementos objetivos), e revelam a vontade de dar por encerrada a sociedade conjugal (elemento subjetivo).

3.1. Não subsistindo a finalidade de preservação da entidade familiar e do respectivo patrimônio comum, não há óbice em considerar passível de término a sociedade de fato e a sociedade conjugal. Por conseguinte, não há empecilho à fluência da prescrição nas relações com tais coloridos jurídicos.

4. Por isso, a pretensão de partilha de bem comum após mais de 30 (trinta) anos da separação de fato e da partilha amigável dos bens comuns do ex-casal está fulminada pela prescrição.

5. Recurso especial não provido.[8]

Yussef Cahali, por sua vez, sustenta que a separação de fato não tem o condão de fazer cessar a causa de suspensão ou

---

8 STJ, REsp n. 1.660.947/TO, rel. Min. Moura Ribeiro, 3ª T., j. 05.11.2019, *DJe* 07.11.2019. Nesse caso, como se pode ver pela ementa, a separação de fato já perdurava por 30 anos. O relator, porém, afirma, expressamente, que a causa de impedimento ou suspensão da prescrição cessa quando a separação de fato completa um ano, por considerar que, após esse prazo, a separação de corpos produziria os mesmos efeitos de uma separação judicial.

CAP. 5 – IMPEDIMENTO E SUSPENSÃO DO PRAZO PRESCRICIONAL | 75

impedimento do prazo prescricional.[9] Já Humberto Theodoro Júnior defende que a separação de fato é fundamento suficiente para que volte a correr o prazo de prescrição entre cônjuges.[10]

Se, de um lado, é certo que a separação de fato não é apontada na legislação civil, de modo expresso, como causa de extinção da sociedade conjugal, como se vê pelo art. 1.571 do Código Civil, de outro lado, é certo que a separação de fato é capaz de produzir uma série de efeitos jurídicos.

Em primeiro lugar, vale recordar que, estando a pessoa separada de fato, fica ela autorizada a constituir com outra pessoa uma união estável.[11] Além disso, a separação de fato põe fim à comunhão de bens[12] e exclui o direito sucessório do cônjuge supérstite (art. 1.830 do Código Civil).[13]

Ora, se assim é, então realmente não faz sentido considerar que não pode correr a prescrição entre cônjuges separados de fato. A questão que se põe, porém, é a de determinar após quanto tempo de separação de fato deverá começar a correr o prazo de prescrição que estava impedido ou suspenso.

A solução adequada, aqui, é considerar que a causa impeditiva ou suspensiva da prescrição cessa desde que comprovada a separação de fato, não havendo qualquer razão para se cogitar de um tempo mínimo de separação para que se produza esse efeito. É que, *data venia* do entendimento esposado pelo Superior Tribunal

---

9   CAHALI, Yussef Said. *Prescrição e decadência*, cit., p. 85: "Questionável, assim, que a simples cautelar de separação de corpos possa ter efeito de operar retroativamente como obstáculo ao curso do prazo prescricional, muito menos pode se admitir que tenha essa eficácia a simples separação de fato".

10   THEODORO JÚNIOR, Humberto. *Prescrição e decadência*, cit., p. 122. Curioso notar que o ilustre jurista mineiro cita, em abono de sua opinião, a lição de Cahali, mas transcreve trecho em que o saudoso civilista de São Paulo fazia alusão aos casos em que há divórcio ou separação judicial.

11   Assim, por exemplo, decidiu o STJ no AgInt no AREsp n. 1.317.021/RJ, rel. Min. Napoleão Nunes Maia Filho, j. 15.12.2020. Na doutrina, no mesmo sentido, DIAS, Maria Berenice. *Manual de Direito das Famílias*. 14. ed. Salvador: JusPodivm, 2021. p. 551.

12   Assim já decidiu o STJ no AgRg no REsp n. 8.802.29/CE, rel. Min. Maria Isabel Gallotti, j. 07.03.2013.

13   Vale recordar que, segundo entendimento que tem tido excelente acolhida doutrinária, a menção feita no texto do art. 1.830 do Código Civil ao prazo de dois anos e a alusão à culpa devem ser tidas por não escritas, bastando a separação de fato para que não haja mais direitos sucessórios. Assim, por todos, TARTUCE, Flavio. *Direito Civil*. 9. ed. Rio de Janeiro: Forense, 2016. v. 6. p. 212. Cita o autor, no mesmo sentido, o acórdão proferido pelo STJ no julgamento do REsp n. 1.065.209/SP, rel. Min. João Otávio de Noronha, j. 08.06.2010.

de Justiça, a separação de fato, por si só, já põe fim a todos os deveres conjugais, permitindo imediatamente a constituição de nova entidade familiar. Se é assim, então não faz sentido exigir-se que os cônjuges fiquem separados por algum tempo para que volte a ser possível a fluência do prazo prescricional. Afinal, a prescrição não corre entre cônjuges para que se possa preservar a harmonia da entidade familiar. Ocorre que, se o casal já está separado, ainda que de fato, já não mais existe uma harmonia conjugal a ser preservada.

Outro ponto a considerar é que, embora o texto do Código Civil estabeleça que a prescrição não corre entre cônjuges, também se aplica a mesma disposição normativa aos casais que constituem uma união estável.[14] Na doutrina, afirma Cahali:

> (...) desde que a união estável, posta sob a proteção do Estado, tende a equiparar a entidade familiar à sociedade conjugal, é aceitável considerar-se que durante aquela não tenha curso a prescrição entre os conviventes, em razão dos motivos que a recomendam.[15]

E não poderia mesmo ser diferente, já que as entidades familiares – hetero ou homoafetivas – formadas a partir do casamento ou não se equiparam para todos os fins de direito.[16]

Nos termos do art. 197, II, do Código Civil, também não corre a prescrição *entre ascendentes e descendentes, durante o poder familiar*. Trata-se de disposição análoga à anterior, já que estabelece uma causa de impedimento ou de suspensão da fluência do prazo prescricional como mecanismo de preservação da harmonia entre integrantes de uma família. Aqui, pouco importa se a relação de descendência se deu por razões biológicas ou de adoção.[17] Questão interessante, porém, é a de saber se essa causa de impedimento

---

14   Esse é entendimento esposado pelo STJ, como se pode ver, por exemplo, no acórdão proferido no AgInt no AREsp n. 1.243.409/PR, rel. Min. Luis Felipe Salomão, j. 08.06.2020. No mesmo sentido, o enunciado 296 do CJF: "Não corre a prescrição entre os companheiros, na constância da união estável".

15   CAHALI, Yussef Said. *Prescrição e decadência*, cit., p. 85. No mesmo sentido, THEODORO JÚNIOR, Humberto. *Prescrição e decadência*, cit., p. 121.

16   Aprofundei o exame do ponto em CÂMARA, Alexandre Freitas. "União estável" hetero ou homoafetiva: relação matrimonial sem casamento. *Revista Trimestral de Direito Civil*, v. 50, 2012. p. 257 e seguintes.

17   CAHALI, Yussef Said. *Prescrição e decadência*, cit., p. 86.

CAP. 5 – IMPEDIMENTO E SUSPENSÃO DO PRAZO PRESCRICIONAL | 77

ou suspensão do prazo prescricional se aplica também nos casos em que há a assim chamada *parentalidade socioafetiva*.

A filiação socioafetiva vem sendo reconhecida como manifestação do fato de que a relação entre pais e filhos resulta muito mais do afeto do que de qualquer outro tipo de vínculo, genético ou não. Ela se estabelece quando o filho goza da *posse do estado de filho*, que servirá para demonstrar o vínculo parental.[18]

Importa perceber, porém, que é o "reconhecimento da paternidade ou da maternidade socioafetiva [que] produz todos os efeitos pessoais e patrimoniais que lhe são inerentes".[19] Em outras palavras, só se pode considerar que não corre a prescrição entre ascendentes e descendentes socioafetivos no caso de reconhecimento dessa forma de parentalidade. Isso depende de decisão judicial que a reconheça, ou de reconhecimento voluntário (o qual é regulamentado pelo Provimento n. 63, de 14.11.2017, do Conselho Nacional de Justiça). Havendo esse reconhecimento, não correrá o prazo prescricional entre ascendentes e descendentes nos casos de relação socioafetiva.

Já o inciso III do art. 197 estabelece que não corre a prescrição *entre tutelados ou curatelados e seus tutores ou curadores, durante a tutela ou curatela*. Trata-se de hipótese análoga às anteriores, em que não corre a prescrição entre um incapaz e aquele que o representa ou assiste, enquanto durar essa incapacidade. Mas aqui é preciso verificar a incidência dessa regra também em outro caso que não está expressamente previsto no texto normativo: o caso em que há uma guarda de criança ou adolescente atribuída a quem não tenha o poder familiar.

Explique-se: como regra geral, crianças e adolescentes ficam sob o poder familiar de seus pais ou suas mães até que alcancem a maioridade (art. 1.630 do Código Civil). Falecidos os genitores, sendo ausentes, ou perdendo o poder familiar, porém, a criança ou o adolescente é posto em tutela (art. 1.728 do Código Civil). Pode acontecer, entretanto, de não ter ocorrido qualquer dessas hipóteses, e a criança ou adolescente ser submetida à *guarda* de alguém que não é seu pai ou sua mãe. Essa situação tem previsão

---

18   DIAS, Maria Berenice. *Manual de Direito das Famílias*, cit., p. 232-233.
19   Ibidem, p. 233.

no art. 1.584, § 5º, do Código Civil e vem também tratada nos arts. 33 a 35 do Estatuto da Criança e do Adolescente.

No ordenamento jurídico brasileiro, chama-se *guarda* uma das formas de colocação em família substituta.[20] Com isso em mente, impõe-se verificar se, nessa situação, corre ou não, entre o guardião e a criança ou o adolescente submetido à guarda, o prazo de prescrição. O tema é pouco enfrentado na doutrina, e quem dele cuida pouco diz. Veja-se, por exemplo, o seguinte trecho:

> Sem previsão no Código Civil, o Estatuto da Criança e do Adolescente prevê a colocação da criança ou adolescente em família substituta, não só sob regime de adoção e tutela, mas também sob regime de guarda (art. 28).
>
> A guarda destina-se a regularizar a posse de fato, podendo ser deferida liminar e incidentalmente, nos procedimentos de tutela e adoção, obrigando-se o guardião à prestação de assistência material, moral e educacional à criança ou adolescente (art. 33, *caput* e § 1º).
>
> Mas conquanto pelo sistema legal não ocorra a transferência do poder familiar, a natureza da relação que se estabelece entre o guardião e o menor ou adolescente permite a aplicação da regra de suspensão da prescrição aqui prevista.[21]

Como se percebe, há aí uma afirmação categórica de que a disposição do Código Civil sobre a suspensão ou o impedimento ao prazo prescricional se aplica também nos casos de colocação da criança ou do adolescente em família substituta sob o regime de guarda, mas não se apresenta, a rigor, qualquer justificativa para essa conclusão.

A justificativa está no reconhecimento de que a guarda é uma das formas de formação de família, conforme se vê pelo art. 28 do ECA. Se assim é, então a relação entre o guardião e a criança ou o adolescente sob guarda é uma relação familiar, que deve ser tratada como as demais relações familiares. Hoje, reconhece-se um *princípio do pluralismo das entidades familiares*, por força do qual resulta a necessidade de reconhecimento de diversos

---

20 SEABRA, Gustavo Cives. *Manual de Direito da Criança e do Adolescente*. Belo Horizonte: CEI, 2020. p. 91.

21 CAHALI, Yussef Said. *Prescrição e decadência*, cit., p. 86.

CAP. 5 - IMPEDIMENTO E SUSPENSÃO DO PRAZO PRESCRICIONAL | 79

e distintos arranjos familiares.[22] Se assim é, então o tratamento jurídico dispensado a todos os tipos de arranjo familiar, a todas as entidades familiares, deve ser equivalente, sob pena de violação do princípio constitucional da igualdade.

Diante disso, justifica-se dar à relação entre guardião e criança ou adolescente submetido à guarda (nos casos de família substituta) tratamento equivalente ao que se tem nos casos de relação entre ascendentes e descendentes, ou entre tutor e tutelado. Justifica-se, desse modo, que não corra a prescrição entre eles. Pouco importa, assim, saber se a hipótese é regida pelo inciso II ou pelo inciso III do art. 197 do Código Civil. O que importa mesmo é saber que não corre a prescrição entre o guardião e a criança ou o adolescente colocado em família substituta sob regime de guarda.

Até aqui foram vistos casos em que a prescrição não corre entre pessoas postas em determinados tipos de relação jurídica, de modo que não importa qual sujeito da relação é o credor e qual é o devedor. A partir de agora, serão examinados casos em que a lei civil prevê que não corre a prescrição *contra* certas pessoas, que serão, então, sempre credoras. É que a prescrição corre *a favor* dessas mesmas pessoas (quando elas são devedoras), mas não contra elas, o que implica dizer que há, para tais pessoas, uma especial proteção.

Não corre a prescrição, nos termos do art. 198 do Código Civil, contra os absolutamente incapazes, *contra* os ausentes do País em serviço público da União, dos Estados ou dos Municípios, e *contra* os que se acharem servindo nas Forças Armadas, em tempo de guerra.

O primeiro caso a ser examinado é o dos absolutamente incapazes, ou seja, os menores de 16 anos de idade (art. 198, I, c/c art. 3º do Código Civil). Sendo alguém que ainda não tenha completado 16 anos de idade, o prazo prescricional não corre. É que os absolutamente incapazes não podem praticar os atos da vida civil, dependendo da iniciativa de quem os represente. Ademais, não seria adequado que a inércia do representante legal acarretasse a perda do direito do absolutamente incapaz.

Pouco importa, aqui, saber se o direito era originariamente do absolutamente incapaz (caso em que haverá um impedimento

---

22   DIAS, Maria Berenice. *Manual de Direito das Famílias*, cit., p. 70-71.

à fluência do prazo prescricional, que só começará a correr na data em que ele completar 16 anos de idade), ou se o direito foi a ele transmitido por sucessão (caso em que haverá a suspensão do prazo prescricional que já tivesse fluído, e que ficará suspenso até a data do décimo sexto aniversário do credor, quando voltará a correr pelo restante).

Um caso interessante acerca da aplicação dessa regra foi examinado pelo Superior Tribunal de Justiça. Era um caso em que o fato violador do direito ocorreu ao tempo do Código Civil de 1916 (quando o prazo prescricional era de 20 anos), mas só começaria o prazo prescricional a correr quando o credor atingisse 16 anos de idade, já na vigência do Código Civil de 2002, que reduziu o prazo prescricional para três anos. Fosse o credor maior de idade ao tempo do fato, ou relativamente incapaz, teria sido aplicado – por força das regras de transição estabelecidas pelo próprio Código Civil de 2002 (art. 2.028) – o prazo de 20 anos. Consequência disso é que, no caso concreto, a situação do absolutamente incapaz era pior do que a do maior de idade. Entendeu, então, o STJ que, nesse caso, não se aplicava a regra de impedimento ao prazo prescricional, como forma de evitar que a incidência da lei gerasse um prejuízo para aquele que se busca proteger. Foi a seguinte a ementa do acórdão:

> Recurso especial. Civil. Seguro DPVAT. Beneficiário. Menor impúbere. Época do sinistro. Prescrição. Contagem. Novo Código Civil. Prazo. Redução. Regra de transição. Direito intertemporal. Termo inicial. Regra protetiva. Menoridade absoluta. Prejuízo. Inaplicabilidade. Finalidade da norma. Preservação. Incoerência jurídica. Afastamento.

> 1. Recurso especial interposto contra acórdão publicado na vigência do Código de Processo Civil de 1973 (Enunciados Administrativos n. 2 e 3/STJ).

> 2. A questão controvertida na presente via recursal consiste em saber se ocorreu a prescrição da ação de cobrança de indenização securitária advinda de seguro obrigatório (DPVAT), considerando a situação do autor, menor impúbere à época do sinistro, ocorrido sob a égide do CC/1916, e as novas regras de prescrição surgidas com a aprovação do CC/2002.

> 3. Na vigência do Código Civil de 1916, o prazo prescricional para a propositura de ação objetivando a cobrança do seguro obrigatório DPVAT era de 20 (vinte) anos, pois, tratando-se de pretensão de natureza pessoal, aplicava-se o prazo do art. 177 do CC/1916 (Súmula

CAP. 5 – IMPEDIMENTO E SUSPENSÃO DO PRAZO PRESCRICIONAL | 81

n. 124/TFR). A partir da entrada em vigor do novo Código Civil, o prazo passou a ser trienal, nos termos do art. 206, § 3º, IX, do CC/2002 (Súmula n. 405/STJ). Como houve diminuição do lapso atinente à prescrição, para efeitos de cálculo, deve ser observada a regra de transição de que trata o art. 2.028 do CC/2002 (Enunciado n. 299 da IV Jornada de Direito Civil).

4. Na hipótese, o autor era menor impúbere quando sucedeu o sinistro (acidente de trânsito de seu genitor), de modo que a prescrição não poderia correr em seu desfavor até que completasse a idade de 16 (dezesseis) anos, já que era absolutamente incapaz (art. 169 do CC/1916 e art. 198 do CC/2002). Em outras palavras, seria, em tese, beneficiado com tal norma que prevê uma causa impeditiva do prazo prescricional.

5. Ocorre que, no caso, a aplicação do art. 169 do CC/1916 (art. 198 do CC/2002), norma criada para proteger o menor impúbere, no lugar de lhe beneficiar, vai, na realidade, ser-lhe nociva. Como sabido, a finalidade de tal dispositivo legal é amparar, em matéria de prescrição, os absolutamente incapazes, visto que não podem exercer, por si próprios, ante a tenra idade, os atos da vida civil.

6. O intérprete não deve se apegar simplesmente à letra da lei, mas deve perseguir o espírito da norma, inserindo-a no sistema como um todo, para extrair, assim, o seu sentido mais harmônico e coerente com o ordenamento jurídico. Além disso, nunca se pode perder de vista a finalidade da lei (*ratio essendi*), isto é, a razão pela qual foi elaborada e os resultados ao bem jurídico que visa proteger (art. 5º da LINDB). De fato, a exegese não pode resultar em um sentido contraditório com o fim colimado pelo legislador.

7. A norma impeditiva do curso do prazo de prescrição aos menores impúberes deve ser interpretada consoante sua finalidade para não gerar contradições ou incoerências jurídicas. É dizer, o intuito protetivo da norma relacionada aos absolutamente incapazes não poderá acarretar situação que acabe por lhes prejudicar, fulminando o exercício de suas pretensões, sobretudo se isso resulta em desvantagem quando comparados com os considerados maiores civilmente.

8. Não pode o autor, menor impúbere à época do sinistro, ser prejudicado por uma norma criada justamente com o intuito de protegê-lo, sendo de rigor o afastamento, no caso concreto, do art. 169, I, do CC/1916 (art. 198 do CC/2002), sob pena de as suas disposições irem de encontro à própria mens legis. Precedente da Quarta Turma.

9. Recurso especial não provido.[23]

---

23 STJ, REsp n. 1.458.694/SP, rel. Min. Ricardo Villas Bôas Cueva, 3ª T., j. 05.02.2019, *DJe* 15.02.2019.

No caso examinado pelo STJ, se não tivesse incidência qualquer regra de impedimento ou suspensão da prescrição, e se contando o prazo prescricional vintenário a partir da data da ocorrência da lesão ao direito, a prescrição se consumaria em 10.10.2011 (sendo certo que o ajuizamento da demanda se deu em 28.10.2010). De outro lado, considerando que o prazo prescricional só teria corrido a partir da data em que o credor completou 16 anos de idade (03.05.2001), na data da entrada em vigor do Código Civil de 2002 ainda não teria corrido metade do prazo, de modo que se contaria o prazo trienal a partir da vigência da lei, e, portanto, a prescrição estaria consumada em janeiro de 2006. Entendeu, então, o STJ:

> (...) não pode o autor, menor impúbere à época do sinistro, ser prejudicado por uma norma criada justamente com o intuito de protegê-lo, sendo de rigor o afastamento, no caso concreto, do art. 169, I, do CC/1916 (art. 198 do CC/2002), sob pena de as suas disposições irem de encontro à própria *mens legis*.[24]

Não foi essa uma decisão isolada. Ao mesmo entendimento se chegou no julgamento assim ementado:

> Recurso especial. Ação de cobrança de indenização securitária obrigatória (seguro DPVAT). Autora que, à época do evento danoso, era absolutamente incapaz. Prazo prescricional. Contagem.
>
> 1. Nos termos da regra de transição disposta no artigo 2.028 do Código Civil de 2002, devem ser observados os prazos prescricionais do *Codex* revogado, quando presentes as seguintes condições: (i) redução do lapso pelo diploma atual; e (ii) transcurso de mais da metade do tempo estabelecido na norma prescricional anterior.
>
> 2. Assim, uma vez verificado que, em 11.01.2003, transcorrera mais de dez anos do prazo prescricional previsto no código revogado, a contagem do lapso que remanescer dos vinte anos continuará até seu término; caso contrário, a partir de então (data da vigência do Código Civil de 2002), iniciar-se-á o cômputo da prescrição trienal, que passou a ser aplicável para o exercício da pretensão de cobrança de indenização securitária obrigatória.
>
> 3. Nada obstante, a incidência da aludida regra de transição não poderá caracterizar situação prejudicial ao exercício da pretensão pelo menor

---

24 Trecho extraído do voto do relator.

CAP. 5 – IMPEDIMENTO E SUSPENSÃO DO PRAZO PRESCRICIONAL | 83

de 16 (dezesseis anos), em relação ao qual não corre a prescrição durante o período de incapacidade absoluta.

4. Isso porque a norma impeditiva do curso do prazo prescricional em relação aos menores impúberes (artigo 169 do Código Civil de 1916 e artigo 198 do Código Civil de 2002) deve ser interpretada à luz de sua *ratio essendi* e em consonância com o paradigma da proteção integral (corolário do princípio da dignidade da pessoa humana).

5. Desse modo, observando-se o princípio da proteção integral, não se pode consagrar interpretação que, ao fim e ao cabo, consubstancie situação menos benéfica ao menor e, o pior, em razão da incidência de regra que deveria favorecê-lo. Tal contradição ou incoerência não pode prosperar.

6. Na espécie, a morte da mãe da autora (em virtude de acidente de trânsito) ocorreu em 25.05.1989, época em que vigorava o prazo prescricional ordinário de vinte anos, previsto no artigo 177 do Código Civil de 1916, aplicável ao exercício da pretensão de cobrança de seguro obrigatório. Nada obstante, o termo inicial da prescrição quedou obstado por ser a autora, nascida em 12.08.1984, menor absolutamente incapaz. Sua maioridade ocorreu em 12.08.2000, quando completou dezesseis anos. Apenas em 20.06.2007, foi ajuizada a ação de cobrança do seguro DPVAT, ocasião na qual vigente o prazo prescricional trienal estipulado no Código Civil de 2002 (inciso IX do § 3º do artigo 206).

7. De acordo com a seguradora (ora recorrente), aplicada a regra de transição do artigo 2.028 do atual *Codex* Civil, deve ser reconhecida a prescrição da pretensão deduzida na inicial. Alega que, uma vez não decorrido mais de dez anos (metade do lapso previsto no código revogado) entre a data da deflagração da prescrição (data da maioridade da autora: 12.08.2000) e a data da vigência do novo código (11.01.2003), deve ser observado o prazo trienal a partir da vigência do Código Civil de 2002, consumando-se a prescrição em 11.01.2006.

8. Contudo, tal exegese não merece guarida, por traduzir situação pior ao menor que, em vez de beneficiado pela regra impeditiva do curso prescricional, teria sido, em verdade, prejudicado, o que vai de encontro ao princípio da proteção integral e, consequentemente, ao princípio da dignidade da pessoa humana atinente ao hipervulnerável.

9. Assim, deve-se computar a metade da regra revogada desde o fato gerador da pretensão (no caso, a morte da genitora por acidente de trânsito) para fins de observância da norma de transição prevista no artigo 2.028 do Código Civil de 2002. Sob essa ótica, em 11.01.2003, já haveria transcorrido mais da metade do prazo prescricional revogado (13 anos desde 25.05.1989), podendo a demanda ser ajuizada

84 REPENSANDO A PRESCRIÇÃO • ALEXANDRE FREITAS CÂMARA

até 25.05.2009, encontrando-se, portanto, hígida a pretensão deduzida em 20.06.2007.

10. Recurso especial da seguradora não provido.[25]

Nesse acórdão, afirmou o relator:

> (...) [observando-se] o princípio da proteção integral [,] não se pode consagrar interpretação que, ao fim e ao cabo, consubstancie situação menos benéfica ao menor e, o pior, em razão da incidência de regra que deveria favorecê-lo. Tal contradição ou incoerência não pode prosperar.[26]

Em contrapartida, existe acórdão mais antigo do STJ em que se adotou a solução contrária. O julgado está assim ementado:

> Civil e processual civil. Recurso especial. Ação de indenização por danos materiais e compensação por danos morais. Acidente de trânsito fatal. Embargos de declaração. Omissão, contradição ou obscuridade. Não ocorrência. Prescrição. Regra de transição no direito intertemporal. Menor de idade. Incapacidade relativa. Prazo aplicável. Termo inicial.
>
> 1. Ação de indenização por danos materiais e compensação por danos morais ajuizada em 05.11.07. Recurso especial atribuído ao gabinete em 26.08.16.
>
> 2. Ausentes os vícios do art. 535, do CPC/73, rejeitam-se os embargos.
>
> 3. Não corre a prescrição contra os absolutamente incapazes. Causa impeditiva expressa nos arts. 169, do CC/16 e 198, do CC/02.
>
> 4. Quando reduzido o prazo prescricional pela lei nova e houver o transcurso de menos da metade do tempo estabelecido no CC/16, o termo inicial da prescrição é fixado a partir da data de entrada em vigor do CC/02 – 11/01/03. Interpretação pacífica do art. 2.028, do CC/02 por esta Corte.
>
> 5. Recurso especial provido.[27]

Nesse julgamento, em que ficou vencido o Min. Paulo de Tarso Sanseverino, a relatora, Min. Nancy Andrighi, limitou-se a

---

25 STJ, REsp n. 1.349.599/MG, rel. Min. Luis Felipe Salomão, 4ª T., j. 13.06.2017, *DJe* 01.08.2017.
26 Idem.
27 STJ, REsp n. 1.610.943/MS, rel. Min. Nancy Andrighi, 3ª T., j. 06.06.2017, *DJe* 02.10.2017.

CAP. 5 – IMPEDIMENTO E SUSPENSÃO DO PRAZO PRESCRICIONAL | 85

considerar que os prazos começaram a correr quando as credoras (eram duas irmãs, ambas menores absolutamente incapazes ao tempo do evento lesivo) completaram 16 anos. A mais velha completou 16 anos ainda na vigência do Código Civil de 1916, quando começou a correr o prazo vintenário. Como na data da entrada em vigor do Código Civil de 2002 ainda não havia corrido metade daquele prazo, teve início a contagem do novo prazo, agora trienal. Em relação à mais nova, que completou seu décimo sexto aniversário já na vigência do Código Civil de 2002, o prazo já começou a correr com a duração de três anos.

Divergiu, como dito, o Min. Paulo de Tarso Sanseverino, que afirmou, expressamente, que "[o] espírito da regra prevista no art. 169, I, do CC/16 e no art. 198, I, do CC/02 é inequivocamente a proteção daquelas pessoas que não se encontram no gozo de suas capacidades civis". Disse, então, que, "no caso em comento, a aplicação da referida norma protetiva teria o efeito contrário ao pretendido, prejudicando aqueles que a norma visava a proteger". Afirmou a necessidade de realizar-se uma interpretação "sistemática e teleológica das disposições do Código Civil, de modo a afastar excepcionalmente a incidência da referida norma no caso em comento, sob pena de se subverter sua finalidade protetiva dos absolutamente incapazes". Dessa maneira, para que "a aplicação da norma ao caso concreto não vá de encontro à sua própria *mens legis*", afastou a aplicação da regra aqui examinada no caso concreto.

Vale registrar que a relatora desse acórdão, Min. Nancy Andrighi, parece ter modificado seu entendimento, já que acompanhou o voto do Min. Ricardo Villas Bôas Cueva no primeiro julgado aqui mencionado.

Manifesto aqui minha adesão ao entendimento que parece ser o dominante no STJ, no sentido de que, em casos assim, se deve afastar a incidência do disposto no art. 198, I, do Código Civil. Impende, porém, apresentar algumas considerações acerca da fundamentação empregada nos acórdãos e votos citados, já que nem tudo que ali se diz parece, *data venia*, estar correto.

Em primeiro lugar, manifesto aqui minha divergência com o emprego, como fundamento apto a justificar a conclusão a que ali se chegou, da identificação de uma *mens legis*. Estou entre os que consideram não haver qualquer relevância para a atividade de interpretação da identificação da "vontade da lei" (ou, o que dá na mesma, "vontade do legislador"). Em primeiro lugar, é preciso aqui recordar que:

> (...) [c]olocar o *locus* do sentido na coisa (lei) ou no sujeito (intérprete) é sucumbir à ultrapassada dicotomia sujeito-objeto. Ora, dizer que o sentido está na lei ou sustentar que aquilo que o legislador quis dizer é mais importante do que aquilo que "ele disse", não resiste a uma discussão filosófica mais aprofundada.[28]

É que a lei nada mais é do que um texto, e o legislador o autor desse texto (além de ser uma espécie de "figura mitológica", já que não se pode nem mesmo definir com precisão quem seria esse tal de legislador: o Congresso Nacional entendido como um todo indivisível? Cada um de seus membros? Os que redigiram o texto? Os que votaram por sua aprovação? Muitas opções, e nenhuma delas é satisfatória).

Ocorre que há uma necessária distinção entre o texto normativo e a norma jurídica, sendo certo que a norma é o resultado da atividade de atribuição de sentido ao texto para sua aplicação em um caso concreto. Afinal, como ensina Virgílio Afonso da Silva, é preciso reconhecer uma:

> (...) distinção trivial na teoria geral do direito: a distinção entre texto e norma. Segunda essa distinção, de larguíssima aceitação, independente de corrente doutrinária, texto e norma não se confundem, pois o primeiro é apenas um enunciado linguístico, enquanto que a norma é o *produto da interpretação desse enunciado.*[29]

Acontece que interpretar não é "revelar um sentido contido no texto normativo", mas atribuir um sentido ao texto. O intérprete sempre atribui sentido.[30] Assim, não faz qualquer sentido buscar a intenção do autor do texto, ou uma suposta (e inexistente)

---

28 STRECK, Lenio Luiz. *Voluntas legis versus voluntas legislatoris*: esclarecendo a inutilidade da distinção. *Direitos Fundamentais & Justiça*, n. 25, ano 7, 2013. p. 167.

29 SILVA, Virgílio Afonso da. Princípios e regras: mitos e equívocos acerca de uma distinção. *Revista Latino-Americana de Estudos Constitucionais*, n. 1, 2003. p. 615.

30 STRECK, Lenio Luiz. Hermenêutica constitucional. In: CAMPILONGO, Celso Fernandes; GONZAGA, Alvaro de Azevedo; FREIRE, André Luiz (coord.). *Enciclopédia jurídica da PUC-SP*. São Paulo: Pontifícia Universidade Católica de São Paulo, 2017. (Direito Administrativo e Constitucional, t. 2). Disponível em: <https://enciclopediajuridica.pucsp.br/verbete/18/edicao-1/hermeneutica-constitucional>. Acesso em: 20.12.2022.

CAP. 5 – IMPEDIMENTO E SUSPENSÃO DO PRAZO PRESCRICIONAL | 87

"intenção do texto". O que se faz é uma atividade de interpretação para aplicação no caso concreto, e essa atividade se dá pela atribuição de sentido ao texto, o que acarreta a construção da norma. Em segundo lugar, devo dizer que também não concordo com a afirmação de que se estaria aí a fazer uma "interpretação teleológica". É que, diante da afirmação há pouco feita de que não existe algo como a "vontade da lei", tampouco se pode reconhecer a existência de uma "finalidade da lei". Como ensina Friedrich Müller:

> (...) o modo teleológico de interpretação, que não pertence às regras clássicas *strictiore sensu*, dificilmente é mais do que um conceito açambarcador de valorações das origens mais díspares imagináveis, para um campo materialmente quase não limitado de possibilidades interpretativas. Estas últimas no fundo só são justificadas com base na respectiva defensabilidade do resultado prático. *Ratio, telos*, "sentido e fim" muitas vezes evidenciam ser metáforas do que justamente se procura e se deseja no caso individual. Passos controláveis da reflexão não podem ser representados apenas com esses conceitos finalistas. Antes de qualquer preconceito consciente, o perigo de encobrir com um véu linguístico as questões jurídicas concretas por parte de fórmulas teleológicas vazias reside já na característica ausência de perfil desse método.[31]

Em outras palavras, o que se pode dizer é que qualquer interpretação teleológica, antes de revelar a *finalidade da lei*, revela, na verdade, a finalidade desejada pelo intérprete, a partir de seus valores pessoais e de sua visão de mundo, o que impede a realização de qualquer controle racional sobre a fundamentação da decisão. Por essa razão, não se pode admitir algum tipo de interpretação teleológica, já que não cabe ao julgador decidir conforme seus valores pessoais ou sua visão particular de mundo. O que lhe cabe é decidir com base no Direito, construído a partir da interpretação de textos normativos em casos concretos, para aplicação de normas jurídicas, tudo feito em conformidade com a Constituição da República, as leis (e outros textos normativos infraconstitucionais), a prova dos autos, os padrões decisórios (enunciados de súmula e precedentes vinculantes), respeitando

---

31 MÜLLER, Friedrich. *Teoria estruturante do Direito*. Trad. Peter Naumann e Eurides Avance de Souza. 2. ed. São Paulo: Ed. RT, 2009. p. 53.

88 | REPENSANDO A PRESCRIÇÃO • ALEXANDRE FREITAS CÂMARA

a uniformidade da jurisprudência, sua estabilidade, coerência e integridade.

Fica claro, assim, que não concordo com alguns dos fundamentos empregados pelo acórdão do STJ que ora se examina. É possível, porém, chegar à mesma conclusão por outro caminho, que reputo compatível com o Estado Constitucional, construído sobre o paradigma do Estado Democrático de Direito, e a partir de uma compreensão pós-positivista do Direito.

Impende, então, ter claro que existe uma regra por força da qual não corre o prazo de prescrição contra os absolutamente incapazes. No caso em exame, o fato lesivo do direito ocorreu quando o credor da obrigação era absolutamente incapaz. Assim, a incidência da regra faria com que o prazo tivesse começado a correr quando a credora completou 16 anos de idade (o que fazia, por força da entrada em vigor do Código Civil de 2002, que esse prazo fosse de três anos, e não de 20 anos, como era ao tempo do Código anterior, vigente na época em que ocorreu o fato lesivo do direito). Consequência da incidência da regra, então, seria colocar-se a credora, após ter completado a idade em que se torna possível correr o prazo prescricional, em uma situação pior do que aquela que teria se, ao tempo do fato, fosse ela já maior de 16 anos (já que aí se aplicaria o prazo prescricional de 20 anos, que continuaria a prevalecer mesmo depois da entrada em vigor do Código Civil de 2002, uma vez que, na data de início de sua vigência, já se teria passado mais da metade daquele prazo).

O que é preciso verificar, desse modo, é se haveria a possibilidade de se deixar de aplicar a regra jurídica que, a princípio, seria incidente no caso concreto. Como ensina Lenio Streck, há seis situações em que o Poder Judiciário está autorizado a deixar de aplicar uma lei (ou um dispositivo de lei):

> a) quando a lei (o ato normativo) for inconstitucional, caso em que deixará de aplicá-la (controle difuso de constitucionalidade *stricto sensu*) ou a declarará inconstitucional mediante controle concentrado;
>
> b) quando for o caso de aplicação dos critérios de resolução de antinomias. Nesse caso, há que se ter cuidado com a questão constitucional, pois, *v.g.*, a *lex posteriores*, que derroga a *lex anteriores*, pode ser inconstitucional, com o que as antinomias deixam de ser relevantes;

CAP. 5 - IMPEDIMENTO E SUSPENSÃO DO PRAZO PRESCRICIONAL | 89

c) quando aplicar a interpretação conforme à Constituição (*verfassungskonforme Auslegung*), ocasião em que se torna necessária uma adição de sentido ao artigo de lei para que haja plena conformidade da norma à Constituição. Neste caso, o texto de lei (entendido na sua "literalidade") permanecerá intacto; o que muda é o seu sentido, alterado por intermédio da interpretação que o torne adequado a Constituição;

d) quando aplicar a nulidade parcial sem redução de texto (*Teilnichtigerklärung ohne Normtextreduzierung*), pela qual permanece a literalidade do dispositivo, sendo alterada apenas a sua incidência, ou seja, ocorre a expressa exclusão, por inconstitucionalidade, de determinada(s) hipótese(s) de aplicação (*Anwendungsfälle*) do programa normativo sem que se produza alteração expressa do texto legal. Assim, enquanto na interpretação conforme há uma adição de sentido, na nulidade parcial sem redução de texto, ocorre uma abdução de sentido;

e) quando for o caso de declaração de inconstitucionalidade com redução de texto, ocasião em que a exclusão de uma palavra conduz à manutenção da constitucionalidade do dispositivo;

f) quando – e isso é absolutamente corriqueiro e comum – for o caso de deixar de aplicar uma regra em face de um princípio, entendidos estes não como *standards* retóricos ou enunciados performativos. Conforme deixo claro em Verdade e Consenso (posfácio da terceira edição), é através da aplicação principiológica que será possível a não aplicação da regra a determinado caso (a aplicação principiológica sempre ocorrerá, já que não há regra sem princípio e o princípio só existe a partir de uma regra). Tal circunstância, por óbvio, acarretará um compromisso da comunidade jurídica, na medida em que, a partir de uma exceção, casos similares exigirão, graças à integridade e a coerência, aplicação similar. Um exemplo basilar que ajuda a explicar essa problemática "regra-princípio" é o da aplicação da insignificância. Em que circunstância um furto não deverá ser punido? A resposta parece ser simples: quando, mesmo estando provada a ocorrência da conduta, a regra deve ceder em face da aplicação do princípio da insignificância. Entretanto, isso implicará a superação do seguinte desafio hermenêutico: construir um sentido para esse princípio, para que este não se transforme em "álibi para aplicação *ad hoc*". Lamentavelmente, a dogmática jurídica fragmentou ao infinito as hipóteses, não havendo a preocupação com a formatação de um mínimo grau de generalização. No mais das vezes, uma ação penal que envolve esse tipo de matéria é resolvido com a mera citação do princípio ou de um verbete, na maioria das vezes, absolutamente descontextualizado. Trata-se de uma aplicação equivocada da exceção, embora se possa dizer, em um país com tantas desigualdades sociais, que, na maior parte das vezes (no atacado), as decisões acabam sendo acertadas. A aplicação da insignificância – como de qualquer outro princípio jurídico – deve vir acompanhado de uma detalhada justificação, ligando-a a uma cadeia significativa, de onde se possa retirar a generalização principiológica, minimamente necessária para a continuidade decisória, sob pena de se cair em decisionismo, em que cada juiz tem seu próprio conceito de insignificância (que é, aliás, o que ocorre no cotidiano das práticas judiciais.[32]

Como facilmente se percebe, não se está diante de qualquer das hipóteses *sub a, b, c, d* ou *e*. Isso porque o disposto no art. 198, I, do Código Civil, certamente, não é inconstitucional, não se põe em situação de antinomia com outros textos normativos, não exige interpretação conforme a Constituição, nulidade parcial sem redução de texto ou declaração de inconstitucionalidade com redução de texto. Todavia, é preciso examinar se o caso se enquadra na hipótese *sub f*.

É que, sem qualquer dúvida, o "princípio por tr*á*s da regra" segundo a qual não corre a prescrição contra os absolutamente incapazes é o *princípio do melhor interesse da criança*. Trata-se, como diz Andréa Rodrigues Amin, de:

(...) princípio orientador tanto para o legislador como para o aplicador, determinando a primazia das necessidades da criança e do adolescente como critério de interpretação da lei, deslinde de conflitos, ou mesmo para elaboração de futuras regras.[33]

Por essa razão, como diz Gustavo Cives Seabra, deve-se sempre fazer a "análise do que é melhor para a vida da criança e do adolescente em face do caso concreto apresentado".[34]

Vê-se, pois, que existe um *princípio* destinado a fazer com que o interesse da criança (ou do adolescente) receba uma proteção especial do ordenamento jurídico. Esse princípio justifica a existência de uma regra que estabelece não correr contra os

---

32   STRECK, Lenio Luiz. Aplicar a "letra da lei" é uma atitude positivista? *Novos Estudos Jurídicos*, v. 15, n. 1, 2010. p. 171-172. Disponível em: <https://periodicos.univali.br/index.php/nej/article/view/2308>. Acesso em: 20.12.2022.

33   AMIN, Andréa Rodrigues. Princípios orientadores do Direito da Criança e do Adolescente. In: MACIEL, Kátia Regina Ferreira Lobo Andrade (coord.). *Curso de Direito da Criança e do Adolescente*: aspectos teóricos e práticos. Rio de Janeiro: Lumen Juris, 2006. p. 31.

34   SEABRA, Gustavo Cives. *Manual de Direito da Criança e do Adolescente*, cit., p. 53.

CAP. 5 – IMPEDIMENTO E SUSPENSÃO DO PRAZO PRESCRICIONAL | 91

absolutamente incapazes o prazo prescricional. Ora, mas, se há algum caso em que a incidência dessa regra faça com que o interesse da criança saia prejudicado, então se deve deixar de aplicar a regra, por estar ela em desacordo com o princípio que lhe dá sustentação. Em outras palavras, encontra-se aí, no caso concreto, uma exceção à regra que não está expressamente prevista no texto normativo, mas que resulta do próprio sistema jurídico. Isso justifica a conclusão a que tem chegado o STJ, a qual pode ser assim sintetizada: não corre o prazo prescricional contra os absolutamente incapazes, salvo quando isso trouxer ao absolutamente incapaz um tratamento menos favorável do que aquele que teria se o prazo tivesse corrido.

Visto o modo como se interpreta o disposto no inciso I do art. 198 do Código Civil, passa-se à hipótese seguinte, do inciso II, por força do qual não corre a prescrição "contra os ausentes do País em serviço público da União, dos Estados ou dos Municípios".

Trata-se de regra de impedimento (ou suspensão) da fluência do prazo prescricional destinada a proteger aqueles que estejam fora do Brasil em missão oficial, a serviço da União, dos Estados, do Distrito Federal,[35] dos Municípios e de suas respectivas autarquias.[36]

Tem-se entendido, em sede doutrinária, que essa regra alcança tanto os que estiverem fora do Brasil em missão permanente (como os diplomatas) quanto os que estiverem em cumprimento de missão temporária.[37] Exclui-se da proteção legal, porém, aquele que está fora do País a serviço de alguma organização internacional, como a ONU, ainda que dessa organização participe o Brasil.[38]

Importante dizer, porém, que o prazo prescricional suspenso (ou impedido de ter início) só terá fluência com o retorno definitivo do servidor. Assim, por exemplo, no caso de um diplomata que atue como Embaixador do Brasil junto a Estado estrangeiro, e que venha ao Brasil para um curto período de

---

35 Embora a lei não o preveja, mas porque o regime jurídico do DF é equiparado ao dos Estados, o que levou Hely Lopes Meirelles a qualificá-lo como um "Estado-membro anômalo" (MEIRELLES, Hely Lopes. *Direito Administrativo brasileiro*. 14. ed. São Paulo: Malheiros Editores, 1989. p. 675).

36 THEODORO JÚNIOR, Humberto. *Prescrição e decadência*, cit., p. 130.

37 Idem.

38 CAHALI, Yussef Said. *Prescrição e decadência*, cit., p. 87-88.

férias, retornando ao exterior em seguida, o prazo não correrá durante esse tempo.[39]

Também estabelece o Código Civil (art. 198, III) que não corre a prescrição contra os que se acharem servindo nas Forças Armadas em tempo de guerra. Essa é uma disposição normativa que se aplica tanto no caso de guerra declarada contra Estados estrangeiros como no caso das chamadas "guerras intestinas", contra inimigos internos que resolvam colocar-se em situação de ilegalidade contra o Estado brasileiro,[40] caso em que só os militares que estiverem servindo às forças do Estado serão beneficiados pela incidência da regra.

A prescrição não corre, durante a guerra, nem contra os militares, nem contra os civis que, por força de serviço, atuem nas Forças Armadas.[41] Essa disposição incide igualmente para proteção dos militares brasileiros que atuem nas Forças de Paz da Organização das Nações Unidas (ou alguma força multinacional equivalente), ainda que não haja guerra declarada pelo Estado brasileiro e o objetivo da atuação seja o de implantar a paz.[42]

Em relação aos casos previstos nos incisos II e III do art. 198, porém, há uma questão prática a considerar. É que a contagem do prazo prescricional pode ficar inviabilizada em termos práticos. Imagine-se, por exemplo, o caso de ser credor da obrigação um deputado federal que, por diversos mandatos seguidos, tenha integrado a Comissão de Relações Exteriores da Câmara dos Deputados e, por isso, tenha integrado diversas missões oficiais de curta duração ao exterior. Do mesmo modo, pode-se pensar no caso de um prazo prescricional de dez anos correndo contra um militar brasileiro que, durante seis meses, depois de transcorrido um ano desse prazo, tenha integrado uma força de paz multinacional. Será que faz mesmo sentido não permitir que corra a prescrição nesses casos? No exemplo do parlamentar, será que realmente seria preciso verificar quantos dias, ao longo de todo o prazo prescricional, ele esteve fora do País em missão oficial e

---

39 TEPEDINO, Gustavo; BARBOZA, Heloísa Helena; MORAES, Maria Celina Bodin de. *Código Civil interpretado.* Rio de Janeiro: Renovar, 2004. v. I. p. 372.

40 CÂMARA LEAL, Antônio Luís da. *Da prescrição e da decadência,* cit., p. 176, citando, entre outros exemplos, o caso da Guerra dos Farrapos. No mesmo sentido, THEODORO JÚNIOR, Humberto. *Prescrição e decadência,* cit., p. 131.

41 THEODORO JÚNIOR, Humberto. *Prescrição e decadência,* cit., p. 131.

42 Idem.

CAP. 5 – IMPEDIMENTO E SUSPENSÃO DO PRAZO PRESCRICIONAL | 93

não incluir esses dias na contagem do prazo? E, no caso do militar que retorna de sua missão de paz faltando ainda mais de oito anos para a consumação da prescrição, faria mesmo sentido considerar que aqueles seis meses não devem ser contados?

Não parece haver dúvida de que, caso as hipóteses previstas nos incisos II e III do art. 198 sejam contemporâneas do fato lesivo do direito, o prazo de prescrição não começará a correr enquanto elas *não cessem*, ou não existiria aí *impedimento ao fluxo do prazo prescricional*. A questão que se põe não diz respeito ao impedimento, mas à suspensão.

Como afirma Manuel A. Domingues de Andrade, essas causas "obedecem a esta ideia geral: tornarem *impossível* ou em todo o caso dificultarem o exercício do direito prescribendo".[43] Veja-se o raciocínio do autor português:

> Suponhamos um prazo de 30 anos. No 10º ano o [credor] fica doente durante 6 meses. Devem descontar-se esses 6 meses? Não, porque ele ainda teve muito tempo para agir.
>
> Também não está certo considerarem-se pura e simplesmente tais situações [como] causas suspensivas do termo, porque o credor teria de aparecer logo no dia seguinte.
>
> Estes casos só podem ter-se em consideração quando a prescrição está a terminar, e ser tratados de modo tal que o credor, uma vez cessada a causa que o impediu de agir, deva proceder com brevidade e diligência, mas não logo no dia seguinte.[44]

Por isso, essas duas causas de suspensão só poderão ser levadas em consideração quando ocorrerem já no final do prazo prescricional, impedindo o exercício, pelo seu titular, do direito. Assim, por exemplo, se, faltando seis meses para o término do prazo prescricional, um diplomata brasileiro for enviado para o exterior para servir como embaixador em Estado estrangeiro, o prazo prescricional ficará suspenso até seu retorno. Contudo, não se pode querer aplicar o mesmo raciocínio se, durante seis meses no meio de um prazo de dez anos, por exemplo, o servidor ficou fora do País em missão oficial, já que, em seu retorno, terá tido tempo mais do que suficiente para exercer seu direito.

---

43   ANDRADE, Manuel A. Domingues de. *Teoria geral da relação jurídica*. Coimbra: Coimbra Editora, 1992. t. II. p. 457.

44   Ibidem, p. 457-458.

Essa é uma forma de interpretação conforme a Constituição da República do disposto nesses dois incisos do art. 198, evitando-se, desse modo, uma proteção excessiva do credor que violaria o princípio da proporcionalidade.[45] Tem-se, assim, uma proteção adequada do direito do credor, sem que, com isso, cause-se uma lesão excessiva aos interesses do devedor, equilibrando-se a relação jurídico-obrigacional.

Vistas as causas subjetivas de impedimento ou suspensão do prazo prescricional, é preciso passar ao exame das causas objetivas, previstas no art. 199 do Código Civil.

A lei prevê, em primeiro lugar, que não corre a prescrição "pendendo condição suspensiva". Essa é uma disposição absolutamente inútil. É que, estando pendente condição suspensiva, o direito ainda não se tornou exigível e, portanto, não pode mesmo começar a correr o prazo prescricional (cujo termo inicial só pode se dar quando o direito se torna exigível, na forma do art. 189 do Código Civil). Enquanto está pendente a condição suspensiva, "a obrigação ainda não é exigível".[46] Daí a lição de Bonnecase: "[a] prescrição começa a contar desde o dia em que seja exigível o crédito. Por conseguinte, a prescrição não opera antes do vencimento do prazo ou do cumprimento da condição".[47]

Pela mesma razão, também é manifestamente supérfluo o inciso II do art. 199, segundo o qual não correrá a prescrição enquanto não estiver vencido o prazo. É que, antes do vencimento do prazo de que dispõe o devedor para realizar a prestação, o direito do credor não é exigível, e não terá ainda ocorrido a violação do direito que marca o início da fluência do prazo prescricional (art. 189 do Código Civil).

Em ambos os casos, porém, *é* correta a interpretação de acordo com a qual não se pode estar aqui diante de causas de

---

45   Sobre o princípio da proporcionalidade como garantia contra proteção excessiva ou deficiente, ver ABBOUD, Georges. Premissas fundamentais para o correto uso da proporcionalidade no Direito. *Revista Eletrônica da Faculdade de Direito de Franca*, v. 5, n. 1, p. 144-153, 2012.

46   VELOSO, Zeno. *Condição, termo e encargo*. São Paulo: Malheiros Editores, 1997. p. 62.

47   BONNECASE, Julien. *Tratado Elemental de Derecho Civil*: parte B. Trad. Enrique Figueroa Alfonzo. Cidade do México: Harla, 1997. p. 920. No original: "La prescripción empieza a contarse desde el día en que sea exigible el crédito. Por consiguiente, la prescripción no opera antes del vencimiento del plazo o del cumplimiento de la condición".

CAP. 5 - IMPEDIMENTO E SUSPENSÃO DO PRAZO PRESCRICIONAL | 95

suspensão do prazo prescricional. Só se pode aí cogitar de impedimento, não podendo o prazo prescricional começar a fluir.[48]

Por fim, o inciso III do art. 199 estabelece que não corre o prazo prescricional quando "pendendo ação de evicção". Sobre esse dispositivo, pode-se dizer o mesmo que foi dito acerca dos anteriores: trata-se de previsão legal inútil. Sua inexistência nada alteraria no sistema da prescrição.

O direito que resulta da evicção só existe a partir do seu reconhecimento, por meio de processo judicial ou administrativo. Assim é por definição. Afinal, evicção é "a perda de um bem por força de decisão judicial ou administrativa que reconheça direito de outrem anterior ou contemporâneo à sua aquisição".[49]

Ora, se a evicção é a perda do bem por força de decisão judicial ou administrativa, enquanto não se tiver essa decisão apta a produzir efeitos, e estiver pendente de desfecho o processo (judicial ou administrativo) que pode resultar na evicção, ainda não existirá o direito que resulta da evicção, e, por isso, não pode começar a correr o prazo prescricional.

Interessante perceber, aliás, que, no caso de processo judicial de que pode resultar evicção, e tendo sido ajuizada denunciação da lide (art. 125, I, do CPC), haverá o ajuizamento de demanda condicional, e, por isso mesmo, o prazo prescricional nem começará a correr (já que a mesma sentença que produzir a evicção também já terá de reconhecer o exercício do direito de regresso que dela resulta). No caso, porém, de não ter sido ajuizada a denunciação da lide, e vindo a demanda regressiva a ser proposta em processo autônomo (art. 125, § 1º, do CPC), aí sim o prazo prescricional terá começado a correr.

Questão relevante, entretanto, é a de saber qual será, exatamente, o termo inicial do prazo prescricional nesse caso. Humberto Theodoro Júnior afirma ser o momento do trânsito em julgado da sentença que tenha sido proferida contrariamente ao evicto.[50] Ocorre que, muitas vezes, a decisão judicial é eficaz ainda antes

---

48   Nesse sentido, LEONI LOPES DE OLIVEIRA, José Maria. *Direito Civil*: parte geral, cit., p. 754.

49   CÂMARA, Alexandre Freitas. Da evicção – aspectos materiais e processuais. In: HIRONAKA, Giselda Maria Fernandes Novaes; TARTUCE, Flávio (coord.). *Direito contratual*: temas atuais. São Paulo: Método, 2007. p. 693-694.

50   THEODORO JÚNIOR, Humberto. *Prescrição e decadência*, cit., p. 135. No mesmo sentido, LEONI LOPES DE OLIVEIRA, José Maria. *Direito Civil*: parte geral, cit., p. 759.

do trânsito em julgado (o que se dá sempre que o recurso ainda pendente de julgamento é desprovido de efeito suspensivo). Basta pensar no caso de se ter proferido acórdão em grau de apelação do qual resulta a evicção, estando pendente de julgamento um recurso especial. Nesse exemplo (entre outros que poderiam ser aqui apresentados), não obstante o fato de não ter ainda a decisão transitado em julgado, já é ela capaz de produzir efeitos. O evictor já poderia, por exemplo, levar a efeito os atos necessários para eventual registro, em seu nome, do bem cuja titularidade tenha sido perdida pelo evicto. Seria razoável, então, considerar que já aí começaria a correr o prazo prescricional?

Embora esse questionamento não costume aparecer na doutrina especializada, certo é que se faz necessário testar essa hipótese, a fim de se verificar qual a solução correta para a questão da determinação do termo inicial do prazo prescricional do direito regressivo que resulta da evicção.

A solução correta, não obstante o questionamento feito, é mesmo a afirmação de que o termo inicial da prescrição se dá, nessa hipótese, com o trânsito em julgado da sentença desfavorável ao evicto. É que, enquanto não ocorrer o trânsito em julgado dessa decisão, o processo ainda estará *pendente*, e o Código Civil, muito claramente, reputa como causa impeditiva da fluência do prazo prescricional a *pendência* do processo (e não da ação, como equivocadamente diz o texto legal). Assim, vindo a transitar em julgado aquela decisão, aí sim começará a correr o prazo prescricional para exercício do direito de regresso previsto no art. 450 do Código Civil.

Por fim, há uma última causa impeditiva da fluência do prazo prescricional, prevista no art. 200 do Código Civil, assim redigido: "Art. 200. Quando a ação se originar de fato que deva ser apurado no juízo criminal, não correrá a prescrição antes da respectiva sentença definitiva".

É que pode haver prejudicialidade entre o processo penal e o processo civil, de modo que será preciso haver antes o transcurso de um processo penal para que se possa reconhecer a existência de um direito de crédito prescritível. Nesse sentido, aliás, já se pronunciou o Superior Tribunal de Justiça, em acórdão assim ementado:

CAP. 5 – IMPEDIMENTO E SUSPENSÃO DO PRAZO PRESCRICIONAL | 97

Processual civil. Agravo interno no recurso especial. Código de Processo Civil de 2015. Aplicabilidade. Ilícito penal. Prescrição. Termo inicial. Trânsito em julgado da ação penal. Argumentos insuficientes para desconstituir a decisão atacada. Aplicação de multa. Art. 1.021, § 4º, do Código de Processo Civil de 2015. Descabimento.

I – Consoante o decidido pelo Plenário desta Corte na sessão realizada em 09.03.2016, o regime recursal será determinado pela data da publicação do provimento jurisdicional impugnado. *In casu*, aplica-se o Código de Processo Civil de 2015.

II – Antes do trânsito em julgado da ação criminal não corre a prescrição quando a ação se origina de fato que também deva ser apurado no juízo criminal, ou seja, quando houver relação de prejudicialidade entre a esferas cível e penal, nos termos do art. 200 do Código Civil.

III – *Não apresentação de argumentos suficientes para desconstituir a decisão recorrida.*

IV – Em regra, descabe a imposição da multa, prevista no art. 1.021, § 4º, do Código de Processo Civil de 2015, em razão do mero improvimento do Agravo Interno em votação unânime, sendo necessária a configuração da manifesta inadmissibilidade ou improcedência do recurso a autorizar sua aplicação, o que não ocorreu no caso.

V – Agravo Interno improvido.[51]

Este outro acórdão permite compreender melhor a interpretação que o STJ tem dado ao art. 200 do Código Civil:

Recurso especial. Direito do Consumidor. Negativa de prestação jurisdicional. Não ocorrência. Interpretação dos arts. 130, 333, inciso II e 420 do CPC/1973. Ausência de prequestionamento. Ação indenizatória. Danos morais. Prestação de serviços médicos. Tratamento ineficaz. Psoríase. Falsa promessa de cura. Doença crônica. Condenação do réu. Esferas administrativa e penal. Prescrição quinquenal. Não ocorrência. Causa impeditiva do curso do prazo. Art. 200 do Código Civil. Dever de indenizar. Reexame de provas. Impossibilidade. Súmula n. 7/STJ. Verba indenizatória. Razoabilidade.

1. Recurso especial interposto contra acórdão publicado na vigência do Código de Processo Civil de 2015 (Enunciados Administrativos n. 2 e 3/STJ).

---

51 STJ, AgInt no REsp n. 1.548.593/ES, rel. Min. Regina Helena Costa, 1ª T., j. 14.10.2019, *DJe* 16.10.2019.

98 | REPENSANDO A PRESCRIÇÃO • ALEXANDRE FREITAS CÂMARA

2. Na origem, trata-se de ação indenizatória ajuizada em março de 2010 por consumidor que, no ano de 2001, teria sido submetido, por médico não habilitado para tanto, a tratamento de psoríase que se revelou completamente ineficaz.

3. Acórdão recorrido que, diante da demonstração de que na data do ajuizamento da ação ainda estavam em curso ações de natureza penal e ético-profissional promovidas em desfavor do recorrente pelos mesmos atos ilícitos descritos na inicial, refutou a preliminar de prescrição da pretensão indenizatória autoral e impôs ao vencido o dever de indenizar o consumidor lesado em R$ 50.000,00 (cinquenta mil reais), a título de compensação por danos morais.

4. Recurso especial interposto pelo médico réu objetivando que seja reconhecida a prescrição, afastado o dever de indenizar ou, alternativamente, reduzido o montante indenizatório.

5. O art. 200 do Código Civil dispõe que, em se tratando pretensão indenizatória fundada na responsabilidade civil por fato que deva ser apurado no juízo criminal, não corre a prescrição antes do advento da respectiva sentença penal definitiva. Precedentes.

6. Desde que haja a efetiva instauração do inquérito penal ou da ação penal, o lesado pode optar por ajuizar a ação reparatória cível antecipadamente, ante o princípio da independência das instâncias (art. 935 do CC/2002), ou por aguardar a resolução da questão no âmbito criminal, hipótese em que o início do prazo prescricional é postergado, nos termos do art. 200 do CC/2002. Precedentes.

7. No caso, os fatos narrados na inicial ocorreram no ano de 2001, mas foram objeto de ação penal que teve início em 2003 e foi concluída apenas em 2013, não havendo falar em prescrição. A ação indenizatória em tela foi ajuizada em março de 2010, antes, portanto, de transitada em julgado a sentença penal que condenou o recorrente pela prática dos crimes previstos nos arts. 171 e 273, § 1º-B, inciso II, do Código Penal.

8. As conclusões da Corte de origem e do juízo de primeiro grau – acerca da existência do dever do médico recorrente indenizar danos morais causados a paciente (o autor da demanda) por submetê-lo, sem habilitação profissional para tanto, a tratamento médico ineficaz oferecido como sendo meio hábil para a cura de doença crônica incurável (psoríase) – resultaram do aprofundado exame de todo o acervo fático probatório carreado aos autos e, por isso, não podem ser objeto de revisão na via especial, haja vista o óbice da Súmula n. 7/STJ. 9. O Superior Tribunal de Justiça, afastando a incidência da Súmula n. 7/STJ, tem reexaminado o montante fixado pelas instâncias ordinárias a título

CAP. 5 – IMPEDIMENTO E SUSPENSÃO DO PRAZO PRESCRICIONAL | 99

de danos morais apenas quando irrisório ou abusivo, circunstâncias inexistentes no presente caso.

10. Recurso especial parcialmente conhecido e não provido.[52]

A ementa do acórdão é esclarecedora. Afinal, a responsabilidade civil é independente da penal. Por isso, em tese, jamais haveria um caso em que o direito à reparação do dano efetivamente dependesse do resultado do processo penal. Por conseguinte, a única interpretação capaz de compatibilizar esse dispositivo com o art. 935 do Código Civil é a dada pelo STJ: tendo havido a instauração de inquérito policial ou de processo penal condenatório para análise do fato supostamente causador do dano, então não correrá o prazo prescricional até o trânsito em julgado da sentença penal. É que, nesse caso, o titular do direito pode escolher entre duas alternativas: ajuizar a demanda civil de reparação de dano ou aguardar o trânsito em julgado da sentença penal condenatória e, em seguida, empregá-la como título executivo judicial (art. 515, VI, do CPC). Portanto, não correrá o prazo prescricional enquanto não se encerrar o processo penal.

Questão interessante é a de se determinar se o art. 200 traz uma causa de impedimento ou de suspensão do prazo prescricional, e qual o efeito dessa causa sobre o prazo quando ele voltasse a correr.

De um lado, há quem sustente tratar o art. 200 de uma causa que seria, necessariamente, de impedimento do prazo prescricional. É o que diz Leoni Lopes de Oliveira, para quem "a intenção da norma é impedir que se inicie o prazo prescricional da pretensão no cível enquanto não julgada a ação criminal prejudicial".[53] O problema desse entendimento, porém, é que daí resultaria o risco de o prazo prescricional jamais começar a correr, tendo em vista a possibilidade de a ação penal jamais ser proposta.

De outro lado, há quem entenda tratar-se sempre de causa de suspensão do prazo (ou, mais propriamente, "suspensão do termo final do prazo").[54] Para essa corrente, o prazo prescricional começa a correr quando se dá o fato lesivo do direito. Havendo,

---

52 STJ, REsp n. 1.798.127/PR, rel. Min. Ricardo Villas Bôas Cueva, 3ª T., j. 02.04.2019, DJe 05.04.2019.

53 LEONI LOPES DE OLIVEIRA, José Maria. *Direito Civil*: parte geral, cit., p. 761.

54 THEODORO JÚNIOR, Humberto. *Prescrição e decadência*, cit., p. 138.

porém, a instauração do inquérito policial ou do processo penal, o prazo de prescrição pararia de correr até o trânsito em julgado da sentença penal. Obtida a condenação penal, entretanto, o prazo voltaria a correr por inteiro, porque aí já seria o prazo de prescrição da execução, que não se confundiria com o prazo de prescrição "da ação condenatória".[55]

É preciso, desde logo, afastar a solução proposta por Leoni Lopes de Oliveira. É que, tendo ocorrido o fato gerador da lesão ao direito, já começa desde logo a correr o prazo prescricional, nos termos do art. 189 do Código Civil. A instauração de inquérito policial ou de processo penal acerca desse mesmo fato é que poderá ter algum impacto sobre a fluência já iniciada do prazo prescricional. Portanto, não é de impedimento que se trata.

A partir da instauração do inquérito ou do processo penal condenatório, todavia, é preciso verificar qual será seu desfecho, para que se possa determinar qual seu impacto sobre o prazo prescricional já iniciado.

Caso o inquérito policial seja arquivado, sem que se proponha ação penal, o prazo prescricional que estava suspenso voltará a correr pelo que lhe restava. É o que se dá em qualquer causa de suspensão da prescrição.

Em contrapartida, instaurado o processo penal, será preciso verificar se a decisão final é absolutória ou condenatória.

Sendo proferida decisão absolutória por ausência de materialidade ou de autoria, não se poderá cogitar de qualquer direito a indenização, por força do que dispõe a parte final do art. 935 do Código Civil, de modo que não se poderia sequer falar em prescrição. O mesmo se diga no caso de absolvição por legítima defesa ou exercício regular de direito, excludentes de ilicitude que também afastam a responsabilidade civil, nos termos do art. 188, I, do Código Civil.

Já no caso de absolvição por estado de necessidade, nos termos do art. 188, II, e parágrafo único, do Código Civil, pode haver ainda alguma responsabilidade civil, de forma que o prazo prescricional voltará a correr pelo que lhe sobejava, já que desaparecida a causa de suspensão.

---

55 Idem.

CAP. 5 – IMPEDIMENTO E SUSPENSÃO DO PRAZO PRESCRICIONAL | 101

De outro lado, caso haja sentença condenatória transitada em julgado, o prazo prescricional voltará a correr por inteiro, e não terá havido mera suspensão, mas verdadeira interrupção do prazo, já que, conforme entendimento consolidado no enunciado da Súmula n. 150 do STF, "prescreve a execução no mesmo prazo de prescrição da ação".

Não se chega aqui a afirmar, como fez Humberto Theodoro Júnior, que se estaria diante de uma prescrição distinta, a da execução, que não se confundiria com a prescrição da "ação condenatória". Conforme já foi longamente exposto em passagem anterior deste trabalho, a prescrição atinge o direito a uma prestação, pois o direito subjetivo do credor é o mesmo antes e depois da formação do título executivo. O fato de haver uma decisão judicial criminal que pode ser usada como título executivo judicial no âmbito civil não significa que se tenha constituído em favor do credor um novo direito, distinto do que ele originariamente tinha. O direito é rigorosamente o mesmo. Só que, formado esse título executivo judicial, o prazo prescricional volta a correr por inteiro, agora como "prescrição intercorrente" (salvo no caso em que o cumprimento de sentença exija a instauração de processo autônomo), entendimento esse consolidado no enunciado da Súmula n. 150 do STF, que aqui se acolhe.

Em síntese: a hipótese prevista no art. 200 será, conforme o resultado do processo penal, causa de suspensão (mas nunca de impedimento) ou de interrupção do prazo prescricional.

Por fim, é preciso registrar que a suspensão (e o impedimento) do prazo prescricional, no caso de obrigação com solidariedade ativa, não beneficia a todos os credores, mas só aqueles em relação aos quais se opere a causa suspensiva ou impeditiva. Assim, por exemplo, se um dos credores for absolutamente incapaz e o outro não, para esse último o prazo prescricional já correrá antes de começar a correr para aquele. A única exceção a essa regra se dá nos casos de solidariedade ativa em obrigação indivisível (nos termos do art. 201 do Código Civil). E não haveria mesmo como ser diferente, sob pena de dividir-se o que é indivisível. Nesse caso, então, suspensa (ou impedida) a prescrição para um dos credores, o prazo não correrá em relação a todos.

INTERRUPÇÃO DO PRAZO PRESCRICIONAL

Diferentemente do que se dá com a suspensão, no caso de interrupção do prazo prescricional despreza-se o tempo anteriormente transcorrido, e o prazo prescricional volta a correr por inteiro. Assim, por exemplo, se, após o decurso de três anos de um prazo prescricional quinquenal, houver a interrupção do prazo, este voltará a correr por mais cinco anos. O Código Civil aponta, nos incisos do art. 202, uma série de causas interruptivas da prescrição. Na sequência, o art. 203 trata da legitimidade para provocar a interrupção da prescrição, enquanto o art. 204 trata da extensão subjetiva dos efeitos da interrupção da prescrição. Disso tudo se tratará neste capítulo.

Estabelece o art. 202 do Código Civil que a prescrição só pode ser interrompida uma vez. Trata-se, como facilmente se percebe, de disposição destinada a evitar que o direito se torne, na prática, imprescritível, o que resultaria da prática de sucessivos atos capazes de interromper o prazo prescricional. Imagine-se, por exemplo, que, no caso de uma prescrição decenal, o credor, a cada oito anos, promovesse um protesto (art. 202, II, do Código Civil). Nesse caso, o direito acabaria por jamais prescrever. A regra aqui examinada, portanto, acaba por atribuir à prescrição um caráter

104 | REPENSANDO A PRESCRIÇÃO • ALEXANDRE FREITAS CÂMARA

mais objetivo, de promoção da segurança jurídica, do que o tradicional aspecto subjetivo, de punição pela inércia do credor.[1] Não obstante isso, o dispositivo aqui mencionado tem dado margem a muita controvérsia.

Há, por exemplo, quem sustente que "a prescrição pode ser interrompida uma única vez com base no mesmo fundamento jurídico".[2] É importante compreender o raciocínio do jurista mineiro, que é desenvolvido a partir de um exemplo:

> Imagine-se que Mariana celebrou contrato de compra e venda com Juliana. O prazo prescricional para a cobrança da dívida no caso de inadimplemento, é de 5 anos (art. 206, § 5º, do CC/2002). Mariana, porém, antes de ingressar em juízo com a ação cabível, optou por interpelar Juliana extrajudicialmente. Caso tal medida reste infrutífera, o ajuizamento da ação de cobrança será a única saída. Ocorre que, com a interpelação judicial, já ocorreu a primeira interrupção da prescrição (art. 202, V, do CC/2002). Sendo assim, com o ajuizamento da ação, o prazo prescricional continuará fluindo normalmente, e, caso Mariana não receba de Juliana o valor que lhe é devido em 5 anos, contados do dia seguinte do recebimento da interpelação extrajudicial, terá operado a prescrição no curso do processo. Em outras palavras, criou-se algo muito mais tenebroso do que a prescrição intercorrente.[3]

Segundo Beraldo, isso não pode ser admitido. Em primeiro lugar, por ser sabido que a interpelação extrajudicial "intimida o devedor e pode surtir efeitos imediatos", mas seria preciso abrir mão de seu uso para evitar que esse ato interrompesse a prescrição. Em segundo lugar, em um problema que qualifica como "muito mais delicado", Beraldo menciona o fato de que, em alguns casos – e ele cita o da "ação de busca e apreensão em virtude de inadimplemento no contrato de alienação fiduciária" –, tem-se entendido que a "interpelação/notificação extrajudicial" é requisito para a possibilidade de emprego da via judicial, e, sem sua realização, haveria a extinção do processo sem resolução do mérito. De acordo com o autor, isso faz com que não haja "justiça", pois o credor acabaria por ser irremediavelmente prejudicado. Daí

---

1   SCHREIBER, Anderson. *Manual de Direito Civil*, cit., p. 300.
2   BERALDO, Leonardo de Faria. Ensaio sobre alguns pontos controvertidos acerca da prescrição no Direito brasileiro. *Amagis Jurídica*, n. 6, ano III, 2011. p. 239.
3   Ibidem, p. 237-238.

CAP. 6 - INTERRUPÇÃO DO PRAZO PRESCRICIONAL | 105

sustentar que a interrupção só poderia acontecer uma vez por cada fundamento legal.[4]

Posição análoga – mas não exatamente idêntica – é a de Arruda Alvim, cuja lição deve ser transcrita para melhor compreensão:

> Assunto *paralelo* ao da prescrição intercorrente é o que se liga à indagação das repercussões decorrentes da circunstância de o art. 202, *caput*, do Código Civil admitir uma única interrupção da prescrição [.]
>
> A questão pode ser desenvolvida – servindo-nos de exemplo a seguir indicado – a partir da consideração da hipótese de uma prescrição de cambial ter sido interrompida, à luz do disposto no inc. III do art. 202 do Código Civil. Se pode ser interrompida uma única vez, poder-se-ia cogitar que essa interrupção inviabilizaria uma ulterior interrupção, a qual viria a ser, a que decorreria da propositura da ação, cuja interrupção, agora, operar-se-ia à luz do inc. I do art. 202. E, consequentemente, se se viesse a entender que a interrupção operada à luz do inc. III do art. 202 exauriria a possibilidade de interrupção, impedindo outra (que seria a do inc. I do art. 202, *i.e.*, agora no âmbito do processo), é certo que não se poderia vir a considerar que, sucessivamente a esta última interrupção, na pendência de um processo, destinado à cobrança executiva da cambial, não se pudesse aplicar a regra do parágrafo único do art. 202 [.] Ou seja, por raciocínio absurdo, concluir-se-ia que o processo que viesse a ser intentado, em face da situação imaginada, houvesse de terminar dentro de três anos, sob pena de prescrição.
>
> A nossa impressão, todavia, é que dificilmente se deverá interpretar assim, pois, se assim fosse, a interrupção – em tal hipótese – não teria maior utilidade.
>
> O entendimento que parece ser o correto é o de que a interrupção, que só pode ser feita uma vez, refere-se à interrupção fora do âmbito do processo (ainda que concordemos que poderia ser aparentemente argumento contrário, qual seja, o que no inc. I do art. 202 se trata de interrupção no processo, previsão essa que está no mesmo patamar e com aparente identidade de função relativamente às outras hipóteses). Entendemos que a interrupção feita fora do processo é que pode ser feita somente uma vez. Sendo assim, interrompida a prescrição no caso do inc. III, por protesto cambial, pode ser promovida a ação de execução, e, com a citação, será, novamente, interrompida a prescrição, e, no curso do processo, aplicar-se-á o parágrafo único, do art. 202, 2ª parte [; ou] seja, a cada ato do processo interrompe-se novamente.

---

4 Ibidem, p. 238-239.

De resto, parece curial que, a interrupção realizada fora do processo destina-se, exata e precisamente, a que ainda que correndo novamente a prescrição, possa promover-se processo judicial. Outro raciocínio, por isso mesmo – na imensa maioria das hipóteses –, reduziria à inutilidade essa interrupção ocorrida fora do processo.

Cremos que a regra de interrupção somente uma vez não se aplica a uma possibilidade ulterior de interrupção, na forma do inc. I do art. 202, nem ao andamento do processo, o que deflui do próprio parágrafo único do art. 202. Pensamos assim porque, se interrompida a prescrição, no caso do inc. III do art. 202, a finalidade única desta interrupção é para o fim de que se possa promover a ação. E, se assim é, promovida a ação, aplicar-se-á a segunda parte do parágrafo único do art. 202.[5]

Como se percebe, há uma diferença entre as duas opiniões mencionadas. Enquanto para a primeira corrente é possível a interrupção da prescrição uma vez por cada fundamento legal (pouco importando qual seja o fundamento), para a segunda, seria possível interromper-se a prescrição apenas uma vez fora do processo, mas isso não impediria a interrupção decorrente da instauração do processo judicial.

De outro lado, há autores que se limitam a acatar o que literalmente resulta do texto legal. É o caso, por exemplo, de Leoni Lopes de Oliveira, que assim se pronuncia:

> O *caput* do art. 202 do CC, além de afirmar que a interrupção da prescrição *só poderá ocorrer uma única vez*, apresenta o rol das causas de interrupção da prescrição. Há na doutrina pátria divergência a respeito da correta intepretação do texto do *caput* do art. 202 do CC: *a*) incidirá com a utilização de qualquer dos meios interruptivos elencados no artigo; *b*) ou somente proíbe a utilização de mais uma vez do *mesmo* meio interruptivo já utilizado.
>
> Somos que a melhor interpretação é no sentido de que a prescrição só poderá ser interrompida uma única vez. Utilizada uma via, não será mais possível utilizar-se de outra causa interruptiva da prescrição.[6]

---

5 ARRUDA ALVIM, José Manoel de. Da prescrição intercorrente. In: CIANCI, Mirna (coord.). *Prescrição no novo Código Civil*: uma análise interdisciplinar. São Paulo: Saraiva, 2005. p. 35-37. Em sentido semelhante, TEPEDINO, Gustavo; BARBOZA, Heloísa Helena; MORAES, Maria Celina Bodin de. *Código Civil interpretado*, cit., p. 379-380; SCHREIBER, Anderson. *Manual de Direito Civil*, cit., p. 300.

6 LEONI LOPES DE OLIVEIRA, José Maria. *Direito Civil*: parte geral, cit., p. 762.

CAP. 6 - INTERRUPÇÃO DO PRAZO PRESCRICIONAL | 107

Há, ainda, quem sustente a corrente da única interrupção, mas com um raciocínio que poderia ser chamado de mais "sofisticado":

Não importa que existam vários caminhos para se obter a interrupção da prescrição. Usado um deles, a interrupção alcançada será única. Não terá o credor como se valer de outra causa legal para renovar o efeito interruptivo. Se usar o protesto judicial, por exemplo, não terá eficácia de interrupção o posterior ato de reconhecimento da dívida pelo devedor. Vale dizer, a citação não afetará a prescrição se alguma outra causa interruptiva houver ocorrido antes da propositura da ação. Mas, durante o processo, não fluirá a prescrição interrompida antes dele, permitindo, assim, a continuidade da marcha processual até que se alcance a coisa julgada.

Pelo mesmo motivo, quando se sucederem diversas ações sobre a mesma obrigação, somente a primeira citação produzirá a interrupção da prescrição. Verificada a interrupção pela citação, o fluxo prescricional permanecerá paralisado durante toda a duração do processo, recomeçando a correr, por inteiro, do ato que lhe puser fim (Código Civil, art. 202, parágrafo único). Se, porém, a prescrição já estiver interrompida antes da citação, permanecerá ela sem andamento na pendência do outro processo, mas, uma vez encerrado este, a retomada não se dará a partir do zero, pois permanecerá computável o lapso transcorrido até o momento do ajuizamento da causa. Esta é a consequência necessária da reconhecida falta de força do ato citatório para interromper a prescrição, na espécie.

Essa questão, contudo, não é pacífica na doutrina. Arruda Alvim, por exemplo, entende que a interrupção que só pode ser feita uma vez "refere-se à interrupção fora do âmbito do processo", sob pena de se admitir que o processo que viesse a ser intentado posteriormente ao ato extrajudicial interruptivo da prescrição teria de terminar dentro de determinado período (de acordo com o prazo prescricional fixado por lei), sob pena de prescrição do direito do autor durante a marcha processual.

[A] nosso ver, não há razão para ignorar a regra da única interrupção quando se coteja a ocorrida extrajudicialmente com a que deveria ocorrer posteriormente em virtude do ajuizamento da demanda. O risco de o prazo prescricional continuar fluindo e se encerrar antes de findo o processo, simplesmente não existe. É que o ajuizamento da demanda corresponde ao exercício da pretensão que, por si só, afasta a incidência da prescrição: enquanto o processo estiver em curso, o autor estará exercitando a pretensão, sendo impossível cogitar-se da inércia essencial à sua extinção pela via prescricional. Pouco importa que a citação não tenha mais eficácia interruptiva, se o exercício da pretenso (propositura da ação) tiver ocorrido antes de consumado o lapso prescricional renovado. O que não vale é, a pretexto do tempestivo ajuizamento de uma ação, ter-se como interrompida a prescrição para outras ações que a mesma relação jurídica autorizaria e que não foram ajuizadas dentro do prazo reaberto pela interrupção acontecida antes da única demanda aforada. Estas novas pretensões é que não podem contar com uma interrupção prescricional que a demanda anterior não teve o condão de produzir.

A primeira demanda ajuizada após a interrupção extrajudicial, entretanto, não depende de nova interrupção para escapar da eficácia extintiva da prescrição. Bastará, para tanto, que o ajuizamento ocorra antes de consumado o prazo prescricional em andamento.[7]

O entendimento que aqui se sustentará, embora próximo deste último, defendido por Humberto Theodoro Júnior, com ele não coincide por completo.

Inicialmente, porém, vale pôr em destaque o fato de que, em relação às causas de interrupção que se dão fora do âmbito do processo, como o protesto cambial ou o ato do devedor de expresso reconhecimento da dívida, a interrupção só pode mesmo ocorrer uma vez. Assim, por exemplo, tendo o credor promovido uma interpelação extrajudicial do devedor para constituí-lo em mora (art. 202, V), o que interromperá a prescrição, não haverá eficácia interruptiva em um ato posterior do devedor que, voluntária e inequivocamente, reconheça o direito do credor (art. 202, VI).

Toda a controvérsia gira, na verdade, em torno de uma só questão:[8] tendo havido uma causa extrajudicial de interrupção da prescrição, como fica a eficácia interruptiva da instauração do processo judicial cujo objeto seja exigir o cumprimento da prestação?

A princípio, é preciso dar razão à opinião de Humberto Theodoro Júnior, há pouco mencionada. Não faz sentido sustentar, com as vênias devidas a quem pensa diferentemente, que, nesse caso, haveria o risco de, a não se admitir uma nova interrupção, consumar-se a prescrição no curso do processo. Essa possibilidade simplesmente não existe.

---

7   THEODORO JÚNIOR, Humberto. *Prescrição e decadência*, cit., p. 144-146.

8   E vale destacar que, embora sustente poder haver uma interrupção por cada causa interruptiva prevista em lei, Leonardo Beraldo, na obra citada anteriormente, parece mesmo preocupado com essa mesma questão de que aqui se vai cogitar.

CAP. 6 - INTERRUPÇÃO DO PRAZO PRESCRICIONAL | 109

É que, com o ajuizamento da demanda antes de encerrado o prazo prescricional, simplesmente não estará presente um dos requisitos essenciais para o reconhecimento da prescrição. Como visto em passagem anterior deste trabalho (cf., *supra*, n. 1.5), a prescrição é um procedimento, e o primeiro fato constitutivo desse procedimento é o decurso do prazo prescricional. Ora, se a demanda foi ajuizada antes do término desse prazo, não se aperfeiçoará a prescrição.

Em outras palavras, a instauração do processo antes do término do prazo prescricional não interrompe a prescrição, mas obsta sua consumação, de modo que o direito feito valer naquele processo permanece íntegro.

Daí poderia resultar, então, uma primeira pergunta: se assim é, por que, então, o art. 202, I, do Código Civil faz alusão à interrupção da prescrição pela instauração do processo judicial (ou, mais propriamente, por despacho do juiz determinando a citação)? É que, como bem lembrado por Humberto Theodoro Júnior, o ajuizamento de uma demanda poderia provocar a interrupção da prescrição em relação a outros direitos que resultam da mesma relação obrigacional. Dessa maneira, por exemplo, o ajuizamento de uma demanda cujo objeto seja a reparação de danos materiais resultantes de determinado ato ilícito provocaria, na forma do art. 202, I, do Código Civil, também a interrupção da prescrição do direito à compensação por danos morais resultantes do mesmo ilícito. Tendo, porém, havido uma causa interruptiva prévia ao processo, esse efeito interruptivo da instauração do processo judicial não alcançaria esses outros direitos, tendo sido obstada a prescrição apenas do direito que se fez valer no processo efetivamente instaurado.[9]

Com relação ao direito que se fez valer em juízo por meio da propositura da demanda, entretanto, não há que se falar propriamente em interrupção da prescrição, mas em um obstáculo intransponível à sua consumação, de modo que a prescrição não poderá ser reconhecida no curso daquele processo.

Nem mesmo o trânsito em julgado da decisão que reconheça a exigibilidade da obrigação modifica esse panorama, pois a atividade executiva, de cumprimento de sentença, se dá como fase

---

9   THEODORO JÚNIOR, Humberto. *Prescrição e decadência*, cit., p. 145.

complementar do mesmo processo em que a decisão de natureza civil tenha sido proferida.[10] Assim, o que pode haver entre o trânsito em julgado da decisão e o início da fase de cumprimento de sentença é a *prescrição intercorrente*, ou seja, a "prescrição que ocorre no curso do processo", tema de que se tratará adiante, em capítulo próprio deste trabalho.[11]

Há, porém, um problema a considerar e que parece ter sido deixado de lado por Humberto Theodoro Júnior em suas reflexões. É o caso de ter havido uma causa interruptiva da prescrição prévia ao processo, após (e antes do decurso do prazo prescricional) se instaurar o processo judicial destinado a fazer valer o direito, e esse processo vir a ser extinto sem resolução do mérito.

Nesse caso, será preciso saber como se conta o prazo prescricional para uma eventual segunda demanda, que poderá vir a ser proposta, para que se busque fazer valer o mesmo direito subjetivo que se tentava proteger no primeiro processo.

A jurisprudência é firme no sentido de que a eficácia interruptiva da instauração do processo fica preservada quando esse processo é extinto sem resolução de mérito. A propósito, podem ser indicadas algumas decisões:

> Agravo interno nos embargos de declaração no agravo em recurso especial. Ação de cobrança de honorários advocatícios. Prescrição. Interrupção. Decisão de extinção, sem mérito, de execução anteriormente apresentada. Desprovimento da súplica.
>
> 1. O trânsito em julgado da decisão de extinção, sem mérito, de execução anteriormente apresentada, é causa de interrupção do lapso prescricional de cinco anos para a ação de cobrança de honorários advocatícios. Inúmeros precedentes desta Corte.
>
> 2. Agravo interno desprovido.[12]

> Recursos especiais. Direito Civil, Empresarial e Processual Civil. Contratos. Ação declaratória de nulidade e ação de cobrança em reconvenção.

---

10 CÂMARA, Alexandre Freitas. *Manual de Direito Processual Civil*, cit., p. 749.

11 Faça-se a devida ressalva daqueles casos em que o procedimento de cumprimento de sentença exige a instauração de processo autônomo, como se dá no caso da sentença penal condenatória ou da sentença arbitral. Nesses casos, poderá haver prescrição propriamente dita se, entre a formação do título judicial e o início da atividade executiva, decorrer o prazo prescricional, que correrá novamente por inteiro, na forma do entendimento consolidado no enunciado da Súmula n. 150 do STF.

12 STJ, AgInt nos EDcl no AREsp n. 1.727.748/MS, rel. Min. Marco Aurélio Bellizze, 3ª T., j. 25.10.2021, *DJe* 28.10.2021.

CAP. 6 – INTERRUPÇÃO DO PRAZO PRESCRICIONAL | 111

Alegação de cerceamento de defesa. Produção de prova indeferida pelo juízo de origem, por ser desnecessária. Impossibilidade de revisão. Súmula 7/STJ. Alegada possibilidade de compensação. Ausência de liquidez do crédito a ser compensado. Fundamento não impugnado que se mostra bastante para a manutenção do acórdão recorrido. Súmula 283/STF. Dissídio jurisprudencial não comprovado. Ausência de similitude fática entre os julgados. Alegada prescrição. Interrupção da prescrição reconhecida pelo tribunal de origem, ainda que as execuções tenham sido julgadas extintas. Impossibilidade de revisão das circunstâncias fáticas. Súmula 7/STJ. Honorários advocatícios na reconvenção. Ação julgada procedente. Existência de condenação. Inaplicabilidade do § 4º do art. 20 do CPC/73. Impossibilidade de apreciação equitativa. Parâmetros do § 3º do art. 20 do CPC/73 que devem ser observados.

1. Nova demanda judicial envolvendo contratos firmados pelos recorrentes com o Banco Santos, mas apresentando substrato fático diferente daqueles constantes no REsp n. 1.569.088/SP e no REsp n. 1.501.640/SP, examinados por esta Terceira Turma.

2. Questionamento na presente demanda acerca da nulidade (ou da própria existência) dos aditamentos contratuais, por falsidade da assinatura de seus representantes, não se insurgindo os recorrentes contra os contratos originais.

3. Controvérsia centrada na ocorrência de cerceamento de defesa, prescrição dos créditos cobrados em reconvenção e à possibilidade de compensação.

4. A necessidade de produção de provas deve ser aferida pelo magistrado de origem com base no acervo fático-probatório constante dos autos, não sendo possível a revisão nesta instância especial, à luz da Sumula 7/STJ. Entendimento pacífico deste Superior Tribunal.

5. Possibilidade de compensação expressamente afastada pelo Tribunal de origem, porquanto o crédito a ser compensado não seria líquido. Fundamento que se mostra suficiente para a manutenção do acórdão recorrido e que não foi impugnado. Aplicação da Súmula 283/STJ.

6. Ausência de comprovação do dissídio jurisprudencial, em razão da ausência de demonstração da similitude fática, porquanto o acórdão recorrido, diferentemente dos julgados apontados como paradigma, concluiu pela ausência de liquidez do crédito que se pretendia ver compensado.

7. Citação que, como regra, interrompe a prescrição, ainda que o feito seja posteriormente extinto sem resolução de mérito, salvo quando configuradas as hipóteses do art. 485, II e III, do CPC.

112 REPENSANDO A PRESCRIÇÃO • ALEXANDRE FREITAS CÂMARA

8. Não se mostra possível verificar o motivo da extinção sem julgamento do mérito, o que demandaria o exame de elementos fáticos não reconhecidos no acórdão recorrido. Aplicação da Súmula 7/STJ.

9. Diante da condenação havida na reconvenção, não se mostra possível a apreciação equitativa realizada à luz do art. 20, § 4º, do CPC/73, devendo ser observados os limites estabelecidos no § 3º do mesmo dispositivo legal. Fixação dos honorários advocatícios em 10% sobre o valor da condenação. 10. Recurso especial dos autores-reconvindos desprovido e recurso especial da ré-reconvinte provido.[13]

Recurso especial. Civil. Seguro. Indenização. Denunciação da lide. Aparente legitimidade passiva. Citação. Efeito interruptivo. Retroatividade. Ação principal. Prescrição. Não ocorrência. Demanda anterior. Extinção sem resolução de mérito. Ilegitimidade passiva. Prescrição. Interrupção.

1. Recurso especial interposto contra acórdão publicado na vigência do Código de Processo Civil de 1973 (Enunciados Administrativos n. 2 e 3/STJ).

2. Cinge-se a controvérsia a saber se a citação em demanda anterior na qualidade de litisdenunciada teria o efeito de interromper o prazo prescricional de pretensão ao recebimento de indenização securitária por morte decorrente de sinistro ocorrido em viagem de ônibus paga com cartão de crédito cuja bandeira outorgava essa cobertura automaticamente.

3. Na hipótese, uma primeira demanda de cobrança foi ajuizada contra a administradora, que denunciou da lide a bandeira do cartão de crédito. Porém, o processo foi extinto sem resolução de mérito, por ilegitimidade passiva, e a denunciação da lide julgada prejudicada.

4. Em caso de aparente legitimidade passiva, a citação da primeira demandada é válida para interromper o prazo prescricional relativamente à litisdenunciada, retroativamente à data da propositura da ação principal. Precedente da Terceira Turma.

5. A citação válida é causa interruptiva da prescrição, mesmo que o processo seja extinto sem resolução do mérito, excetuadas as hipóteses de inércia do demandante (art. 485, II e III, do CPC/2015). Precedentes.

6. Recurso especial não provido.[14]

---

13 STJ, REsp n. 1.852.324/SP, rel. Min. Paulo de Tarso Sanseverino, 3ª T., j. 15.06.2021, DJe 22.06.2021.

14 STJ, REsp n. 1.679.199/SP, rel. Min. Ricardo Villas Bôas Cueva, 3ª T., j. 14.05.2019, DJe 24.05.2019.

CAP. 6 – INTERRUPÇÃO DO PRAZO PRESCRICIONAL | 113

Muitas outras decisões poderiam ser mencionadas, todas no mesmo sentido. No entanto, é preciso, para coerência do sistema, tecer algumas considerações.

Em primeiro lugar, se já tinha havido uma causa interruptiva da prescrição e, posteriormente, instaura-se o processo, não há que se falar, a princípio, em nova interrupção, havendo tão somente um obstáculo a que a prescrição se consume. Desse modo, proferida a decisão de mérito que reconhece a existência do direito,[15] não se consumou a prescrição e, após o trânsito em julgado, terá início, como continuação do mesmo processo, a fase de cumprimento de sentença. Nesse caso, não há que se cogitar de "outra prescrição", mas tão somente da possibilidade de consumar-se a prescrição intercorrente, assim entendida a prescrição que corre por inteiro dentro do processo (e da qual, como já afirmado, tratar-se-á adiante).

Diferente, porém, será o raciocínio no caso de, já tendo havido uma causa interruptiva da prescrição, posteriormente se instaurar um processo que venha a ser extinto sem resolução do mérito. Nesse caso, o trânsito em julgado da decisão meramente terminativa funciona como uma condição suspensiva a que se subordina a eficácia interruptiva da prescrição resultante da instauração do processo. Em outros termos, nesse caso, uma vez transitada em julgado a decisão terminativa, que não resolve o mérito, correrá novamente, e por inteiro, o prazo prescricional *do direito que se buscou fazer valer naquele primeiro processo*, sem que essa interrupção alcance a prescrição de outros direitos resultantes da mesma relação obrigacional. Pensar de outro modo geraria para o credor uma proteção jurídica deficiente, uma vez que ficaria privado de seu direito mesmo tendo atuado no sentido de vê-lo realizado, não se fazendo presente a inércia, que é essencial à consumação da prescrição.

De outro lado, se não tiver ocorrido qualquer causa interruptiva da prescrição prévia ao processo, sua instauração provocará a interrupção de forma plena, não só em relação ao direito que, naquele processo, se faz valer mas também em relação a outros direitos que possam decorrer da mesma relação jurídica.

---

15   Evidentemente, se a decisão de mérito transitada em julgado é na perspectiva de não existir o direito afirmado, nem haveria mesmo que se cogitar de prescrição, pois não faria qualquer sentido se discutir a prescrição de um direito inexistente.

114 REPENSANDO A PRESCRIÇÃO • ALEXANDRE FREITAS CÂMARA

Há, porém, uma ressalva a ser feita (e que tem sido feita pelo Superior Tribunal de Justiça). É que essa eficácia interruptiva não se produzirá se o primeiro processo tiver sido extinto por abandono da causa (art. 485, II e III, do CPC). Confira-se a jurisprudência do STJ sobre o ponto:

> Tributário. Agravo regimental no agravo em recurso especial. Execução fiscal. Exceção de pré-executividade. Prescrição quinquenal. Comprovação. Extinção da primeira execução fiscal por abandono. Não ocorrência da interrupção de prescrição. Precedentes do STJ. Execução fiscal prescrita. Inviabilidade de análise nesta corte. Necessidade de reexame do conjunto fático-probatório dos autos. Representativo de controvérsia: REsp 1.102.431/SP, rel. Min. Luiz Fux, *DJe* 01.02.2010. Honorários recursais previstos no art. 85, § 11 do Código Fux. Recurso especial interposto na vigência do CPC/1973. Não cabimento. Agravo regimental do estado da Paraíba a que se nega provimento.
>
> 1. Em regra, a citação válida interrompe a fluência do prazo prescricional, que torna a correr do trânsito em julgado, no caso da extinção do feito sem resolução do mérito. A contagem prescricional não será reiniciada, entretanto, se a extinção do feito tiver se fundado no art. 267, II e III do CPC/1973, ou seja, nas hipóteses de inércia da parte autora, a teor da orientação firmada no acórdão do REsp 1.091.539/AP, Rel. Min. Maria Thereza de Assis Moura, *DJe* 30.03.2009, proferido sob o rito do art. 543-C do CPC/1973.
>
> 2. A instância de origem registrou que a execução proposta em 1991 teria sido extinta, sem resolução do mérito, diante da inércia da parte exequente, e que por isso estaria prescrita a pretensão ajuizada em 2006. Entendimento diverso, no sentido de que não teria havido inércia da exequente, ora recorrente, demandaria incursão no campo fático-probatório, medida inadmissível na via do Recurso Especial.
>
> 3. Conforme sólida jurisprudência desta Corte, firmada no julgamento do REsp 1.102.431/RJ, Rel. Min. Luiz Fux, *DJe* 01.02.2010, representativo de controvérsia, a verificação de responsabilidade pela demora na prática dos atos processuais demanda reexame de matéria fático-probatória, o que é vedado na estreita via do Recurso Especial.
>
> 4. O Plenário do STJ decidiu que, somente nos recursos interpostos contra decisão publicada a partir de 18 de março de 2016, será possível

CAP. 6 – INTERRUPÇÃO DO PRAZO PRESCRICIONAL | 115

o arbitramento de honorários sucumbenciais recursais, na forma do art. 85, § 11, do novo CPC (Enunciado Administrativo 7).

5. Agravo Regimental do estado da Paraíba a que se nega provimento.[16]

Direito Civil e Processual Civil. Recurso especial. Ação de reparação de danos materiais e compensação de danos morais. Embargos de declaração. Omissão, contradição ou obscuridade. Não ocorrência. Fundamentação. Ausência. Súmula 284/STF. Prescrição. Interrupção. Citação válica ocorrida em anterior ação reparatória e compensatória. 1. Ação ajuizada em 21.07.2014. Recurso especial concluso ao gabinete em 16.09.2016. Julgamento: CPC/73.

2. O propósito recursal é definir se i) houve a negativa de prestação jurisdicional na hipótese; e ii) a citação válida ocorrida em anterior ação indenizatória – em que litigaram o recorrido e a Viação Redentor S/A – ensejou a interrupção da prescrição em relação à recorrente (Telemar Norte Leste S/A).

3. Ausentes os vícios do art. 535 do CPC/1973, rejeitam-se os embargos de declaração.

4. A ausência de fundamentação ou a sua deficiência implica o não conhecimento do recurso quanto ao tema.

5. A interrupção da prescrição dá-se quando o titular do direito manifesta por uma das formas previstas em lei a intenção de exercê-la ou quando o devedor manifesta inequivocamente o reconhecimento daquele direito.

6. A *ratio essendi* dos arts. 219 do CPC/1973 e 202, I, do CC/2002 é, de fato, favorecer o autor que já não mais se encontra na inércia pela proteção do seu direito (REsp 1.402.101/RJ, 4ª Turma, *DJe* 11.12.2015).

7. A citação válida, ainda que operada em ação extinta sem julgamento do mérito, interrompe o curso do prazo prescricional. Precedentes.

8. Se a jurisprudência deste STJ consolidou-se no sentido de que a citação válida gera a interrupção do prazo prescricional até mesmo nas hipóteses de extinção do processo sem resolução de mérito – à exceção das situações de negligência das partes e abandono da ação, frisa-se –, mais razão ainda há de ter a interrupção do prazo prescricional quando há o ajuizamento de ação anterior que culminou em julgamento com resolução de mérito da lide, como ocorre na espécie.

9. Imperioso faz-se reconhecer que: i) o prazo prescricional foi interrompido em virtude da citação válida ocorrida no bojo da ação ajuizada

---

16 STJ, AgRg no AREsp n. 533.460/PB, rel. Min. Napoleão Nunes Maia Filho, 1ª T., j. 23.04.2019, *DJe* 08.05.2019.

em face da Viação Redentor S/A, nos termos do art. 219 do CPC/73; ii) a prescrição recomeçou a fluir a partir do julgamento definitivo daquela ação, nos termos do art. 202, parágrafo único, do CC/02, o que, na hipótese, se deu em 21.03.2014; e iii) em tendo a presente ação sido ajuizada em 21.07.2014, isto é, após exatos 4 (quatro) meses do trânsito em julgado da primeira ação ajuizada em face da Viação Redentor S/A, não há que se falar em ocorrência da prescrição, tendo em vista que a pretensão de reparação civil prescreve em 3 (três) anos, na forma do art. 206, § 3º, V, do CC/02.

10. Recurso especial parcialmente conhecido e, nessa parte, não provido.[17]

Processual civil e tributário. IRPF. Ação de repetição de indébito. Servidor estadual. Ajuizamento na Justiça Federal, contra a Fazenda Nacional. Extinção por ilegitimidade passiva. Novo ajuizamento na Justiça Estadual. Prescrição. Aproveitamento da citação válida realizada na Justiça Federal. Possibilidade.

1. Trata-se de Ação de Repetição de Indébito promovida por servidores estaduais, discutindo a não incidência de IRPF sobre parcela de sua remuneração.

2. Originalmente, o feito foi promovido na Justiça Federal, porque foi indicada a Fazenda Nacional para ocupar o polo passivo. Extinto o feito em razão da ilegitimidade passiva, a demanda foi ajuizada na Justiça Comum, desta vez contra o Estado do Paraná.

3. O acórdão hostilizado decretou a prescrição, considerando que a citação válida somente interrompe a prescrição, na forma do art. 219 do CPC/1973, se, ainda que ordenada por juiz incompetente, for validamente promovida, ou seja, contra o réu corretamente indicado.

4. A orientação acima destoa da jurisprudência do STJ, segundo o qual a citação válida interrompe a prescrição, mesmo quando envolver parte ilegítima, excetuando-se, apenas, os casos em que o feito é extinto sem resolução do mérito por abandono da parte.

5. Superado o entendimento adotado no acórdão hostilizado, deve o feito retornar à origem para prosseguimento da análise da Apelação, considerando-se, para efeito da interrupção da prescrição, a citação promovida na demanda que tramitou na Justiça Federal.

6. Recurso Especial provido.[18]

---

17 STJ, REsp n. 1.636.677/RJ, rel. Min. Nancy Andrighi, 3ª T., j. 06.02.2018, *DJe* 15.02.2018.

18 STJ, REsp n. 1.668.107/PR, rel. Min. Herman Benjamin, 2ª T., j. 13.06.2017, *DJe* 30.06.2017.

CAP. 6 – INTERRUPÇÃO DO PRAZO PRESCRICIONAL | 117

Essa ressalva é perfeitamente coerente com o sistema. É que, nesse caso, terá havido inércia do credor (não em propor sua demanda, mas em dar andamento ao processo, que, por causa de sua desídia, terá ficado paralisado). A inércia é causa da prescrição, não podendo ser empregada como meio de conseguir provocar a interrupção do prazo prescricional. Assim, é de se considerar que a citação realizada em processo que venha a ser extinto sem resolução do mérito interrompe a prescrição, salvo no caso em que esse processo tenha sido extinto por abandono da causa.

Ultrapassado esse ponto, impõe-se examinar as causas interruptivas da prescrição, previstas no art. 202 do Código Civil. Inicia-se esse exame precisamente pelo inciso que trata da interrupção em razão da instauração do processo. Diz o inciso I do art. 202 que a prescrição se interrompe "por despacho do juiz, mesmo incompetente, que ordenar a citação, se o interessado a promover no prazo e na forma da lei processual".

Não se pode, porém, deixar de considerar o fato de que o CPC, que é lei posterior ao Código Civil, trata do tema nos parágrafos de seu art. 240, assim redigidos:

> Art. 240. A citação válida, ainda quando ordenada por juízo incompetente, induz litispendência, torna litigiosa a coisa e constitui em mora o devedor, ressalvado o disposto nos arts. 397 e 398 da Lei n. 10.406, de 10 de janeiro de 2002 (Código Civil).
>
> § 1º A interrupção da prescrição, operada pelo despacho que ordena a citação, ainda que proferido por juízo incompetente, retroagirá à data de propositura da ação.
>
> § 2º Incumbe ao autor adotar, no prazo de 10 (dez) dias, as providências necessárias para viabilizar a citação, sob pena de não se aplicar o disposto no § 1º.
>
> § 3º A parte não será prejudicada pela demora imputável exclusivamente ao serviço judiciário.
>
> § 4º O efeito retroativo a que se refere o § 1º aplica-se à decadência e aos demais prazos extintivos previstos em lei.

Só com a leitura dos dois dispositivos é que se consegue compreender de modo exato como funciona a interrupção da prescrição nesse caso.

Uma vez proposta a demanda, o que se dá no momento do protocolo da petição inicial (nos termos do art. 312 do CPC), os autos serão encaminhados ao juiz. Vindo a ser proferido despacho liminar positivo, isto é, despacho que ordena a citação, haverá a interrupção da prescrição, com efeitos retroativos à data da propositura da demanda (art. 240, § 1º, do CPC), desde que o autor, no prazo de dez dias contados do despacho, tome todas as providências necessárias para viabilizar a citação (art. 240, § 2º, do CPC combinado com o art. 202, I, do Código Civil, o qual exige que o interessado promova a citação "no prazo e na forma da lei processual". Significa isso dizer que ao autor incumbirá, nesse prazo de dez dias, praticar os atos necessários a viabilizar a citação, como o recolhimento das custas ou o fornecimento de endereço. Efetivada, então, a citação, ter-se-á por interrompida a prescrição na data do ajuizamento da demanda, isto é, na data do protocolo da petição inicial.

Pode acontecer, porém, de haver alguma demora excessiva por fato exclusivo da parte. Pense-se, por exemplo, na hipótese de a parte deixar de recolher as custas corretamente, ou fornecer dados errados do demandado (embora tivesse acesso aos corretos). Nesse caso, não haverá a eficácia retroativa, e se terá por interrompida a citação apenas na data da citação (se é que, nessa data, já não estará consumado o prazo prescricional). Caso a demora seja, entretanto, imputável exclusivamente ao serviço judiciário, por exemplo, no caso de, durante os dez dias a que a lei se refere, os autos não estarem disponíveis para o autor em razão de algum problema no sistema de informática do Judiciário, então não será possível prejudicar o demandante, e a eficácia retroativa se operará. Nesse sentido, aliás, está a redação do enunciado da Súmula n. 106 de jurisprudência dominante do STJ: "Proposta a ação no prazo fixado para o seu exercício, a demora na citação, por motivos inerentes ao mecanismo da Justiça, não justifica o acolhimento da arguição de prescrição ou decadência".

Questão interessante é a da citação nula. Entende a jurisprudência do STJ que a citação nula não interrompe a prescrição.[19] Assim é, verdadeiramente. É preciso, porém, considerar que o

---

19 STJ, REsp n. 1.777.632/SP, rel. Min. Moura Ribeiro, 3ª T., j. 25.06.2019, *DJe* 01.07.2019; REsp n. 863.380/AC, rel. Min. Herman Benjamin, 1ª Seç., j. 29.02.2012, *DJe* 13.04.2012.

CAP. 6 - INTERRUPÇÃO DO PRAZO PRESCRICIONAL | 119

comparecimento espontâneo do réu supre a nulidade da citação. Nesse caso, o comparecimento é capaz de interromper a prescrição, com eficácia retroativa à data do ajuizamento da demanda, se a nulidade não tiver resultado de culpa do autor. Já, no caso de ter a nulidade sido provocada pelo autor, a interrupção da prescrição não se daria retroativamente, mas se consideraria que ela se deu na data do comparecimento espontâneo do demandado (se ainda antes do término do prazo prescricional).[20]

Situação análoga a essa do processo judicial acontecerá quando o processo para exigir o cumprimento da prestação for arbitral. É que, por força do disposto no art. 19, § 2º, da Lei n. 9.307/1996, "[a] instituição da arbitragem interrompe a prescrição, retroagindo à data do requerimento de sua instauração, ainda que extinta a arbitragem por ausência de jurisdição".

A segunda causa de interrupção da prescrição prevista no art. 202 do Código Civil é o "protesto, nas condições do inciso antecedente", ou seja, no prazo e na forma da lei processual. Trata-se, aí, do protesto interruptivo da prescrição a que se refere o art. 726, § 2º, do CPC. O protesto é dirigido ao juízo, por petição em que serão expostos os fatos e fundamentos do protesto. É preciso, então, que, nessa petição inicial do processo de jurisdição voluntária, se traga a exposição da conveniência e oportunidade do protesto, assim como dos fatos que demonstram o legítimo interesse do requerente.[21] Estando corretamente elaborada a petição inicial, o juiz determinará a sua comunicação ao requerido, que receberá cópia da petição. Efetivada essa entrega, será proferida sentença de extinção do processo, entregando-se os autos ao requerente.

Impõe-se considerar, ainda, que a entrega do protesto ao requerido deve ser feita com observância do disposto nos parágrafos do art. 240 do CPC para que possa retroagir à data do protocolo da petição.[22]

Importante dizer que esse protesto a que se refere o inciso II do art. 202 não se confunde com o protesto cambial, de que trata o inciso III do mesmo artigo de lei.

---

20 THEODORO JÚNIOR, Humberto. *Prescrição e decadência*, cit., p. 153.
21 CÂMARA, Alexandre Freitas. *Manual de Direito Processual Civil*, cit., p. 611.
22 THEODORO JÚNIOR, Humberto. *Prescrição e decadência*, cit., p. 162.

O protesto cambial a que se refere esse inciso III é o "ato praticado pelo credor, perante o competente cartório, para fins de incorporar ao título de crédito a prova de fato relevante para as relações cambiais, como, por exemplo, a falta de aceite ou de pagamento da letra de câmbio".[23]

É essencial observar que a definição aqui apresentada não coincide perfeitamente com a que consta do texto do art. 1º da Lei n. 9.492/1997 (segundo o qual "[p]rotesto é o ato formal e solene pelo qual se prova a inadimplência e o descumprimento de obrigação originada em títulos e outros documentos de dívida". Essa definição legal, porém, embora aceita por alguns autores,[24] não abrange todas as situações, como é o caso do protesto por falta de aceite da letra de câmbio.[25]

O protesto cambial, ao tempo do Código Civil de 1916, não era causa de interrupção do prazo prescricional, o que levou à edição do enunciado da Súmula n. 153 do STF ("[s]imples protesto cambiário não interrompe a prescrição"). Esse enunciado, todavia, ficou superado pela entrada em vigor do Código Civil de 2002, que tratou do tema de modo distinto.[26]

Há, contudo, um dado interessante a considerar. Existem, fundamentalmente, dois tipos de protesto cambial: o protesto por falta de aceite e o protesto por falta de pagamento (como se vê pela leitura da Lei Uniforme de Genebra – LUG – em matéria de letras de câmbio e notas promissórias, incorporada ao Direito brasileiro pelo Decreto n. 57.663/1966, cujo art. 44 estabelece que "[a] recusa de aceite ou de pagamento deve ser comprovada por um ato formal (protesto por falta de aceite ou falta de pagamento)".[27] A doutrina do Direito Civil, entretanto, ao tratar da interrupção do prazo prescricional por força do protesto cambiário, não costuma

---

23 COELHO, Fábio Ulhoa. *Curso de Direito Comercial*. 12. ed. São Paulo: Saraiva, 2008. v. 1. p. 427.

24 Como é o caso de ROSA JR., Luiz Emygdio F. da. *Títulos de crédito*. 2. ed. Rio de Janeiro: Renovar, 2002. p. 379-380.

25 COELHO, Fábio Ulhoa. *Curso de Direito Comercial*, cit., p. 426.

26 O Superior Tribunal de Justiça afirmou, expressamente, a superação daquele enunciado de súmula, por exemplo, ao julgar o REsp n. 1.124.709/TO, rel. Min. Luis Felipe Salomão, j. 18.06.2013.

27 Existe também o protesto por falta de devolução do título, de emprego mais raro na prática.

CAP. 6 – INTERRUPÇÃO DO PRAZO PRESCRICIONAL | 121

considerar a diferença entre essas duas espécies.[28] Todavia, essa distinção precisa ser feita.

É que o protesto por falta de aceite é necessariamente anterior ao vencimento da dívida.[29] Ora, se assim é, então esse protesto não pode interromper o prazo prescricional, que sequer terá começado a correr no momento em que ele é efetuado. Só o protesto por falta de pagamento, que necessariamente ocorre depois do vencimento da dívida,[30] é capaz de interromper o curso do prazo prescricional.

Dado relevante é o de que, por força da Lei n. 9.492/1997, não só títulos de crédito podem ser protestados, já que o art. 1º da aludida lei expressamente se refere a "títulos e outros documentos de dívida". Além disso, o próprio CPC faz expressa alusão à possibilidade de protesto de quaisquer títulos executivos judiciais (art. 517). Por conta disso, é entendimento que se pode qualificar como pacífico o de que a causa de interrupção da prescrição prevista no art. 202, III, do Código Civil se aplica a todos os créditos representados por documentos passíveis de protesto.[31]

Outro ponto a considerar é que, em alguns casos, o protesto é facultativo, mas, em outros, é necessário.[32] Quando necessário, o protesto é requisito essencial para o exercício do direito, o que se dá na hipótese em que se pretenda demandar perante coobrigados, cuja responsabilidade decorre do inadimplemento da obrigação do devedor principal, assim como nos casos em que se pretenda instruir pedido de protesto.[33] Nesse caso, haveria mais um problema na interpretação literal da disposição que prevê a possibilidade de apenas uma interrupção da prescrição, tema de que se tratou anteriormente.

Por fim, é de se deixar claro que a prescrição se considera interrompida na data da apresentação do título para protesto, e não

---

28   Assim, entre outros, TEPEDINO, Gustavo; BARBOZA, Heloísa Helena; MORAES, Maria Celina Bodin de. *Código Civil interpretado*, cit., p. 384; CAHALI, Yussef Said. *Prescrição e decadência*, cit., p. 126-127; THEODORO JÚNIOR, Humberto. *Prescrição e decadência*, cit., p. 163-164.

29   Assim, por todos, MAMEDE, Gladston. *Direito Empresarial brasileiro*. 7. ed. São Paulo: Atlas, 2012. v. 3. p. 124.

30   Idem.

31   Por todos, THEODORO JÚNIOR, Humberto. *Prescrição e decadência*, cit., p. 164.

32   MAMEDE, Gladston. *Direito Empresarial brasileiro*, v. 3, cit., p. 121-122.

33   Idem.

na data em que este é efetivado (já que a interrupção se dá pelo ato do credor, e não pelo ato do agente responsável pelo protesto).[34]

Na sequência, o inciso IV do art. 202 prevê que a prescrição será interrompida "pela apresentação do título de crédito em juízo de inventário ou em concurso de credores".

São duas, então, as hipóteses previstas em lei para a interrupção da prescrição. A primeira delas é a da prática, pelo credor, de ato destinado ao recebimento de seu crédito no processo de inventário e partilha instaurado em razão da abertura da sucessão por falecimento do devedor.

Não obstante o texto legal fazer referência a "título de crédito", não se deve aqui fazer uma interpretação estrita, mas se tem de considerar que basta a alegação do crédito perante o juízo de inventário, acompanhado de prova literal de sua existência (art. 642, § 1º, do CPC), para que se repute interrompido o fluxo do prazo prescricional.[35]

Essa habilitação precisa ser feita necessariamente antes da partilha (art. 642, *caput*, do CPC), e o pagamento só será feito no próprio processo de inventário e partilha caso todas as partes do processo concordem (art. 642, §§ 2º e 3º, do CPC). Não havendo a concordância de todos, o credor será remetido às vias ordinárias de cobrança (art. 643 do CPC), recomeçando a correr, por inteiro, o prazo prescricional.

Perceba-se, portanto, que a interrupção da prescrição não depende da concordância dos sucessores. Dessa concordância depende, exclusivamente, o pagamento da dívida no próprio processo de inventário e partilha. O mero fato de o credor habilitar-se, porém, é causa interruptiva da prescrição.[36]

Também fica interrompido o prazo prescricional pela habilitação do crédito em concurso de credores (art. 202, IV, parte final, do Código Civil). Essa é disposição que se aplica aos casos de insolvência civil, mas não aos de falência, dada a previsão expressa a respeito existente na Lei n. 11.101/2005, de que se tratará

---

34 TEPEDINO, Gustavo; BARBOZA, Heloísa Helena; MORAES, Maria Celina Bodin de. *Código Civil interpretado*, cit., p. 384.

35 CAHALI, Yussef Said. *Prescrição e decadência*, cit., p. 128; THEODORO JÚNIOR, Humberto. *Prescrição e decadência*, cit., p. 165.

36 THEODORO JÚNIOR, Humberto. *Prescrição e decadência*, cit., p. 165.

CAP. 6 – INTERRUPÇÃO DO PRAZO PRESCRICIONAL | 123

adiante.[37] É que cada habilitação dessa corresponde ao ajuizamento de uma demanda destinada ao exercício do direito de crédito em face do falido ou insolvente.[38]

Ocorre a interrupção da prescrição também quando a habilitação se dá no concurso particular de credores (ou concurso de preferências) a que se refere o art. 908 do CPC.[39]

Há aqui, porém, uma questão a considerar: o art. 6º, I, da Lei n. 11.101/2005 estabelece, expressamente, que a decretação da falência (assim como o deferimento da recuperação judicial) é causa de suspensão do curso da prescrição das obrigações do devedor sujeitas ao regime dessa lei. Afinal, a lei especial deve prevalecer sobre a lei geral, de modo que a habilitação do crédito no processo falimentar ou no processo de recuperação judicial produz a suspensão, e não a interrupção do prazo de prescrição.[40]

Igualmente se interrompe a prescrição pela prática de "qualquer ato judicial que constitua em mora o devedor" (art. 202, V, do Código Civil). Aqui não se tem, porém, uma verdadeira interrupção da prescrição, mas tão somente a determinação do termo inicial do prazo prescricional em alguns casos.

Como sabido, só corre a prescrição a partir do momento em que tenha havido a violação do direito do credor (art. 189 do Código Civil). Em outras palavras, só tem início o prazo prescricional com a mora do devedor, que não tenha cumprido a prestação devida até o momento em que ela tenha se tornado exigível pelo credor.

Casos há em que a mora se produz *ex re*, ou seja, existe a previsão de uma data certa para o vencimento da obrigação, e, alcançada essa data sem o cumprimento da prestação, o devedor automaticamente estará em mora (art. 397 do Código Civil). Nos casos de mora *ex re*, não há um ato judicial que constitua

---

37 Um pouco confusa a lição, sobre o ponto, de THEODORO JÚNIOR, Humberto. *Prescrição e decadência*, cit., p. 166. O autor parece dizer que a interrupção ocorre também no caso de falência, mas, na sequência, menciona o dispositivo legal que prevê a suspensão da prescrição nesses casos.

38 THEODORO JÚNIOR, Humberto. *Prescrição e decadência*, cit., p. 166.

39 CAHALI, Yussef Said. *Prescrição e decadência*, cit., p. 128.

40 Nesse sentido, entre outros, MAMEDE, Gladston. *Direito Empresarial brasileiro*. 5. ed. São Paulo: Atlas, 2012. v. 4. p. 35-36; CAMPINHO, Sérgio. *Falência e recuperação de empresa*. 4. ed. Rio de Janeiro: Renovar, 2009. p. 337. Equivocado, quanto ao ponto, CAHALI, Yussef Said. *Prescrição e decadência*, cit., p. 128, para quem a habilitação em processo de recuperação de empresa é causa de interrupção da prescrição.

o devedor em mora, já que esta se produz de pleno direito. Não há, portanto, como aplicar a esses casos o disposto no art. 202, V, do Código Civil.

De outro lado, há os casos de mora *ex persona*. Nos casos em que a obrigação não tem termo de vencimento, seu cumprimento pode ser exigido pelo credor a qualquer tempo, competindo-lhe interpelar o devedor.[41] Nessas situações, só mesmo com a interpelação é que se terá tornado exigível a obrigação e, portanto, só a partir daí correrá o prazo prescricional. Essa interpelação, quando judicial, se faz nos termos dos arts. 726 e seguintes do CPC.[42]

Diz Humberto Theodoro Júnior que a notificação judicial pode ter força para interromper a prescrição.[43] Já, em relação à interpelação, diz que essa interrupção só poderia ocorrer quando fosse ela usada de modo anômalo, como no caso em que, embora vencida a prestação, "acomodações ulteriores entre as partes tenham tornado inseguro o momento de sua exigibilidade".[44] Assim não é, porém. É que realmente não faz sentido considerar que há interrupção da prescrição no momento em que se constitui em mora o devedor, pois, antes desse momento, não havia qualquer prazo prescricional em curso.

A crítica que aqui se faz ao dispositivo não é nova. Já ao tempo do Código Civil de 1916, quando existia dispositivo análogo, Carpenter afirmava que "a constituição em mora não interrompe o curso do prazo da prescrição, mas sim é o momento em que esse prazo principia a correr".[45] Quanto à doutrina produzida já na vigência do Código Civil de 2002, a mesma opinião também pode ser encontrada.[46]

Por fim, estabelece o inciso VI do art. 202 que a prescrição é interrompida "por qualquer ato inequívoco, ainda que extrajudicial, que importe reconhecimento do direito pelo devedor". O ato do devedor, como se vê do texto legal, pode ser judicial

---

41 TEPEDINO, Gustavo; SCHREIBER, Anderson. *Fundamentos do Direito Civil*. Rio de Janeiro: Forense, 2020. v. 2. p. 322.

42 Sobre o procedimento da interpelação judicial, CÂMARA, Alexandre Freitas. *Manual de Direito Processual Civil*, cit., p. 610-611.

43 THEODORO JÚNIOR, Humberto. *Prescrição e decadência*, cit., p. 169.

44 Ibidem, p. 169-170.

45 CARPENTER, Luiz F. *Da prescrição*, cit., p. 382.

46 TEPEDINO, Gustavo; BARBOZA, Heloísa Helena; MORAES, Maria Celina Bodin de. *Código Civil interpretado*, cit., p. 382.

CAP. 6 – INTERRUPÇÃO DO PRAZO PRESCRICIONAL | 125

ou extrajudicial, e deve ser um ato de reconhecimento inequívoco da existência do direito. Assim, por exemplo, uma manifestação processual em que o devedor afirme a possibilidade de existência do direito tão somente em razão da regra processual da eventualidade, por força da qual todos os argumentos de defesa devem ser apresentados de uma só vez (como seria o caso, por exemplo, de o devedor manifestar-se no sentido da inexistência da obrigação, mas, caso venha o juízo a entender que ela existe, então se pretenda discutir seu valor), não pode ser considerada capaz de interromper a prescrição.

De outro lado, um pagamento parcial (ainda que se pretenda discutir o valor total da dívida) interrompe a prescrição quanto ao saldo.[47] Do mesmo modo, um pedido do devedor de que se faça um encontro de contas ou a celebração de uma transação que confirme a existência da obrigação anteriormente assumida servem como causas de interrupção da prescrição.

A enumeração das causas interruptivas da prescrição já mostra que tal interrupção pode provir de ato do credor (pessoalmente ou por intermédio de um representante) ou do devedor. A lei civil, porém, afirma que qualquer interessado é legitimado a promover a interrupção da prescrição. Com isso, pode-se admitir que a interrupção da prescrição se dê por ato praticado por terceiro estranho à relação obrigacional, como seria o caso de um terceiro que seja credor do titular do direito em vias de prescrever.[48] Essa seria uma forma de acautelar o futuro recebimento de seu crédito, já que prolongaria o prazo para seu devedor exigir em juízo o crédito cuja satisfação garantiria o ingresso, em seu patrimônio, de bens capazes de assegurar a futura satisfação do crédito do terceiro que interrompeu a prescrição.

Nos casos de relação obrigacional com mais de um credor, a interrupção promovida por um deles não beneficia os demais (art. 204 do Código Civil), salvo no caso de solidariedade ativa (art. 204, § 1º). O mesmo raciocínio se aplica ao caso da relação obrigacional em que haja pluralidade de devedores, situação em que a interrupção contra um deles, ou seu herdeiro, não prejudica

---

47 Quanto ao saldo, evidentemente, pois, em relação ao valor já pago, não há que se falar em prescrição.

48 Exemplo encontrado, por exemplo, em CAHALI, Yussef Said. *Prescrição e decadência*, cit., p. 139.

os demais codevedores (art. 204, *caput*), ressalvado o caso de solidariedade passiva (art. 204, § 1º).

Essa limitação subjetiva do efeito da interrupção da prescrição (*persona ad personam non fit interruptio*) faz todo o sentido, já que, no caso de pluralidade de credores ou de devedores (e não havendo solidariedade), cada credor só pode exigir a sua quota-parte, e de cada devedor só se pode exigir a sua fração da prestação. No caso de obrigação solidária, porém, o tratamento precisa mesmo ser distinto.

É que, como sabido, havendo solidariedade ativa, cada credor pode, isoladamente, exigir o cumprimento integral da prestação e, vindo a receber o pagamento, será responsável perante os demais credores pelas partes que lhes caibam (arts. 267 e 272 do Código Civil). Se assim é, então não há sentido em considerar que a interrupção da prescrição promovida por um dos credores solidários não beneficia os demais, já que aquele que tenha provocado a interrupção poderá exigir do devedor comum a integralidade da dívida e continuará obrigado perante os demais credores pelas suas quotas.

Do mesmo modo, no caso de solidariedade passiva, o credor comum pode exigir de qualquer devedor a integralidade da prestação (art. 275 do Código Civil) e, vindo um dos devedores a pagar, poderá exigir dos demais suas quotas-partes (art. 283 do Código Civil). Ora, se assim é, então não se pode admitir que a interrupção da prescrição contra um devedor seja ineficaz perante os demais, uma vez que aquele devedor que venha a pagar continuará a poder exigir dos outros suas quotas da prestação. É, pois, perfeitamente coerente o sistema.

Há, porém, uma questão interessante sobre a qual não se tem encontrado qualquer reflexão doutrinária: imagine-se que foi ajuizada demanda de cobrança de dívida contra um (ou alguns) dos devedores solidários. Citado o demandado, a interrupção do prazo prescricional alcança, como visto, os devedores não demandados. É preciso saber, porém, quando volta a correr, em relação a eles, o prazo prescricional.

A matéria foi objeto de análise em parecer elaborado por importantes juristas,[49] que sustentam que "a prescrição, em regra,

---

49   DIDIER JR., Fredie; BONFIM, Daniela. *Parecer 23/2021*. Cedido pelos autores. passim.

CAP. 6 - INTERRUPÇÃO DO PRAZO PRESCRICIONAL | 127

deve ser analisada com relação a cada situação jurídica solidária. Tantas são as fluências dos prazos prescricionais quantas são as situações jurídicas solidárias". Não obstante isso, o efeito interruptivo da prescrição produzido pela citação de um dos devedores solidários estende-se aos demais devedores, interrompendo-se também em relação a eles, como já afirmado, a fluência do prazo prescricional. Conforme os pareceristas citados, porém, é preciso levar em consideração o disposto no art. 202, parágrafo único, do CPC, segundo o qual a prescrição, uma vez interrompida, recomeça a correr da data do ato que a interrompeu, ou do último ato do processo para interrompê-la. Por conta disso, entendem Didier Jr. e Bonfim que, sendo a interrupção da prescrição o único efeito da citação que se estende aos devedores não citados, a pendência do processo não pode lhes ser oposta. Por isso, sustentam eles que o prazo prescricional recomeçaria a correr, *para os devedores solidários não citados*, a partir da data em que ocorrida a citação do codevedor demandado (e não do último ato do processo).[50] Assim, o devedor citado e o não citado estariam em situações jurídicas distintas, de modo que o credor, que optou por não demandar em face de um (ou alguns) dos devedores solidários, pode ver consumar-se a prescrição em relação aos devedores não citados.

Realmente, não faz sentido considerar que o prazo prescricional em relação aos codevedores não citados só voltaria a correr após o trânsito em julgado da decisão judicial que será formada em um processo do qual esses codevedores não participam. Afinal, em relação a eles, o credor optou, voluntariamente, por não demandar. Essa inércia do credor, portanto, deve proteger os devedores solidários não citados. Isso, de outro lado, em nada prejudicará os devedores que foram citados, já que estes, caso venham a efetuar algum pagamento, poderão exercer, perante os devedores solidários não citados, outro direito, distinto daquele que o credor terá exercido perante eles, que é o *direito de regresso* (sujeito a um prazo prescricional próprio, e que começa a correr a partir do momento em que ocorre o pagamento, pelo devedor que fora condenado no processo judicial, da dívida solidária).

Há, porém, uma questão a considerar (e que não foi analisada no parecer de Didier Jr. e Bonfim há pouco mencionado): é que

---

50   Ibidem, p. 22-23.

o devedor solidário demandado pode requerer o chamamento ao processo dos demais devedores solidários, na forma do disposto no art. 130, III, do CPC. Nesse caso, serão eles também citados e passarão a integrar o processo inaugurado pela demanda do autor. Ora, se o prazo prescricional já tivesse voltado a correr contra esses codevedores, então não poderia haver uma nova interrupção. Nem se poderia dizer que a prescrição estaria obstada pelo exercício do direito do credor (fenômeno de que se tratou anteriormente, quando se falava sobre a única interrupção possível do prazo prescricional), porque, nesse caso, a iniciativa de trazer o codevedor solidário para o processo não foi dele, mas do outro codevedor. Ora, mas, se assim fosse, então o prazo prescricional correria durante o processo, e, no momento da sentença – a depender da demora, claro – ou da execução, talvez já não fosse mais possível admitir que o credor viesse a exigir o pagamento do codevedor solidário chamado ao processo, pois já poderia estar consumada a prescrição.

Por essa razão, ouso aqui divergir (ainda que parcialmente) de Didier Jr. e Bonfim, mas louvando o mérito dos pareceristas, os únicos – ao menos pelo que tenho conhecimento – a terem enfrentado o tema, árduo e relevante, de que aqui se trata. Penso que, citado um – ou alguns – dos codevedores solidários, a interrupção do prazo prescricional, como resulta do texto legal, alcança os devedores não citados. O imediato reinício do prazo prescricional em relação a eles, entretanto, fica condicionado a um evento futuro e incerto: não ser realizado o chamamento ao processo.

Feito o chamamento ao processo pelo réu, na contestação, os codevedores chamados serão citados, e o prazo prescricional continuará interrompido em relação a eles, como seria se eles tivessem sido originariamente demandados. Não sendo feito o chamamento ao processo (e preclusa essa possibilidade, já que o chamamento ao processo só pode ser feito na contestação), considera-se que o prazo prescricional terá voltado a correr para os devedores solidários não citados desde o momento em que a citação do demandado ocorreu.

Evidentemente, contudo, não haverá esse condicionamento do reinício do fluxo do prazo prescricional nos casos em que o chamamento ao processo for inadmissível (como se dá, por exemplo, nos processos que tramitam em Juizados Especiais Cíveis). Nessas

CAP. 6 – INTERRUPÇÃO DO PRAZO PRESCRICIONAL | 129

hipóteses, exatamente como proposto por Didier Jr. e Bonfim, o prazo prescricional para os devedores não citados volta a correr imediatamente.

No caso de ter morrido um dos devedores solidários, a interrupção operada contra um de seus herdeiros não prejudica os demais coerdeiros ou codevedores, salvo quando se tratar de obrigações indivisíveis. Trata-se, também, de dispositivo que guarda total coerência com o sistema da solidariedade, já que, por força do art. 276 do Código Civil, vindo a falecer um dos devedores solidários, cada um de seus herdeiros responde apenas pela quota correspondente a seu quinhão hereditário, salvo se a obrigação for indivisível. Sendo, porém, indivisível a obrigação, nada disso poderia ser aplicado, visto que é a natureza do bem jurídico devido que impede o fracionamento, o que faz a interrupção do prazo prescricional alcançar todos os credores ou devedores.

Por fim, estabelece o § 3º do art. 204 que a interrupção produzida contra o devedor principal prejudica o fiador. Trata-se de aplicação da conhecida parêmia segundo a qual o acessório segue o principal. Assim, tendo havido interrupção da prescrição em relação ao devedor principal, fica automaticamente interrompida a prescrição também em relação ao fiador, pouco importando saber se ele faz jus ou não ao benefício de ordem.

Embora exista decisão do Superior Tribunal de Justiça no sentido de que essa regra não se aplicaria ao caso da fiança gratuitamente dada, e seria necessário um ato específico dirigido ao fiador para que igualmente em relação a ele houvesse interrupção do prazo prescricional,[51] esse é entendimento que não pode ser aceito. Não existe nenhuma razão que justifique o tratamento diferenciado do fiador de locação e do fiador de outro tipo de obrigação, não se podendo criar uma exceção à incidência da regra sem qualquer apoio no ordenamento jurídico. Daí ser entendimento amplamente majoritário o de que a regra do art. 204, § 3º, do Código Civil se aplica também à fiança em contrato de locação de imóvel.[52]

Alguns doutrinadores, ao examinarem o disposto nesse § 3º do art. 204, fazem questão de afirmar que, embora a interrupção da

---

51   STJ, REsp n. 259.132/MG, rel. Min. Gilson Dipp, *DJe* 04.06.2001.
52   Por todos, FIGUEIREDO, Gabriel Seijo Leal de. *Contrato de fiança*. São Paulo: Saraiva, 2010. p. 218-219.

prescrição referente ao afiançado prejudique o fiador, a recíproca não seria verdadeira, de modo que a interrupção da prescrição referente ao fiador não prejudicaria o afiançado.[53] Evidentemente, fica ressalvado o caso de haver solidariedade entre fiador e afiançado, pois aí a interrupção operada em relação a um dos solidários alcançaria o outro.[54]

Com todas as vênias devidas, porém, esse entendimento não faz sentido. É que, a se admitir que a interrupção da prescrição realizada perante o fiador não prejudica o afiançado, então contra este continuaria a correr a prescrição, que poderia consumar-se. Ocorre que, nesse caso, estaria extinto o direito do credor de exigir do devedor principal o cumprimento da prestação, sem estar, entretanto, impedido de exigir do fiador o pagamento. Ora, mas assim se teria um curiosíssimo caso em que o acessório sobrevive ao principal, e o fiador seria responsável por uma dívida que já não pode mais ser reconhecida.

Aliás, o entendimento aqui criticado contraria o disposto no art. 837 do Código Civil, que permite ao fiador invocar em seu favor as defesas pessoais que o afiançado teria perante o credor e que levariam à extinção da obrigação (ressalvadas apenas aquelas que provêm de incapacidade pessoal, exceção que é irrelevante para o tema aqui versado). Entre essas exceções, está a prescrição. Sobre o ponto, confira-se a lição de José Roberto de Castro Neves:

> O fiador, uma vez cobrado, está autorizado a oferecer as suas exceções pessoais, resguarda o artigo 837, como, *v.g.*, a compensação. Dessa forma, para quitar a dívida do afiançado, o fiador pode compensar seu crédito com o do credor da obrigação para a qual se concedeu a fiança, pois esse credor da obrigação principal possui uma dívida com o fiador. Esse fiador também tem como opor as defesas gerais extintivas da obrigação que poderiam ser suscitadas pelo devedor principal, tal como a prescrição.[55]

Verifica-se, portanto, que o entendimento aqui criticado cria um paradoxo: interrompida a prescrição contra o fiador, seria

---

53 Assim, entre outros, THEODORO JÚNIOR, Humberto. *Prescrição e decadência*, cit., p. 192.
54 Idem. Nesse sentido já se pronunciou o Superior Tribunal de Justiça no julgamento do Resp n. 1.276.778/MS, rel. Min. Luis Felipe Salomão, j. 28.03.2017, *DJe* 28.04.2017.
55 NEVES, José Roberto de Castro. *Contratos*. 3. ed. Rio de Janeiro: GZ, 2021. p. 486.

CAP. 6 – INTERRUPÇÃO DO PRAZO PRESCRICIONAL | 131

possível a consumação da prescrição em relação ao afiançado. Nesse caso, cobrado o fiador, poderia ele alegar, em sua defesa, a prescrição que favoreceu o afiançado. Isso é uma aporia, e, por isso, não pode ser aceito esse entendimento.

O que se deve considerar é que a interrupção da prescrição em relação apenas ao fiador é ineficaz. Ou se interrompe a prescrição em relação ao afiançado (e isso, como visto, alcança também o fiador), ou não haverá qualquer interrupção, nem em relação ao devedor principal, nem em relação ao fiador. É que se não for assim, haverá, como visto, a inadmissível situação em que o crédito principal está prescrito, mas ainda é possível exigir do fiador seu pagamento.

7

PRAZOS PRESCRICIONAIS

7.1. CONSIDERAÇÕES INTRODUTÓRIAS: O TERMO INICIAL E O TERMO FINAL DO PRAZO

É chegado o momento de falar sobre os prazos prescricionais, os quais, no sistema do Código Civil brasileiro, variam entre o mínimo de um ano e o máximo de dez anos. Necessário, porém, iniciar-se este estudo pela determinação do termo inicial e do termo final do prazo prescricional.

Estabelece o art. 189 do Código Civil, como já se viu anteriormente, que a prescrição começa a correr a partir do momento em que o direito é violado ("Violado o direito, nasce para o titular a pretensão, a qual se extingue, pela prescrição, nos prazos a que aludem os arts. 205 e 206"). Costumeiramente, então, se fala que teria sido adotada a "teoria da *actio nata*" para determinar o início da fluência do prazo prescricional.[1]

---

[1] A expressão aparece em autores clássicos, como CÂMARA LEAL, Antônio Luís da. *Da prescrição e da decadência*, cit., p. 36. Também é empregada por autores modernos, como SIMÃO, José Fernando. *Prescrição e decadência*: início dos prazos. São Paulo: Atlas, 2013. p. 204. Na doutrina estrangeira, encontra-se referência à *actio nata* já em Savigny, que a inclui entre as condições para a ocorrência da prescrição (*actio nata*; inação não interrompida; boa-fé; lapso de tempo). Confira-se SAVIGNY, Friedrich Karl von. *Traité de Droit Romain*. Trad. Ch. Guenoux. Paris: 1840. v. VIII. p. 300. Na jurisprudência brasileira, a expressão é corriqueira. Pesquisa feita na página

Como já foi dito em passagem anterior deste estudo, o prazo de prescrição começa a correr quando se torna exigível o direito (*supra*, item 1.4). É que nesse momento surge para o titular do direito o interesse processual (e, por isso, metaforicamente pode-se dizer que ali "nasce a ação"). Trata-se, entretanto, de uma expressão metafórica, pois, na verdade, não é o direito de ação que surge nesse momento. A ação, como sabido nos dias atuais, é um direito abstrato e incondicionado, cuja existência independe de que haja direito ou que ele tenha sido efetivamente violado.[2] O que surge, na realidade, com a ocorrência da violação do direito subjetivo é o interesse processual. É nesse momento, a partir do qual se pode legitimamente exercer o direito de ação, que começa a correr o prazo prescricional.

Há, todavia, uma controvérsia (doutrinária e jurisprudencial) acerca da determinação exata do termo inicial da prescrição. É que alguns autores e julgados fixam o termo inicial de forma objetiva, considerando que – salvo expressa determinação legal em sentido diverso – o prazo corre a partir do exato momento em que se dá a violação do direito subjetivo, independentemente de o titular do direito ter ou não ciência de que a violação ocorreu. Já outros autores e julgados tratam do tema por uma perspectiva subjetiva, considerando que o prazo prescricional só pode começar a correr a partir do momento em que o titular do direito toma conhecimento da ocorrência da violação.[3]

No Superior Tribunal de Justiça, tem prevalecido o entendimento segundo o qual se teria adotado a "teoria da *actio nata* em sua feição subjetiva", de modo que o prazo só começaria a correr a partir do conhecimento da lesão ao direito subjetivo. Assim, por exemplo, o seguinte julgado:

> Processual civil e administrativo. Agravo interno no recurso especial. Servidor público federal, ex-celetista, incorporado ao RJU (Lei n. 8.112/1990). Direito ao reconhecimento da índole remuneratória da parcela "adiantamento pecuniário – PCCS" e do consequente pagamento

---

de jurisprudência do *site* do STJ (em 26.07.2022) com as palavras-chave "actio adj1 nata" identificou 1.199 acórdãos e 28.414 decisões monocráticas.

2 CÂMARA, Alexandre Freitas. *Manual de Direito Processual Civil*, cit., p. 138.

3 Há até quem proponha uma solução intermediária, considerando que o prazo correrá da violação do direito se a obrigação for contratual e do conhecimento da violação se for extracontratual (SIMÃO, José Fernando. *Prescrição e decadência...*, cit., p. 212-213).

CAP. 7 – PRAZOS PRESCRICIONAIS | 135

das diferenças do reajuste de 47,11% sobre a aludida parcela, no período estatutário, posterior à vigência da Lei n. 8.112/1990. Coisa julgada trabalhista que determinou o reajuste de parcela de adiantamento pecuniário. Execução individual de tutela coletiva trabalhista. Prescrição. Não ocorrência. Teoria da *actio nata*. Início do prazo prescricional na data da ciência inequívoca da violação do direito subjetivo e da extensão de suas consequências. Data da decisão que limita a execução nos autos trabalhistas como termo inicial. Aplicação do Decreto n. 20.910/1932.

1. O Superior Tribunal de Justiça firmou a orientação de que, em relação ao termo inicial da prescrição, deve ser observada, no caso, a teoria da *actio nata*, em sua feição subjetiva, pela qual o prazo prescricional deve ter início a partir do conhecimento da lesão ao direito subjetivo.

2. O direito subjetivo em questão não diz respeito à matéria de fundo discutida na ação trabalhista, mas sim ao direito de executar individualmente a tutela coletiva deferida.

3. A violação de tal direito ocorre a partir do momento em que não há o cumprimento espontâneo pela União do acórdão trabalhista transitado em julgado; entretanto, a ciência inequívoca acerca de sua extensão somente ocorre em 09.04.2013, data da decisão que limitou a execução das diferenças na Justiça do Trabalho ao mês de dezembro de 1990.

4. O prazo prescricional a ser observado é o previsto no art. 1º do Decreto n. 20.910/1932, não sendo cabível sua redução pela metade, uma vez que o direito à execução individual da tutela coletiva teve início em 09.04.2013.

5. Não há que se falar em interrupção do prazo prescricional, porque, antes da mencionada decisão, não se tinha como certa a possibilidade de executar, coletiva ou individualmente, os créditos relativos ao reajuste da parcela do "adiantamento pecuniário" no período posterior a dezembro de 1990 nos próprios autos trabalhistas.

6. No caso, considerando que o termo inicial da prescrição foi definido em 09.04.2013, somente em 09.04.2017 ocorreu o transcurso do prazo prescricional. Tendo a presente ação sido proposta em 08.042015, conclui-se pela não ocorrência da prescrição do direito de ação.

7. Agravo interno a que se nega provimento.[4]

Como se vê, esse acórdão considerou – e afirmou ser esse o entendimento predominante no STJ – que o prazo de prescrição só correria a partir do momento em que o titular do direito violado

---

4   STJ, AgInt no REsp n. 1.716.638/SC, rel. Min. Og Fernandes, 2ª T., j. 16.11.2021, *DJe* 15.12.2021.

136 | REPENSANDO A PRESCRIÇÃO • ALEXANDRE FREITAS CÂMARA

tivesse conhecimento da violação. Há, porém, decisões do STJ aplicando a *actio nata* em sua vertente objetiva, considerando que o termo inicial do prazo é o momento em que ocorre o ato lesivo do direito. Confira-se o seguinte acórdão:

> Direito Civil. Agravo interno no agravo em recurso especial. Ação indenizatória. Jogos eletrônicos *Fifa Soccer* e *Fifa Manager*. Uso indevido de nome e imagem de atleta profissional. Prescrição. Termo inicial. Teoria da *actio nata*. Termo inicial que depende da apreciação de questões de fato. Agravo interno provido. Recurso especial parcialmente provido.
>
> 1. No tocante à prescrição da ação de indenização decorrente do uso não autorizado da imagem de jogador de futebol, o termo inicial é a data da lesão do direito, e não a da respectiva ciência, que se dá no momento do lançamento dos jogos e a sua colocação no mercado de consumo (distribuição) – REsp 1.861.289/SP, Rel. p/ acórdão Ministra Maria Isabel Gallotti, Quarta Turma, julgado em 24.11.2020, *DJe* de 16.03.2021.
>
> 2. Na hipótese, conforme consta dos autos, o jogador alega que sua imagem foi indevidamente utilizada nos jogos *Fifa Soccer* e *Fifa Manager* nos anos de 2011 a 2014, tendo a ação indenizatória sido ajuizada em 2015. Contudo, o acórdão recorrido não estabeleceu quando cessou a distribuição e comercialização das versões dos jogos pelas agravantes, para fins de apuração do termo inicial da contagem do prazo prescricional, impondo-se a devolução do processo às instâncias ordinárias para exame da prescrição à luz da vertente objetiva da teoria da actio nata, ficando prejudicada a análise das demais teses.
>
> 3. Agravo interno provido para conhecer do agravo e dar parcial provimento ao recurso especial.[5]

É interessante, aliás, observar a proximidade temporal dos dois acórdãos do STJ, proferidos com menos de duas semanas de intervalo entre eles, o que mostra que a matéria é mesmo tratada de forma divergente naquele Tribunal de Superposição.

Não deve haver dúvida, contudo, acerca do caráter objetivo da determinação do termo inicial do prazo de prescrição (ressalvadas, evidentemente, as expressas previsões legais em sentido contrário).[6]

---

5 STJ, AgInt no AREsp n. 1.439.441/SP, rel. Min. Raul Araújo, 4ª T., j. 29.11.2021, *DJe* 09.12.2021.

6 Merece destaque, quanto ao ponto, a previsão do art. 27 do Código de Defesa do Consumidor, por força do qual "[p]rescreve em cinco anos a pretensão à reparação

CAP. 7 – PRAZOS PRESCRICIONAIS | 137

O prazo de prescrição começa a correr, em regra, da data em que o direito tenha sido violado, independentemente de ter o titular do direito conhecimento dessa violação ou não. É o que resulta do próprio texto legal, já que o art. 189 marca o surgimento da "pretensão" (ou melhor, do interesse processual) no momento da violação do direito, e há disposições legais expressas – como a do art. 206, § 1º, II, *b*, do Código Civil – a prever que o termo inicial do prazo de prescrição seria o "da ciência do fato gerador da pretensão". Ora, se a lei aí precisou estabelecer de modo expresso que o prazo só começa a correr da ciência da violação do direito, disso resulta que, nos demais casos, em que não se encontra essa previsão, não é esse o termo inicial, sob pena de reputar-se que essa referência no aludido dispositivo legal seria supérflua.

O dia da lesão ao direito, portanto, é o termo inicial do prazo de prescrição. Assim, desconsideradas eventuais causas de impedimento, suspensão ou interrupção, o termo final do prazo será a data correspondente do ano em que a prescrição tenha de consumar-se. A matéria é regida pela Lei n. 810/1949, cujo art. 1º estabelece que se considera *ano* o período de 12 meses contado do dia do início ao dia e mês correspondentes do ano seguinte. À vista disso, por exemplo, um prazo prescricional de cinco anos que tenha começado em 12 de janeiro de 2020 tem seu termo final em 12 de janeiro de 2025. Ao mesmo resultado se chega pela aplicação do disposto no art. 132, *caput* e § 3º, do Código Civil.

Caso no ano do vencimento do prazo não exista o dia correspondente ao do início do prazo (o que, evidentemente, só poderá acontecer se o prazo tiver começado em 29 de fevereiro de um ano bissexto), o prazo terminará no primeiro dia subsequente (ou seja, 1º de março).

Caso o último dia do prazo caia em dia em que não haja expediente forense (como um domingo ou um feriado, por exemplo), fica o vencimento prorrogado para o primeiro dia útil seguinte. No STJ, encontra-se decisão nesse sentido.[7] Esse entendimento está

---

pelos danos causados por fato do produto ou do serviço prevista na Seção II deste Capítulo, iniciando-se a contagem do prazo a partir do conhecimento do dano e de sua autoria". Fica claro, assim, que, nos casos regidos pelo Código de Defesa do Consumidor, o termo inicial do prazo prescricional é determinado subjetivamente, pelo conhecimento do dano e de sua autoria.

7   Assim, por exemplo, o acórdão proferido pelo STJ no julgamento do REsp n. 969529/SC, rel. Min. José Delgado, 1ª T., j. 04.03.2008, *DJe* 17.03.2008.

amparado no disposto no art. 132, § 1º, do Código Civil, por força do qual "[se] o dia do vencimento cair em feriado, considerar-se-á prorrogado o prazo até o seguinte dia útil".[8]

7.2. PRAZO GERAL DE DEZ ANOS

Estabelece o art. 205 que, não tendo sido fixado de modo expresso pela lei um prazo menor, será de dez anos o prazo prescricional. Não é essa uma regra universal e atemporal, evidentemente. No texto original do Código Civil de 1916, esse prazo era de 30 anos (art. 177). Posteriormente, esse prazo foi reduzido para 20 anos pela Lei n. 2.437/1955. Depois, com o Código Civil de 2002, fixou-se em dez anos.

Assim como não se trata de uma regra atemporal, tampouco é ela universal, sendo possível encontrar sistemas com disposições diferentes acerca da regra geral do prazo prescricional. Na Alemanha, por exemplo, o prazo de prescrição é de três anos, contados da data em que o credor toma conhecimento – ou deveria tomar conhecimento, e isso não acontece em razão de uma negligência grosseira – da lesão ao seu direito. Estabelece a lei civil alemã, porém, que a prescrição nunca poderá consumar-se mais de dez anos depois da data em que o direito foi efetivamente violado (combinando-se, desse modo, as acepções subjetiva e objetiva da *actio nata*).[9]

Na Itália, o prazo também é, em regra, de dez anos (art. 2.946 do *Codice Civile*).[10] Já em Portugal o prazo prescricional ordinário é de 20 anos (art. 309º do Código Civil português). Na França, por sua vez, o prazo comum é de cinco anos (art. 2.224 do *Code Civil*), contados do dia em que o titular do direito conheceu ou deveria conhecer os fatos que permitem seu exercício.

Ademais, é de dez anos o prazo prescricional comum na Argentina (art. 4.023 do Código Civil). Também no México o prazo é de dez anos, contados da data em que a obrigação se

---

8 No exemplo anteriormente figurado, o termo final do prazo – 12 de janeiro de 2025 – é um domingo. Assim, o prazo fica automaticamente prorrogado para o dia 13 de janeiro (se não for esse dia também um dia sem expediente forense ou em que esse expediente se encerre mais cedo do que o ordinário).

9 CANARIS, Claus Wilhelm. O novo Direito das Obrigações na Alemanha. *Revista da Emerj*, v. 7, n. 27, 2004. p. 111.

10 PERLINGIERI, Pietro. *Manuale di Diritto Civile*, cit., p. 327.

CAP. 7 – PRAZOS PRESCRICIONAIS | 139

torna exigível (art. 1.158 do Código Civil Federal). Quanto ao Uruguai, o prazo ordinário de prescrição é de 20 anos (art. 1.216 do Código Civil). No Chile, de outro lado, o prazo prescricional comum é de cinco anos (art. 2.515 do Código Civil).

São vários os casos de prescrição decenal. Alguns deles, já identificados pela jurisprudência do Superior Tribunal de Justiça, podem ser aqui indicados:

a) prescrição do direito de exigir a repetição de cobrança indevida de contribuições previdenciárias nos casos de previdência privada;[11]

b) prescrição do direito de exigir indenização fundada em inadimplemento contratual, se não houver regra especial para o contrato em causa;[12]

c) prescrição do direito de exigir prestação de contas relativas ao direito de lavra de minérios;[13]

d) prescrição do direito de exigir bens sonegados na partilha;[14]

e) prescrição do direito de exigir prestação de contas do inventariante;[15]

f) prescrição do direito de exigir a restituição de quantias pagas a título de valor residual garantido em contrato de *leasing*;[16]

g) prescrição do direito à petição de herança.[17]

---

11 STJ, AgInt nos EDv nos EREsp n. 1.728.018/SP, rel. Min. Marco Buzzi, 2ª Seç., j. 28.06.2022, *DJe* 30.06.2022.

12 STJ, AgInt no REsp n. 1.957.468/MA, rel. Min. Luis Felipe Salomão, 4ª T., j. 20.06.2022, *DJe* 24.06.2022.

13 STJ, AgInt no REsp n. 1.609.051/SC, rel. Min. Gurgel de Faria, 1ª T., j. 06.06.2022, *DJe* 10.06.2022.

14 STJ, AgInt no AREsp n. 1.873.120/SP, rel. Min. Ricardo Villas Bôas Cueva, 3ª T., j. 30.05.2022, *DJe* 02.06.2022.

15 STJ, REsp n. 1.941.686/MG, rel. Min. Nancy Andrighi, 3ª T., j. 17.05.2022, *DJe* 19.05.2022.

16 STJ, AgInt nos EDcl no AREsp n. 1.951.664/SP, rel. Min. Marco Buzzi, 4ª T., j. 02.05.2022, *DJe* 06.05.2022.

17 STJ, AgInt no AREsp n. 1.430.937/SP, rel. Min. Raul Araújo, 4ª T., j. 10.12.2019, *DJe* 06.03.2020. Acerca do termo inicial da prescrição na petição de herança, há uma controvérsia que examinei em sede própria. Confira-se CÂMARA, Alexandre Freitas. Petição de herança, reconhecimento de paternidade *post mortem* e termo inicial do prazo prescricional. In: LARA, Mariana Alves et al. (coord.). *Direito das Famílias e das Sucessões*. Belo Horizonte: Conhecimento, 2021. p. 9 et seq.

REPENSANDO A PRESCRIÇÃO • ALEXANDRE FREITAS CÂMARA

Essa é, evidentemente, uma enumeração meramente exemplificativa, já que – sendo esse o prazo comum da prescrição – a maioria dos casos aqui se enquadra. Mais importante, então, é conhecer os prazos menores, expressamente previstos na lei civil.

7.3. OS PRAZOS PRESCRICIONAIS DE UM ANO

Estão previstos no § 1º do art. 206 do Código Civil diversos prazos prescricionais ânuos. É a seguinte a redação do dispositivo legal:

> Art. 206. Prescreve:
>
> § 1º Em um ano:
>
> I – a pretensão dos hospedeiros ou fornecedores de víveres destinados a consumo no próprio estabelecimento, para o pagamento da hospedagem ou dos alimentos;
>
> II – a pretensão do segurado contra o segurador, ou a deste contra aquele, contado o prazo:
>
> a) para o segurado, no caso de seguro de responsabilidade civil, da data em que é citado para responder à ação de indenização proposta pelo terceiro prejudicado, ou da data que a este indeniza, com a anuência do segurador;
>
> b) quanto aos demais seguros, da ciência do fato gerador da pretensão;
>
> III – a pretensão dos tabeliães, auxiliares da justiça, serventuários judiciais, árbitros e peritos, pela percepção de emolumentos, custas e honorários;
>
> IV – a pretensão contra os peritos, pela avaliação dos bens que entraram para a formação do capital de sociedade anônima, contado da publicação da ata da assembleia que aprovar o laudo;
>
> V – a pretensão dos credores não pagos contra os sócios ou acionistas e os liquidantes, contado o prazo da publicação da ata de encerramento da liquidação da sociedade.

O primeiro caso em que o prazo de prescrição é de um ano, portanto, é o do direito dos hospedeiros ou fornecedores de víveres destinados a consumo no próprio estabelecimento, para o pagamento da hospedagem ou dos alimentos. Trata-se, aqui, do crédito de hotéis, pousadas, restaurantes, lanchonetes, bares ou similares, que podem exigir o pagamento de seus clientes pela hospedagem ou pela alimentação e pelas bebidas consumidas. Trata-se, porém, de prazo prescricional que não leva em conta o fato de que, modernamente, hotéis e similares exigem, no momento da reserva ou do ingresso do hóspede no estabelecimento, uma pré-autorização em cartão de crédito (isso se já não houve o pagamento prévio da hospedagem, como muitas vezes se dá nos casos em que esta é reservada por algum *site* especializado). Também em bares, restaurantes e afins não se costuma ver a venda de refeições ou de bebidas "fiado", sendo o pagamento exigido desde logo. Caso, entretanto, não haja o pagamento da refeição ou da hospedagem de imediato, o credor terá um ano para exercer seu direito de cobrar o valor devido.

É igualmente de um ano o prazo de prescrição do crédito do segurado perante o segurador, e vice-versa. Para o segurador, o prazo de um ano é da prescrição do direito de cobrar do segurado o prêmio (ou outro direito derivado do contrato). Já para o segurado, o que prescreve em um ano é o direito de exigir a indenização pelo sinistro (ou outro encargo de responsabilidade do segurador).

Estabelece a lei civil que o prazo prescricional corre, para o segurado, no caso de seguro de responsabilidade civil, da data em que é citado para o processo da demanda indenizatória proposta pelo terceiro prejudicado, ou da data em que a este se paga a indenização (desde que com a anuência do segurador).

É preciso, então, estabelecer alguns pontos. Em primeiro lugar, é preciso dizer que, no caso de seguro de responsabilidade civil perante terceiros, o termo inicial do prazo prescricional não é o momento do sinistro. Como expressamente prevê o art. 206, § 1º, II, *a*, do Código Civil, o prazo terá termos iniciais distintos, conforme haja o pagamento da indenização (pelo segurado ao terceiro prejudicado) extrajudicialmente ou por força de demanda judicial.

Caso tenha havido o pagamento extrajudicial da indenização, e desde que esse pagamento tenha ocorrido com a anuência do segurador, o prazo de um ano correrá a partir da data do pagamento.

De outro lado, caso não tenha havido o pagamento extrajudicial, e tendo o terceiro prejudicado ajuizado demanda de cobrança da indenização, o prazo para o segurado exigir a indenização do segurador será de um ano a contar de sua citação para responder à demanda indenizatória.

142 | REPENSANDO A PRESCRIÇÃO • ALEXANDRE FREITAS CÂMARA

Aqui vale recordar que, como regra geral, o segurado poderá valer-se da denunciação da lide para formular, desde logo, sua demanda regressiva contra o segurador (art. 125, II, do CPC). Nesse caso, certamente não se consumará a prescrição, já que a denunciação da lide deverá ser ajuizada na mesma petição em que se oferece a contestação.[18] Pode acontecer, todavia, de o segurado optar por não fazer a denunciação da lide, ou de ser ela inadmissível (como se dá, por exemplo, no caso em que o processo tramita perante Juizado Especial Cível), situação em que o direito de regresso do segurado perante o segurador será exercido por meio de demanda autônoma (art. 125, § 1º, do CPC). Nesse caso, a demanda autônoma contra o segurador tem de ser proposta dentro do prazo de um ano, contado da citação do segurado para o processo da demanda indenizatória, sob pena de prescrição do direito de regresso.[19] Se a demanda regressiva for proposta de forma autônoma ainda antes do julgamento da demanda original, do terceiro prejudicado contra o segurado, deverão esses processos ser reunidos para julgamento conjunto, a fim de evitar decisões contraditórias ou conflitantes (art. 55, § 3º, do CPC). Pode acontecer, porém, de ser inadmissível essa reunião de processos. Basta pensar, por exemplo, no caso de tramitar o processo original perante um Juizado Especial Cível, e não poder ser a demanda regressiva ali ajuizada (o que se daria, entre outras hipóteses, no caso de o segurado ser pessoa jurídica que não pode demandar perante esses Juizados). Nesse caso, a solução será suspender o processo da demanda regressiva, a fim de aguardar o julgamento da demanda original, nos termos do que determina o art. 313, V, *a*, do CPC.

No que diz respeito aos demais tipos de seguro, o direito do segurado de exigir do segurador a indenização em razão do sinistro se submete a um prazo prescricional de um ano, contado da ciência do fato violador do direito. É preciso, todavia, verificar o que se considera, aqui, como fato violador do direito.

A jurisprudência do Superior Tribunal de Justiça é vacilante acerca do tema. Inicialmente, ainda ao tempo em que vigorava

---

18 E, caso haja demora superior a um ano entre a citação e a denunciação da lide, isso, certamente, não será devido a alguma culpa exclusiva do devedor, de modo que o atraso não poderá prejudicá-lo, como já se pôde examinar.

19 THEODORO JÚNIOR, Humberto. *Prescrição e decadência*, cit., p. 244.

CAP. 7 – PRAZOS PRESCRICIONAIS | 143

o Código Civil de 1916 (que tratava do tema substancialmente da mesma maneira), o STJ entendeu que o prazo prescricional começava a correr a partir da data em que o segurado tinha conhecimento da ocorrência do sinistro, e a comunicação do sinistro provocava uma suspensão do prazo prescricional, que voltava a correr a partir do momento em que a seguradora recusasse o pagamento da indenização.[20]

Esse entendimento acabou por ser sumulado pelo STJ, conforme se vê do enunciado da sua Súmula n. 229 de jurisprudência dominante: "[o] pedido do pagamento de indenização à seguradora suspende o prazo de prescrição até que o segurado tenha ciência da decisão".

Depois da entrada em vigor do Código Civil de 2002, porém, a jurisprudência do Superior Tribunal de Justiça acabou por se alterar, passando aquele Tribunal a considerar que o fato violador do direito do segurado não era o sinistro, mas a recusa da seguradora em pagar a indenização. Assim, por exemplo, o seguinte julgado:

> Agravo interno no recurso especial. Processual civil. Indenização securitária. Vícios de construção. Prescrição ânua. Termo inicial. Ciência inequívoca. Não ocorrência.
>
> 1. Recurso especial interposto contra acórdão publicado na vigência do Código de Processo Civil de 2015 (Enunciados Administrativos n. 2 e 3/STJ).
>
> 2. Os danos decorrentes de vício na construção se prolongam no tempo e não possibilitam a fixação de um marco temporal certo, a partir do qual se possa contar o termo inicial do prazo prescricional para a ação indenizatória a ser intentada contra a empresa de seguro.
>
> 3. O termo inicial do prazo prescricional para o recebimento de indenização securitária devida em virtude de vícios na estrutura de imóvel adquirido por intermédio de contrato vinculado ao Sistema Financeiro de Habitação é o momento em que o segurado comunica o fato à seguradora e esta se recusa a indenizar.
>
> 4. Agravo interno não provido.[21]

---

20 Assim, entre muitos outros julgados, STJ, REsp n. 807/RS, rel. Min. Bueno de Souza, 4ª T., j. 16.11.1992, *DJ* 14.12.1992, p. 23923.

21 STJ, AgInt no REsp n. 1.724.148/PR, rel. Min. Ricardo Villas Bôas Cueva, 3ª T., j. 01.10.2018, *DJe* 04.10.2018. Esse entendimento tem sido reiterado em decisões mais

144 REPENSANDO A PRESCRIÇÃO • ALEXANDRE FREITAS CÂMARA

Mais recentemente, porém, o STJ parece ter retornado ao entendimento anterior, como se vê do seguinte acórdão:

> Agravo interno. Recurso especial. En. 3/STJ. Civil. Ação de cobrança. Seguro de pessoa. Cobertura do evento transplante de órgãos. Pretensão indenizatória deduzida após mais de três anos da data da cirurgia. Prescrição ânua. Ocorrência.
>
> 1. Controvérsia acerca do termo inicial da prescrição ânua da pretensão de recebimento da indenização do seguro de pessoa na hipótese em que o sinistro consistiu em cirurgia de transplante de fígado a que se submeteu o segurado, sinistro coberto pela apólice de seguro.
>
> 2. Nos termos do art. 206, § 1º, inciso II, alínea "b", do Código Civil, não se tratando de seguro de responsabilidade civil, o prazo prescricional é contado "da ciência do fato gerador da pretensão".
>
> 3. Caso concreto em que a ciência do sinistro foi inequívoca na data da cirurgia, pois o transplante de órgãos somente é realizado com o consentimento expresso do paciente.
>
> 4. Contagem do prazo prescricional desde a data da cirurgia, estando prescrita a pretensão de cobrança de indenização deduzida contra a seguradora após mais de três anos da data da cirurgia.
>
> 5. Agravo interno desprovido.[22]

Há, portanto, uma vacilação jurisprudencial, sendo importante fixar aqui qual deve ser o entendimento correto.[23] Afinal, deve prevalecer a tese segundo a qual o termo inicial do prazo prescricional, nesse caso, é a data da recusa da seguradora em efetuar o pagamento da indenização (ou a data da realização de pagamento de valor inferior ao que seria devido).

Para justificar isso, porém, é preciso tecer algumas considerações sobre o contrato de seguro e sobre a obrigação da seguradora de pagar a indenização pelo sinistro.

---

recentes, como é o caso do acórdão proferido no julgamento do REsp n. 1.970.111/MG, rel. Min. Nancy Andrighi, 3ª T., j. 15.03.2022, DJe 30.03.2022.

22 STJ, AgInt no REsp n. 1.802.343/CE, rel. Min. Paulo de Tarso Sanseverino, 3ª T., j. 23.08.2021, DJe 26.08.2021.

23 E fica, aqui, a sugestão para que a matéria venha a ser definitivamente pacificada pelo STJ, seja mediante a instauração de um incidente de assunção de competência, seja mediante a afetação de recursos especiais repetitivos, formando-se, desse modo, um padrão decisório dotado de eficácia vinculante que poderá evitar a insegurança atual.

CAP. 7 - PRAZOS PRESCRICIONAIS | 145

O contrato de seguro passou, no Direito brasileiro, por profunda transformação, o que se consolidou, especialmente, a partir do Código Civil de 2002. O art. 757 do Código Civil estabelece que: "[p]elo contrato de seguro, o segurador se obriga, mediante o pagamento do prêmio, a garantir interesse legítimo do segurado, relativo a pessoa ou a coisa, contra riscos predeterminados". Como ensina a doutrina, o Código Civil de 1916 tratava do seguro à luz da *teoria da indenização* (ou seja, o seguro servia para ressarcir prejuízos provenientes de certos riscos), enquanto o Código Civil vigente regula o contrato de seguro como um *negócio jurídico de garantia*, da parte do segurador, diante de um legítimo interesse do segurado. Passa-se a ver o seguro, portanto, a partir de uma concepção econômica, deixando claro o interesse do segurado em prevenir certos prejuízos, relativos a determinados riscos que podem vir a surgir.[24]

Conforme explica Marco Aurélio Bezerra de Melo, para a *teoria do interesse segurável*:

(...) não se faz seguro sobre a coisa ou sobre a situação de uma pessoa, mas sim sobre o interesse que a parte contratante possui acerca do bem que corre risco de sofrer dano à vida ou a saúde do segurado ou outra coisa que integre o seu patrimônio.[25]

Daí a clássica lição de Fran Martins:

Elementos preponderantes para a existência do contrato de seguro são o interesse segurável e o risco. *Interesse segurável* é aquilo que constitui o objeto do contrato; é, justamente, através do interesse segurável que se calcula a indenização visada pelo seguro.[26]

O Código Civil de 2002 faz referência a dois tipos fundamentais de seguro: o seguro de dano e o seguro de pessoa. Em ambos, ocorrendo o sinistro (ou seja, o evento danoso ao interesse protegido pelo seguro), é dever do segurado comunicá-lo

---

24 ANDRADE, Fábio Siebeneichler de. O desenvolvimento do contrato de seguro no Direito Civil brasileiro atual. *Revista de Derecho Privado*, n. 28, 2015. p. 206.

25 MELO, Marco Aurélio Bezerra de. *Direito Civil*: contratos. Rio de Janeiro: Forense, 2019. p. 768.

26 MARTINS, Fran. *Contratos e obrigações comerciais*. 9. ed. Rio de Janeiro: Forense, 1988. p. 424.

ao segurador, como se vê do art. 771 do Código Civil. Feita essa comunicação, o segurador terá um prazo, contratualmente previsto, para a regulação do sinistro. Esse prazo, porém, não pode ser superior a 30 dias (art. 41 da Circular n. 621/2021 da Susep, que trata de seguro de danos; art. 48 da Circular n. 622/2022, que trata do seguro de pessoa). Ora, se é assim, então, uma vez ocorrido o sinistro, não se pode considerar que haja um dever do segurador – de surgimento automático – de indenizar o segurado. O que há é o dever do segurado de comunicar ao segurador que o sinistro ocorreu, para que ocorra a regulação do sinistro. Só com essa regulação é que o segurador terá o dever de efetuar o pagamento da indenização.

Quando o segurador comunicar ao segurado que se recusa a pagar a indenização (ou que a pagará em valor inferior ao pretendido) é que ocorrerá a violação do direito do segurado à prestação do segurador. Só aí terá início o curso do prazo prescricional. Ademais, deve-se considerar como equivalente à data da efetiva ciência da recusa o término do prazo de regulação sem que haja resposta do segurador, pois, nesse caso, haverá uma recusa tácita, correndo a partir daí o prazo de prescrição. Dessa maneira, o prazo prescricional de um ano correrá a partir da data da ciência, pelo segurado, da recusa do segurador de pagar a indenização pretendida (ou do término do prazo para regulação do sinistro sem que o segurador tenha apresentado qualquer resposta).

Por fim, deve-se dizer que também terá início o fluxo do prazo prescricional de um ano no caso em que o segurador fizer a regulação do sinistro, comunicar ao segurado o valor (correto) da indenização a ser paga, mas não efetuar o pagamento.

Correto, portanto, Humberto Theodoro Júnior quando afirma que "o segurado não possui pretensão à indenização imediatamente após o sinistro, mas, sim, depois de realizada sua regulação e liquidação pela seguradora".[27]

É igualmente de um ano o prazo prescricional do direito dos tabeliães, auxiliares da justiça, serventuários judiciais, árbitros e peritos a receber emolumentos, custas e honorários. Assim, em todos os casos nos quais o auxiliar da justiça ou o árbitro tiver

---

27 THEODORO JÚNIOR, Humberto. *Prescrição e decadência*, cit., p. 253.

CAP. 7 – PRAZOS PRESCRICIONAIS | 147

valores a cobrar da própria parte do processo, o prazo prescricional será de um ano.

Pense-se, por exemplo, no caso de um perito que tenha prestado seus serviços em um processo em que a parte que requereu a produção da prova pericial era beneficiária da gratuidade de justiça (razão pela qual o perito não recebeu seus honorários logo quando do encerramento do procedimento de produção da prova pericial). Vindo a parte contrária a ser condenada a pagar as despesas processuais, poderá o perito dela cobrar os honorários, dispondo, inclusive, de título executivo judicial para fazê-lo (art. 515, V, do CPC), pois esse crédito prescreve em um ano, contado a partir do trânsito em julgado da decisão que condenou o vencido a pagar essas despesas.

Não se aplica, porém, esse prazo prescricional no caso em que se trata do direito de uma das partes de ser ressarcida pela parte adversária por despesas, emolumentos ou honorários adiantados em um processo. Nesse caso, sendo essa condenação a pagar despesas processuais (*lato sensu*, aí incluídos também honorários de peritos, intérpretes ou outros auxiliares da justiça) acessória de outra condenação, ao cumprimento de uma obrigação principal, o prazo de prescrição do crédito acessório será o mesmo do crédito principal. No caso de não haver uma obrigação principal (o que se dará, por exemplo, quando houver a sentença de improcedência do pedido do autor, com sua condenação a pagar as despesas processuais adiantadas pelo réu; ou quando houver decisões meramente declaratórias ou constitutivas), o prazo de prescrição do direito ao ressarcimento de custas e outras despesas processuais será de cinco anos, por força do disposto no art. 206, § 5º, III, do Código Civil.[28]

Prescreve em um ano "a pretensão contra os peritos, pela avaliação dos bens que entraram para a formação do capital de sociedade anônima, contado da publicação da ata da assembleia que aprovar o laudo", assim como "a pretensão dos credores não pagos contra os sócios ou acionistas e os liquidantes, contado o prazo da publicação da ata de encerramento da liquidação da sociedade" (art. 206, § 1º, IV e V, do Código Civil). Essas duas disposições versam sobre questões relacionadas às sociedades

---

28 Ibidem, p. 262.

anônimas, e sua regulamentação estaria mais bem colocada na Lei das S.A., não devendo ter vindo para o Código Civil.[29] De todo modo, é preciso tecer alguma consideração sobre os dois casos aí previstos, ambos com prazo de prescrição de um ano.

Analisando o inciso IV desse art. 206, § 1º, do Código Civil, diz Theodoro Júnior que, "[p]ara os técnicos que tenham avaliado os bens utilizados para formação do capital de *sociedade anônima*, a pretensão de cobrar os respectivos honorários é de um ano".[30] Não é essa, porém, a interpretação correta do dispositivo legal aqui examinado. É que não há, no texto legal, referência a uma pretensão (*sic*) do perito, mas de uma pretensão (*sic*) *contra* o perito.

Esse ponto é fundamental. Em todos os outros incisos desse mesmo § 1º, o texto legal fala de uma "pretensão de alguém" – e, em alguns casos, até se lê na lei que essa "pretensão" se manifesta contra alguém – (dos hospedeiros ou fornecedores; do segurado *contra o segurador*; dos tabeliães, auxiliares da justiça, serventuários judiciais, árbitros e peritos; dos credores não pagos *contra os sócios ou acionistas e os liquidantes*). Não se pode, pois, tratar a prescrição de uma pretensão (*rectius*, de um direito) *contra o perito* do mesmo modo como se trataria a pretensão do direito do próprio perito.

Leciona Carnacchioni que a matéria de que trata o inciso IV está disciplinada nos arts. 7º e 8º da Lei das Sociedades Anônimas,[31] os quais estão assim redigidos:

> Art. 7º O capital social poderá ser formado com contribuições em dinheiro ou em qualquer espécie de bens suscetíveis de avaliação em dinheiro.
>
> Art. 8º A avaliação dos bens será feita por 3 (três) peritos ou por empresa especializada, nomeados em assembleia-geral dos subscritores, convocada pela imprensa e presidida por um dos fundadores, instalando-se em primeira convocação com a presença de subscritores que representem metade, pelo menos, do capital social, e em segunda convocação com qualquer número. (*Vide* Decreto-lei n. 1.978, de 1982)

---

29 No mesmo sentido, CAHALI, Yussef Said. *Prescrição e decadência*, cit., p. 158 (falando o autor em uma "falta de coordenação do Código ao tratar do tema na Parte Geral).
30 THEODORO JÚNIOR, Humberto. *Prescrição e decadência*, cit., p. 262-263.
31 CARNACCHIONI, Daniel Eduardo. *Curso de Direito Civil*: parte geral. Rio de Janeiro: Lumen Juris, 2010. p. 765-766.

CAP. 7 - PRAZOS PRESCRICIONAIS | 149

§ 1º Os peritos ou a empresa avaliadora deverão apresentar laudo fundamentado, com a indicação dos critérios de avaliação e dos elementos de comparação adotados e instruído com os documentos relativos aos bens avaliados, e estarão presentes à assembleia que conhecer do laudo, a fim de prestarem as informações que lhes forem solicitadas.

§ 2º Se o subscritor aceitar o valor aprovado pela assembleia, os bens incorporar-se-ão ao patrimônio da companhia, competindo aos primeiros diretores cumprir as formalidades necessárias à respectiva transmissão.

§ 3º Se a assembleia não aprovar a avaliação, ou o subscritor não aceitar a avaliação aprovada, ficará sem efeito o projeto de constituição da companhia.

§ 4º Os bens não poderão ser incorporados ao patrimônio da companhia por valor acima do que lhes tiver dado o subscritor.

§ 5º Aplica-se à assembleia referida neste artigo o disposto nos §§ 1º e 2º do artigo 115.

§ 6º Os avaliadores e o subscritor responderão perante a companhia, os acionistas e terceiros, pelos danos que lhes causarem por culpa ou dolo na avaliação dos bens, sem prejuízo da responsabilidade penal em que tenham incorrido; no caso de bens em condomínio, a responsabilidade dos subscritores é solidária.

Como se vê, é possível que uma sociedade anônima atribua a peritos a incumbência de avaliar bens que serão empregados na formação do capital social, devendo eles apresentar um laudo fundamentado de avaliação desses bens. O § 6º do art. 8º da Lei das S.A. é expresso em afirmar que o perito responde perante a companhia, os acionistas e terceiros pelos danos causados por culpa ou dolo na avaliação de bens. É da prescrição desse direito (da companhia, de acionistas e de terceiros) contra o perito que trata o art. 206, § 1º, IV, do Código Civil, fixando o prazo prescricional em um ano. Do mesmo tema, aliás, trata o art. 287, I, *a*, da Lei das S.A., assim redigido:

Art. 287. Prescreve:

I – em 1 (um) ano:

a) a ação contra peritos e subscritores do capital, para deles haver reparação civil pela avaliação de bens, contado o prazo da publicação da ata da assembleia-geral que aprovar o laudo.

Esse dispositivo, aliás, mostra que o Código Civil não precisava ter tratado da matéria, já que o dispositivo da lei especial dela trata da mesma forma. Aliás, vale registrar que a lei especial estabelece o prazo prescricional de um ano também para o direito que se pretenda exercer contra os subscritores do capital, o que não consta do texto do Código Civil. Isso é relevante porque, nos termos do já mencionado § 6º do art. 8º da Lei das S.A., tanto os peritos (avaliadores) quanto o subscritor respondem pelos danos causados à companhia ou aos demais acionistas ou terceiros por dolo ou culpa na avaliação dos bens.[32] É exatamente essa diferença que faz com que o dispositivo do Código Civil não tenha sido capaz de revogar o disposto na Lei das Sociedades Anônimas.[33]

Importante aqui frisar que o prazo prescricional de um ano do direito que se tenha contra os peritos ou subscritores nessa hipótese do art. 206, IV, do Código Civil corre a partir da publicação da ata da assembleia que tenha aprovado o laudo de avaliação a que se refere o art. 8º da Lei das S.A.

O último prazo prescricional de um ano é o do direito dos credores não pagos contra os sócios ou acionistas e os liquidantes, contado o prazo da publicação da ata de encerramento da liquidação da sociedade. Há, aí, uma reprodução do que consta do art. 287, I, *b*, da Lei das Sociedades Anônimas, o que poderia levar à conclusão de que se está diante de mais um dispositivo desnecessário do Código Civil. Importa perceber, porém, que o dispositivo do Código Civil não fala apenas em acionistas, mas também em "sócios ou acionistas", o que permite a aplicação da regra em qualquer tipo de sociedade.[34]

7.4. O PRAZO PRESCRICIONAL DE DOIS ANOS

Estabelece o art. 206, § 2º, do Código Civil que se sujeita ao prazo prescricional de dois anos o direito de haver prestações alimentares, a partir da data em que se vencerem. Aqui é preciso ter claro, antes de tudo, que essa disposição só se aplica aos alimentos

---

32 MARTINS, Fran. *Comentários à Lei das S.A*. 2. ed. Rio de Janeiro: Forense, 1985. v. 3. p. 533.

33 BULHÕES-ARIEIRA, Bernardo Alvarenga; ROSMAN, Luiz Alberto Colonna. Prazos prescricionais em espécie. In: LAMY FILHO, Alfredo; PEDREIRA, José Luiz Bulhões (coord.). *Direito das companhias*. 2. ed. Rio de Janeiro: Forense, 2017. p. 1.534.

34 CARNACCHIONI, Daniel Eduardo. *Curso de Direito Civil*: parte geral, cit., p. 766.

CAP. 7 - PRAZOS PRESCRICIONAIS | 151

devidos por força de relações familiares, e não aos alimentos de natureza indenizatória.[35]

Dito isso, impõe-se registrar que o direito aos alimentos é imprescritível. O que se sujeita à prescrição é o direito de exigir o pagamento de uma prestação determinada, decorrente de decisão judicial ou de acordo entre as partes.[36] Em outras palavras, já tendo havido a fixação de uma prestação alimentícia, seja por acordo entre as partes, seja por decisão judicial, o direito de exigir seu pagamento prescreve em dois anos a contar do vencimento de cada prestação. Assim, decorrido o biênio, estará prescrito o direito de exigir o pagamento daquela prestação vencida há mais de dois anos. Isso, porém, não afeta o direito de exigir o pagamento de outras prestações, ainda não prescritas.

Questão interessante é a de saber qual o termo inicial do prazo prescricional do direito de exigir o pagamento de prestações fixadas por decisão judicial se esse pronunciamento ainda não transitou em julgado. Pense-se, por exemplo, no caso de alimentos provisórios ou no caso de alimentos fixados em sentença ainda sujeita a recurso desprovido de efeito suspensivo (e, portanto, que pode ser objeto de cumprimento provisório).

Entende Humberto Theodoro Júnior que, nesse caso, o prazo prescricional só começaria a correr com o trânsito em julgado da decisão que fixou os alimentos.[37] Esse entendimento conta com o apoio de pelo menos uma decisão do Superior Tribunal de Justiça:

> Civil e processual civil. Recurso especial. Recurso manejado sob a égide do CPC/1973. Família. Ação de investigação de paternidade. Execução de verba alimentar pretérita. Alegada nulidade do processo. Inocorrência. Possibilidade de incidência das regras do cumprimento de sentença. Precedentes. Dispensável a citação do executado. Intimação do advogado via publicação oficial. Precedentes. Inocorrência da

---

35 CAHALI, Yussef Said. *Prescrição e decadência*, cit., p. 160. Nesse mesmo sentido, de modo expresso, o acórdão proferido pelo STJ no julgamento do AgRg no Ag n. 1352918/RS, rel. Min. Castro Meira, j. 13.09.2011.

36 Mais uma vez, CAHALI, Yussef Said. *Prescrição e decadência*, cit., p. 158-159. Curioso notar, porém, que o autor aqui citado fala em não estar o direito aos alimentos submetido à prescrição, mas, logo em seguida, afirma que, nesse caso, o que não pode se operar é a decadência. Aqui não se há de cogitar de decadência, já que não se está diante de qualquer direito potestativo, mas do direito de exigir a prestação alimentar.

37 THEODORO JÚNIOR, Humberto. *Prescrição e decadência*, cit., p. 265.

152 | REPENSANDO A PRESCRIÇÃO • ALEXANDRE FREITAS CÂMARA

prescrição. Termo inicial da execução dos alimentos pretéritos contados do trânsito em julgado da sentença que declarou a paternidade. Inocorrência de ofensa ao art. 1.022 do NCPC. Dissídio jurisprudencial. Ausência de indicação do dispositivo legal que teria recebido interpretação divergente pelos tribunais pátrios. Incidência da súmula n. 284 do STF, por analogia. Recurso especial não provido. 1. A jurisprudência desta eg. Corte Superior já proclamou que, a partir da edição da Lei n. 11.232/2005, na execução dos débitos alimentares pretéritos que buscam a satisfação de obrigação de pagamento de quantia certa, devem ser aplicadas as regras relativas ao cumprimento de sentença e que, ao art. 732 do CPC/1973, deve ser conferida uma interpretação que seja consoante com a urgência e importância da exigência dos alimentos, admitindo a incidência daquelas regras. Precedentes. 1.1. Tratando-se de cumprimento de sentença, fase posterior ao processo de conhecimento, desnecessária a nova citação do executado, que deverá ser intimado, na pessoa de seu advogado, mediante publicação na imprensa oficial, para efetuar o pagamento no prazo de 15 (quinze) dias, a partir de quando, caso não efetue, passará a incidir a multa de 10% sobre o montante da condenação (art. 475-J do CPC/1973). Precedentes. **2. O prazo prescricional para o cumprimento de sentença que condenou ao pagamento de verba alimentícia retroativa se inicia tão somente com o trânsito em julgado da decisão que reconheceu a paternidade.** **2.1. A possibilidade da execução provisória de sentença em virtude da atribuição apenas do efeito devolutivo ao recurso de apelação, não pode ter o condão de modificar o termo inicial da prescrição.** 3. Inexiste ofensa ao art. 535 do CPC/1973 quando o Tribunal a quo se manifesta clara e fundamentadamente acerca dos pontos indispensáveis para o desate da controvérsia, sendo desnecessário rebater uma, a uma as razões suscitadas pelas partes. 4. A ausência de indicação de dispositivo de lei federal a respeito de cuja interpretação divergiu o acórdão recorrido implica deficiência na fundamentação do recurso especial. Incidência, por analogia, da Súmula n. 284 do STF. Precedentes. 5. Recurso especial conhecido em parte e, nessa extensão, não provido.[38]

Boa parte da fundamentação da decisão aqui referida se faz a partir da premissa de que, no caso que ali estava a ser julgado,

---

38 STJ, REsp n. 1.634.063/AC, rel. Min. Moura Ribeiro, 3ª T., j. 20.06.2017, *DJe* 30.06.2017.

CAP. 7 – PRAZOS PRESCRICIONAIS | 153

os alimentos foram fixados em sentença de reconhecimento de paternidade. Isso, porém, não pode ser interpretado no sentido de que, só no caso de alimentos devidos em virtude do reconhecimento judicial da paternidade, esse raciocínio seria aplicável. Na verdade, em qualquer caso, fixados os alimentos por decisão judicial, não há que se falar em prescrição no curso do processo. Só com o trânsito em julgado da decisão que fixa alimentos é que se pode cogitar do início da fluência da prescrição. Afinal, segundo entendimento que pode ser considerado pacífico, antes do trânsito em julgado da decisão que determina o pagamento de prestação pecuniária, não corre prazo prescricional.[39] Transitada em julgado a decisão, contudo, terá início o prazo prescricional das prestações que tenham se vencido no curso do processo (e, claro, a partir daí correrá normalmente o prazo de prescrição das prestações que posteriormente se vencerem).

Não se pode, porém, deixar de fazer uma relevante ressalva: é que não corre a prescrição contra os absolutamente incapazes, os quais, muitas vezes, são os credores da prestação alimentícia. Nesse caso, só quando o credor completar 16 anos de idade (e se isso ocorrer depois do trânsito em julgado da decisão que fixou os alimentos) é que começará a correr a prescrição de todas as prestações até ali vencidas.

7.5. OS PRAZOS PRESCRICIONAIS DE TRÊS ANOS

São muitos os casos previstos no § 3º do art. 206 do Código Civil, para os quais se estabelece um prazo prescricional trienal. Passa-se, então, ao seu exame.

O primeiro caso de prescrição trienal é o do direito de exigir aluguéis de prédios urbanos ou rústicos. Aluguel, como sabido, é o preço que se paga pela locação de um bem.[40]

Aqui, pouco importa se o contrato é de locação de imóvel urbano ou rural, e se o imóvel é edificado ou não. De qualquer maneira, o prazo será trienal.

Da mesma forma que acontece com as prestações alimentícias, no caso de aluguel cada prestação que se vence fica sujeita a um

---

39 ARAGÃO, Nilsiton. *Execução civil*. Rio de Janeiro: Lumen Juris, 2020. p. 166.
40 NEVES, José Roberto de Castro. *Contratos*, cit., p. 156.

prazo prescricional próprio, de modo que o locador continuará a ter direito às prestações ainda não prescritas.

Existe um enunciado (n. 418), aprovado na V Jornada de Direito Civil do Conselho da Justiça Federal, segundo o qual "[o] prazo prescricional de três anos para a pretensão relativa a aluguéis aplica-se aos contratos de locação de imóveis celebrados com a administração pública". Esse enunciado, entretanto, está em conflito com o que consta do Decreto n. 20.910/1932, cujo art. 1º expressamente estabelece:

> (...) [a]s dívidas passivas da União, dos Estados e dos Municípios, bem assim todo e qualquer direito ou ação contra a Fazenda federal, estadual ou municipal, seja qual for a sua natureza, prescrevem em cinco anos contados da data do ato ou fato do qual se originarem.

Sempre se poderia argumentar que a previsão específica do Código Civil prevaleceria sobre a regra geral (dos prazos contra a Fazenda Pública) estabelecida no Decreto n. 20.910/1932. Ocorre que esse raciocínio foi expressamente repudiado pelo próprio STJ, por exemplo, ao julgar o AgRg no Ag n. 899972/MS, rel. Min. Arnaldo Esteves Lima (julgado em 17.12.200), em que se afirmou:

> (...) [a] prescrição contra a Fazenda Pública não é disciplinada pelo Código Civil ou Código de Processo Civil, mas pelo Decreto 20.910/1932, que prevê o prazo de 5 (cinco) anos para o ajuizamento de ação, contado da data do ato ou do fato do qual se originaram.

No entanto, se assim é, então o Enunciado n. 418 estaria equivocado, já que fixa o prazo prescricional do crédito contra a Fazenda Pública a partir do Código Civil que, segundo o STJ, não seria aplicável ao caso. Importa, dessa maneira, examinar a questão (que terá reflexos em outras situações, como no caso – enfrentado no acórdão do STJ que acaba de ser citado – da responsabilidade civil do Estado).

É preciso, portanto, determinar o que prevalece quando há conflito entre o prazo previsto no Código Civil e o prazo estabelecido pelo Decreto n. 20.910/1932.

Como sabido, quando se está diante de um conflito entre regras, três critérios devem ser empregados para determinar qual será a regra a incidir: (a) critério hierárquico; (b) critério da

CAP. 7 - PRAZOS PRESCRICIONAIS | 155

especialidade; (c) critério cronológico. É preciso, então, verificar se esses critérios solucionam o conflito existente entre o Decreto n. 20.910/1932 e o Código Civil.

O critério hierárquico não dá solução. O Código Civil é, como sabido, lei ordinária (a Lei n. 10.406/2002). O outro diploma normativo aqui em exame é, como já se pôde ver, um Decreto (o Decreto n. 20.910/1932). É preciso considerar, porém, que esse Decreto foi editado durante o período do Governo Provisório de Getúlio Vargas, iniciado com sua ascensão ao Poder em 1930 (e regulado pelo Decreto n. 19.938/1930) e encerrado com a entrada em vigor da Constituição de 1934.

O art. 1º do Decreto n. 19.938/1930 estabelecia, expressamente:

> (...) [o] Governo Provisório exercerá discricionariamente, em toda sua plenitude, as funções e atribuições, não só do Poder Executivo, como também do Poder Legislativo, até que, eleita a Assembleia Constituinte, estabeleça esta a reorganização constitucional do país.

A função legislativa, então, foi exercida, durante esse período, pelo Chefe do Governo Provisório, Getúlio Vargas, por meio da edição de Decretos, na forma do art. 17 do Decreto n. 19.938/1930. Não por outra razão, o Supremo Tribunal Federal já decidiu no sentido de que os Decretos expedidos pelo Governo Provisório com base no Decreto n. 19.938/1930 têm força de lei.[41] Assim, pode-se afirmar que o conflito se dá entre dois diplomas normativos de mesma estatura hierárquica.

Impende, desse modo, verificar se há entre eles uma relação de generalidade e especialidade, tendo em vista que há um entendimento sólido na jurisprudência do Superior Tribunal de Justiça no sentido de que o Decreto n. 20.910/1932 é especial em relação ao Código Civil e regula a prescrição nas relações jurídicas *de direito público*.[42] Aceita essa premissa, que parece mesmo ser correta, então não é preciso examinar o critério cronológico, já que as duas disposições normativas podem estar simultaneamente em vigor.

---

41 STF, ADI n. 533 MC, rel. Min. Carlos Velloso, j. 07.08.1991.

42 Assim, entre outros, o acórdão proferido pelo STJ no julgamento do AgRg no REsp n. 1.027.376/AC, rel. Min. Hamilton Carvalhido, j. 15.05.2008. Mais recentemente, esse entendimento foi reforçado no julgamento do AgInt no AREsp n. 1.847.140/RJ, rel. Min. Manoel Erhardt, j. 14.02.2022.

Resta deixar claro, portanto, que o prazo de cinco anos de prescrição, a que se refere o disposto no Decreto n. 20.910/1932, só é aplicável nas relações jurídicas em que o Estado participa e que possam ser caracterizadas como *relações jurídicas de direito público*. Ocorre que, no caso de contrato de locação em que o Estado (*lato sensu*) é o locatário, não se está diante de uma relação jurídica de direito público. A relação aí é, indubitavelmente, de direito privado. A propósito, confira-se a lição de Carlos Alberto da Mota Pinto:

> O critério mais adequado [para distinguir o direito público do direito privado] e que hoje reúne a maioria dos sufrágios pode ser designada por *teoria dos sujeitos*, em virtude de assentar *na qualidade dos sujeitos das relações jurídicas* disciplinadas pelas normas a qualificar como de direito público ou de direito privado.
>
> Segundo esse critério o *direito privado* regula as relações jurídicas estabelecidas *entre particulares* ou entre particulares *e o Estado ou outros entes públicos*, mas intervindo o Estado ou esses entes públicos em veste de particular, isto é, *despidos de "imperium" ou poder soberano*. Acontece esta última hipótese quando o Estado ou um município, por exemplo, compram um automóvel, arrendam um prédio para instalar um serviço, compram materiais de construção a um comerciante, etc.; em casos deste tipo o Estado ou o ente público menor, como qualquer particular que celebrasse aquelas compras ou aquele arrendamento, [atuam] em pé de igualdade com o vendedor ou com o senhorio e estão *fora do exercício de quaisquer funções soberanas*.[43]

Vê-se, pois, que, no caso de o ente público ser locatário de um imóvel, a relação jurídica que se estabelece entre ele e o locador é de direito privado, e não de direito público, o que afasta a incidência do Decreto n. 20.910/1932. Por isso, correto o Enunciado n. 418 da V Jornada de Direito Civil do CJF: o prazo prescricional de três anos se aplica aos aluguéis devidos por entes públicos.

Também prescreve em três anos o direito de receber prestações vencidas de rendas temporárias ou vitalícias.

A constituição de renda é um contrato de rara utilização prática,[44] especialmente em razão da atual facilidade de acesso

---

43   PINTO, Carlos Alberto da Mota. *Teoria geral do Direito Civil*, cit., p. 28-29.
44   NEVES, José Roberto de Castro. *Contratos*, cit., p. 448.

ao crédito e do aperfeiçoamento do sistema de previdência.[45] Por força desse contrato, uma pessoa (rendeiro) se obriga a dar a outra (beneficiário), por prazo determinado ou de forma vitalícia, certo valor em dinheiro de forma periódica, garantindo-se ao beneficiário, assim, uma renda. Pode ser gratuita (art. 803 do Código Civil) ou onerosa (art. 804 do Código Civil), sendo certo que, nessa última, o instituidor (que pode ser o próprio beneficiário ou terceiro) entrega um bem – móvel ou imóvel – ao rendeiro, que desse bem obtém os valores necessários para arcar com a renda.

Na periodicidade ajustada, então, o rendeiro terá de pagar ao beneficiário a renda, e, a partir do vencimento de cada prestação inadimplida, correrá o prazo prescricional de três anos a que se sujeita o direito de cobrar cada prestação.

A prescrição, dessa forma, não alcança a própria obrigação de prestar a renda, mas apenas as prestações vencidas há mais de três anos, devendo-se contar um prazo para cada prestação.[46]

Interessante notar que Humberto Theodoro Júnior, com apoio em lição por ele citada de Sílvio de Salvo Venosa, afirma que o prazo trienal de que aqui se trata não se aplica apenas aos casos em que a renda tenha sido instituída a partir da celebração de um contrato de constituição de renda. Para ele, "qualquer rendimento de capital, perceptível periodicamente, se não estiver submetido a alguma lei especial, deve também sujeitar-se à prescrição trienal regulada pelo dispositivo em exame".[47] Curioso notar, porém, que os referidos autores não apresentam exemplos dessa possibilidade, o que torna difícil imaginar algum caso em que esse raciocínio pudesse ser aplicado.

O Superior Tribunal de Justiça, de outro lado, já considerou que haveria constituição de renda (com a submissão ao prazo prescricional de que aqui se trata) em um caso no qual o instituidor entregou a outra pessoa (por meio de negócio que as partes chamaram de "arrendamento") touros reprodutores, estabelecendo que receberia, anualmente, certa quantidade de bezerros. No caso,

---

45 OLIVEIRA, Carlos Santos de. *Dos contratos e atos unilaterais de vontade*. Rio de Janeiro: GZ, 2022. p. 562.
46 THEODORO JÚNIOR, Humberto. *Prescrição e decadência*, cit., p. 268.
47 Idem.

158 | REPENSANDO A PRESCRIÇÃO • ALEXANDRE FREITAS CÂMARA

entendeu o STJ que esses bezerros seriam a "renda". Confira-se a ementa do aludido acórdão:

> Recurso especial. Ação de cobrança decorrente de contrato de "arrendamento" de touros para fins de reprodução. Contraprestação consistente em dação anual de bezerros e restituição dos touros ao final de cinco anos. Pretensão de recebimento de prestações vencidas. Prazo prescricional quinquenal.
>
> 1. O Código Civil revogado estabelecia, como regra geral, o prazo prescricional vintenário para o exercício de pretensões de caráter pessoal não especificadas. Por outro lado, estipulava lapso diferenciado para as pretensões relativas a prestações de rendas temporárias ou vitalícias: cinco anos contados do dia em que cada prestação passasse a ser exigível.
>
> 2. O *Codex* de 2002, por sua vez, reduziu o prazo prescricional ordinário para 10 (dez) anos, bem como alterou de 5 (cinco) para 3 (três) anos o prazo referente às prestações vencidas de rendas temporárias ou vitalícias, as quais dizem respeito à figura do contrato de constituição de renda.
>
> 3. Tal contratação se caracteriza pela entrega de certo capital a alguém, consubstanciado em dinheiro, bem móvel ou imóvel, o qual deverá produzir renda a ser, em parte, transferida, periodicamente, ao titular do capital.
>
> 4. Desse modo, a pretensão voltada ao recebimento anual de bezerros (em razão do "arrendamento" de touros reprodutores) traduz o intuito de recebimento de prestações de rendas temporárias, vencidas, no caso, entre 1997 e 1999, motivo pelo qual aplicável a regra prescricional quinquenal disposta no inciso II do § 10 do artigo 178 do Código Civil de 1916 e não a prescrição vintenária subsidiária prevista no artigo 177 do mesmo *Codex*. Em relação à prestação vencida em 30.11.2000, à luz da regra de transição, não ultrapassado mais de metade de prazo prescricional revogado quando da entrada em vigor do novo código, o prazo trienal (artigo 206, § 3º, II, do Código Civil de 2002) passou a incidir a partir de então, tendo sido consumada a prescrição em 12.01.2006.
>
> 5. A insurgência fundada no alegado descumprimento da obrigação da autora (notadamente, a entrega de quinze touros nelore) encontra-se obstada pela incidência da Súmula 7/STJ. Isso porque, consoante exarado nas instâncias ordinárias, o réu não logrou comprovar o referido descumprimento por parte da sociedade autora.
>
> 6. A Súmula 283/STF inviabiliza o conhecimento da aduzida ilegalidade da cláusula penal avençada, por não ter o recorrente impugnado o

fundamento, esposado no acórdão recorrido, no sentido de que o valor do cálculo total da multa somente supera o valor da obrigação principal por culpa da recalcitrância do devedor quanto ao seu cumprimento. 7. Recurso especial parcialmente provido.[48]

O que se põe, aqui, é a questão atinente a determinar se, no contrato de constituição de renda, seria possível estabelecer-se que a renda a ser paga ao beneficiário pode ser fixada em bem diverso de dinheiro (como, no exemplo citado, em certa quantidade de bezerros).

Entende Caio Mário da Silva Pereira que a renda tem de ser paga em dinheiro, dizendo que, "se for outra espécie, ou serviço, não haverá contrato de constituição de renda".[49]

Em contrapartida, Serpa Lopes afirma que a renda pode ser paga "em dinheiro ou em outros bens".[50]

Na Itália, a doutrina admite que a renda seja prestada em dinheiro ou em outros bens fungíveis,[51] mas o *Codice Civile* italiano é expresso em assim o estabelecer (art. 1.861). Já, na França, Bonnecase afirma que a renda se paga em dinheiro,[52] sendo certo que, no *Code Civil*, não há dispositivo que corresponda ao art. 1.861 do Código italiano.

Não obstante o silêncio do Código Civil brasileiro a respeito do tema, nada havendo ali a estabelecer se a renda tem de ser paga necessariamente em dinheiro ou se é possível que o pagamento se dê pela entrega de outro tipo de bem, não parece haver razão para excluir a possibilidade de as partes ajustarem que o pagamento da renda se fará por meio da entrega de qualquer tipo de bem móvel. Afinal, *onde a lei não distingue, não pode o intérprete distinguir*. Isso mostra o acerto da decisão anteriormente citada, do Superior Tribunal de Justiça, que considerou haver constituição de renda no caso em que haveria entrega periódica de bezerros.

---

48 STJ, REsp n. 1.463.677/MS, rel. Min. Luis Felipe Salomão, 4ª T., j. 03.08.2017, *DJe* 04.09.2017.

49 PEREIRA, Caio Mário da Silva. *Instituições de Direito Civil*. 7. ed. Rio de Janeiro: Forense, 1986. v. III. p. 344.

50 SERPA LOPES, Miguel Maria de. *Curso de Direito Civil*, v. IV. Rio de Janeiro: Freitas Bastos, 1958. p. 343.

51 PERLINGIERI, Pietro. *Manuale di Diritto Civile*, cit., p. 587.

52 BONNECASE, Julien. *Tratado Elemental de Derecho Civil*: parte B, cit., p. 985.

Também se sujeita a um prazo prescricional trienal o direito de haver juros, dividendos ou quaisquer prestações acessórias, pagáveis, em períodos não maiores de um ano, com capitalização ou sem ela (art. 206, § 3º, III, do Código Civil).

O art. 167 do Código Civil de 1916 continha uma previsão que não foi expressamente reproduzida no Código Civil vigente: "Com o principal prescrevem os direitos acessórios". O silêncio do texto legal atualmente em vigor, porém, não modifica essa regra, já que, como notório, *o acessório segue o principal*. Assim, naqueles casos em que os juros (e a correção monetária) devem ser pagos juntamente com o principal, somente com a prescrição deste é que prescreverão aqueles. Não é disso, portanto, que trata o art. 206, § 3º, III, do Código Civil.[53]

Casos há, entretanto, em que a obrigação de pagar juros, dividendos ou outras prestações acessórias se desvincula da obrigação de pagar o capital principal. Pense-se, por exemplo, em um contrato no qual se estabeleça que determinado capital será remunerado por juros compensatórios, devendo o valor desses juros ser pago periodicamente ao credor. O mesmo raciocínio se deve desenvolver nos casos em que uma companhia deve pagar dividendos a um acionista, na forma do disposto no art. 202 da Lei das Sociedades Anônimas.

Afinal, se essas verbas acessórias têm de ser pagas em períodos não maiores do que um ano, haja ou não previsão de capitalização (como se dá nos casos em que há previsão de incidência de juros compostos), o prazo prescricional do direito de receber tais valores será de três anos a contar da data em que o pagamento deveria ter ocorrido. Correta, portanto, a afirmação de Humberto Theodoro Júnior ao ensinar que a incidência do previsto no dispositivo aqui examinado exige: a) que a dívida seja um fruto civil – juros, dividendos ou outra obrigação acessória do débito principal; b) que seja pagável em prestações periódicas; c) que o período correspondente ao rendimento seja parcelado igual ou inferior a um ano; d) que a prestação esteja vencida.[54]

É trienal, igualmente, a prescrição do direito de obter ressarcimento de enriquecimento sem causa (art. 206, § 3º, IV, do

---

53   No mesmo sentido, THEODORO JÚNIOR, Humberto. *Prescrição e decadência*, cit., p. 269.
54   Idem.

Código Civil). Trata-se de fenômeno que se insere no campo do assim chamado *Direito Restitutório*.

A doutrina especializada no tema afirma que existe no ordenamento jurídico brasileiro um *princípio da conservação estática dos patrimônios*, por força do qual "o valor dos bens e direitos atribuídos a alguém e dos bens e direitos gerados a partir desses bens e direitos já atribuídos deve permanecer, em princípio, no patrimônio desse alguém".[55] Para realizar esse princípio, o Direito Civil brasileiro regulamenta três institutos centrais: gestão de negócios, pagamento indevido e enriquecimento sem causa,[56] de modo que, havendo uma alteração patrimonial injustificada, haja a restituição ao estado anterior.

Chama-se enriquecimento sem causa o acréscimo patrimonial obtido à custa de outrem sem justa causa.[57] É o que se dá, por exemplo, se é feito um depósito em dinheiro, por engano, na conta de alguém. Nesse caso, o beneficiário do depósito vê produzir-se um acréscimo ao seu patrimônio, à custa de outrem (aquele em cuja conta o depósito deveria ter sido feito), sem que haja qualquer causa jurídica que o justifique.

Não se confunde o enriquecimento sem causa (ou qualquer outra causa de direito restitutório) com a responsabilidade civil. Basta ver que o enriquecimento sem causa não exige qualquer conduta daquele que enriquece indevidamente e, por isso, tem obrigação de restituir aquilo que tenha sido acrescido ao seu patrimônio, enquanto a responsabilidade civil tem como suporte fático uma conduta (que pode ser comissiva ou omissiva, culposa ou não).[58] Isso justifica a existência dessa disposição que aqui se analisa, distinta da que prevê o prazo prescricional nos casos de responsabilidade civil (ou se teria de aplicar, nessas hipóteses de enriquecimento sem causa, o prazo decenal).

Havendo, então, enriquecimento sem causa, o lesado terá três anos para exercer o direito de exigir a restituição daquele que viu seu patrimônio acrescido sem justa causa.

---

55 MICHELON, Claudio. *Direito restitutório*. São Paulo: Ed. RT, 2007. p. 29.
56 Ibidem, p. 179.
57 DE LUCCA, Newton. *Comentários ao novo Código Civil*. Rio de Janeiro: Forense, 2003. t. XII. p. 103.
58 MICHELON, Claudio. *Direito restitutório*, cit., p. 34.

Na sequência, o Código Civil estabelece um prazo de prescrição de três anos para o direito de exigir reparação civil (art. 206, § 3º, V, do Código Civil).

Ao tempo do Código Civil anterior, não havia prazo específico para a prescrição desse direito, de modo que se aplicava o prazo geral (salvo, evidentemente, alguma disposição existente acerca de alguma hipótese específica, como se dá no caso da responsabilidade civil nas relações de consumo, em que o prazo prescricional é de cinco anos). O Código Civil de 2002, porém, inovou ao prever esse prazo trienal.

Há quem sustente, em doutrina, que "o dispositivo tem incidência tanto na responsabilidade contratual como extracontratual, haja vista a dição ampla do preceito".[59] Assim não é, porém. Apenas no caso de responsabilidade civil extracontratual incide o prazo de prescrição de três anos. A responsabilidade contratual se submete ao prazo geral de dez anos (ressalvada a existência de alguma disposição especial em sentido diverso). Esse é o entendimento absolutamente consolidado no Superior Tribunal de Justiça, especialmente a partir do julgamento dos Embargos de Divergência no Recurso Especial n. 1.281.594/SP, assim ementado:

> Civil e processual civil. Embargos de divergência no recurso especial. Dissenso caracterizado. Prazo prescricional incidente sobre a pretensão decorrente da responsabilidade civil contratual. Inaplicabilidade do art. 206, § 3º, V, do Código Civil. Subsunção à regra geral do art. 205, do Código Civil, salvo existência de previsão expressa de prazo diferenciado. Caso concreto que se sujeita ao disposto no art. 205 do diploma civil. Embargos de divergência providos.
>
> I – Segundo a jurisprudência deste Superior Tribunal de Justiça, os embargos de divergência têm como finalidade precípua a uniformização de teses jurídicas divergentes, o que, *in casu*, consiste em definir o prazo prescricional incidente sobre os casos de responsabilidade civil contratual.
>
> II – A prescrição, enquanto corolário da segurança jurídica, constitui, de certo modo, regra restritiva de direitos, não podendo assim comportar interpretação ampliativa das balizas fixadas pelo legislador.

---

59 TEPEDINO, Gustavo; BARBOZA, Heloísa Helena; MORAES, Maria Celina Bodin de. *Código Civil interpretado*, cit., p. 407.

CAP. 7 – PRAZOS PRESCRICIONAIS | 163

III – A unidade lógica do Código Civil permite extrair que a expressão "reparação civil" empregada pelo seu art. 206, § 3º, V, refere-se unicamente à responsabilidade civil aquiliana, de modo a não atingir o presente caso, fundado na responsabilidade civil contratual.

IV – Corrobora com tal conclusão a bipartição existente entre a responsabilidade civil contratual e extracontratual, advinda da distinção ontológica, estrutural e funcional entre ambas, que obsta o tratamento isonômico.

V – O caráter secundário assumido pelas perdas e danos advindas do inadimplemento contratual, impõe seguir a sorte do principal (obrigação anteriormente assumida). Dessa forma, enquanto não prescrita a pretensão central alusiva à execução da obrigação contratual, sujeita ao prazo de 10 anos (caso não exista previsão de prazo diferenciado), não pode estar fulminado pela prescrição o provimento acessório relativo à responsabilidade civil atrelada ao descumprimento do pactuado.

VI – Versando o presente caso sobre responsabilidade civil decorrente de possível descumprimento de contrato de compra e venda e prestação de serviço entre empresas, está sujeito à prescrição decenal (art. 205, do Código Civil).

Embargos de divergência providos.[60]

Nesse julgamento, prevaleceu o voto do Min. Felix Fischer, que se fundou em argumentos que podem ser assim resumidos:

a) o Código Civil tem unidade lógica, devendo ser interpretado de forma sistemática. Nesse diploma normativo, a expressão "reparação civil", empregada no art. 206, § 3º, V, só é repetida no Título IX do Livro I da Parte Especial, que trata da responsabilidade extracontratual. De outro lado, o Título IV do mesmo Livro, que versa sobre o inadimplemento das obrigações, não faz menção àquela expressão. Dessa maneira, seria possível afirmar que a expressão "reparação civil" só seria empregada no texto do Código para aludir à responsabilidade aquiliana, extracontratual;

b) a doutrina nacional, apoiada na doutrina internacional que se desenvolve desde o Direito Romano, usa a expres-

---

60 STJ, EREsp n. 1.281.594/SP, rel. Min. Benedito Gonçalves, rel. para acórdão Min. Felix Fischer, Corte Especial, j. 15.05.2019, *DJe* 23.05.2019.

são "reparação civil" para tratar apenas da responsabilidade civil extracontratual;

c) em matéria contratual, a obrigação de indenizar é meramente acessória, enquanto o cumprimento do contrato tem caráter principal. Ademais, não haveria sentido em prescrever o acessório se ainda não está prescrito o principal.

Esse entendimento do STJ vem sendo reiteradamente aplicado pelo próprio Tribunal de Superposição[61] e tem apoio em respeitável doutrina. Nesse sentido, por exemplo, leciona Humberto Theodoro Júnior:

> Quando a norma do art. 206, § 3º, V, fala em prescrição da "pretensão de reparação civil", está cogitando da obrigação que nasce do ato ilícito *stricto sensu*. Não se aplica, portanto, às hipóteses de violação de contrato, já que as perdas e danos, em tal conjuntura, se apresentam com função secundária. O regime principal é o do contrato, ao qual deve aderir o dever de indenizar como acessório, cabendo-lhe função própria do plano sancionatório. Enquanto não prescrita a pretensão principal (a referente à obrigação contratual) não pode prescrever a respectiva sanção (a obrigação pelas perdas e danos). Daí que enquanto se puder exigir a prestação contratual (porque não prescrita a respectiva pretensão), subsistirá a exigibilidade do acessório (pretensão ao equivalente econômico e seus acréscimos legais). É, então, a prescrição geral do art. 205, ou outra especial aplicável *in concreto*, como a quinquenal do art. 206, § 5º, inciso I, que, em regra, se aplica à pretensão derivada do contrato, seja originária ou subsidiária a pretensão. Esta é a interpretação que prevalece no Direito italiano (Código Civil, art. 2.947), em que se inspirou o Código brasileiro para criar uma prescrição reduzida para a pretensão de reparação de dano.[62]

Como se pode perceber, a interpretação proposta por Theodoro Júnior é bastante mais adequada. No caso de responsabilidade civil contratual, a obrigação de prestar perdas e danos é uma obrigação acessória da principal, que é a obrigação de cumprir o contrato. E não faria sentido submeter essas duas obrigações a prazos prescricionais distintos. Assim, havendo prazo específico

---

61 Como se vê, por exemplo, em STJ, AgInt no AREsp n. 1.976.521/RJ, rel. Min. Luis Felipe Salomão, 4ª T., j. 25.04.2022, DJe 27.04.2022.

62 THEODORO JÚNIOR, Humberto. *Prescrição e decadência*, cit., p. 285-286.

CAP. 7 – PRAZOS PRESCRICIONAIS | 165

para exigir o cumprimento do contrato, a esse prazo também se submeterá a prescrição do direito de exigir perdas e danos (como se dá, por exemplo, nas relações de consumo, em que o prazo é de cinco anos). Não havendo prazo específico, a prescrição do direito de exigir perdas e danos por responsabilidade civil contratual é o prazo comum, de dez anos. Já, no caso de responsabilidade civil aquiliana, ou seja, extracontratual, a obrigação de reparar o dano causado não tem caráter de acessoriedade, razão pela qual se justifica um prazo prescricional próprio.

No Direito italiano, que Theodoro Júnior apontou como sendo a fonte de inspiração do brasileiro quanto ao ponto, o art. 2.946 do *Codice Civile* estabelece um prazo prescricional geral de dez anos. Na sequência, o art. 2.947 assim dispõe: "Il diritto al risarcimento del danno derivante da fatto illecito si prescrive in cinque anni dal giorno in cui il fatto si e' verificato".[63]

Vê-se, então, que na Itália há um prazo menor (*prescrizione breve*), de cinco anos, para a prescrição do direito de exigir reparação de dano resultante de ato ilícito. Essa distinção realmente faz sentido quando se considera que há uma diferença fundamental entre a responsabilidade civil contratual e a extracontratual.[64] É que, na responsabilidade contratual, a obrigação principal é a de cumprir o contrato, e o dever de reparar o dano tem nítido caráter secundário, produzindo-se como efeito do inadimplemento (e, obviamente, desde que do inadimplemento tenha resultado algum dano). Em contrapartida, na responsabilidade extracontratual, o dever de indenizar é a obrigação originária, dado que não havia relação jurídica anterior entre o lesado e o responsável pela reparação do dano.

---

63   Em tradução livre: "O direito ao ressarcimento do dano decorrente de fato ilícito prescreve em cinco anos do dia em que o fato tenha ocorrido".

64   As terminologias "responsabilidade contratual" e "responsabilidade extracontratual" são empregadas aqui por serem de uso tradicional. Não são, porém, as mais adequadas. É que nem sempre a "responsabilidade contratual" resulta do inadimplemento de um contrato. Outros negócios jurídicos também podem, caso haja inadimplemento, levar à responsabilização do sujeito inadimplente. Basta pensar nos negócios jurídicos processuais, que são negócios jurídicos, mas não são contratos. Por isso, o mais correto seria falar em *responsabilidade negocial* e *responsabilidade extranegocial*. Nesse sentido: FARIAS, Cristiano Chaves de; BRAGA NETTO, Felipe; ROSENVALD, Nelson. *Novo tratado de responsabilidade civil*. 2. ed. São Paulo: Saraiva, 2017. p. 81-83.

Consequência disso é que, muitas vezes, será possível ao credor de uma relação contratual exigir do devedor que cumpra a prestação contratada e, além disso, repare os danos que a inexecução da obrigação tenha causado. É o que se dá, por exemplo, quando no contrato tenha sido estipulada uma cláusula penal moratória (art. 411 do Código Civil). Ora, não faria qualquer sentido afirmar que o direito à indenização prescreve em três anos se só depois de dez anos estaria prescrito o direito de exigir o cumprimento da prestação principal.

Justifica-se, desse modo, o entendimento jurisprudencial, absolutamente correto, no sentido de que o disposto no art. 206, § 3º, V, do Código Civil só ser aplicável à responsabilidade civil extracontratual. Para os casos de responsabilidade contratual, vigora a regra geral de dez anos (salvo, evidentemente, alguma disposição específica em sentido diverso).

Questão que não pode deixar de ser examinada é a de saber se, nos casos de responsabilidade civil extracontratual do Estado (empregada a expressão aqui em sentido amplo), se aplica o prazo trienal previsto no art. 206, § 3º, V, do Código Civil, ou se incide o prazo prescricional quinquenal estabelecido pelo Decreto n. 20.910/1932. A matéria está longe de ser pacífica em sede doutrinária.

Veja-se, por exemplo, a lição de José dos Santos Carvalho Filho:

> Como o texto [do Código Civil] se refere à reparação civil de forma genérica, será forçoso reconhecer que a redução do prazo beneficiará tanto as pessoas públicas como as de direito privado prestadoras de serviços públicos. Desse modo, ficarão derrogados os diplomas acima *no que concerne à reparação civil*. Contudo, as demais pretensões pessoais contra a Fazenda continuam sujeitas à prescrição quinquenal prevista no Decreto n. 167 20.910/1932.
>
> Cumpre nessa matéria recorrer à interpretação normativo-sistemática. Se a ordem jurídica sempre privilegiou a Fazenda Pública, estabelecendo prazo menor de prescrição da pretensão de terceiros contra ela, prazo esse fixado em cinco anos pelo Decreto n. 20.910/1932, raia ao absurdo admitir a manutenção desse mesmo prazo quando a lei civil, que outrora apontava prazo bem superior àquele, reduz significativamente o período prescricional, no caso para três anos (pretensão à reparação civil). Desse modo, se é verdade, de um lado, que não se pode admitir

CAP. 7 – PRAZOS PRESCRICIONAIS | 167

prazo inferior a três anos para a prescrição da pretensão à reparação civil contra a Fazenda, em virtude de inexistência de lei especial em tal direção, não é menos verdadeiro, de outro, que tal prazo não pode ser superior, pena de total inversão do sistema lógico-normativo; no mínimo, é de aplicar-se o novo prazo fixado agora pelo Código Civil. Interpretação lógica não admite a aplicação, na hipótese, das regras de direito intertemporal sobre lei especial e lei geral, em que aquela prevalece a despeito do advento desta. A prescrição da citada pretensão de terceiros contra as pessoas públicas e as de direito privado prestadoras de serviços públicos passou de quinquenal para trienal.[65]

Na mesma linha, defendendo a prescrição trienal nos casos de responsabilidade civil extracontratual do Estado, é muito interessante o raciocínio desenvolvido por Willeman. Sustenta o autor que, ao tempo do Código Civil de 1916, diferentemente do que majoritariamente se entendia, o prazo de prescrição nos casos de responsabilidade civil da Fazenda Pública já não era o prazo geral (de 20 anos), mas o prazo reduzido de cinco anos, por força do que dispunha o art. 178, § 10, VI, daquele Código, assim redigido:

Art. 178. Prescreve:

§ 10. Em cinco anos:

(...)

VI – As dívidas passivas da União, dos Estados e dos Municípios, e bem assim toda e qualquer ação contra a Fazenda Federal, Estadual ou Municipal; devendo o prazo da prescrição correr da data do ato ou fato do qual se originar a mesma ação.

Sustenta Willeman, então, que o Decreto n. 20.910/1932 não inovou na matéria, e, por isso, entre ele e o Código Civil, não se poderia estabelecer uma relação de lei especial para lei geral. Por conta disso, seria possível considerar que o Código Civil de 2002, ao reduzir o prazo de prescrição nos casos de reparação civil para três anos, prevaleceria sobre o Decreto n. 20.910/1932. Dessa forma, o prazo seria de três anos, e não de cinco. Ainda, acrescenta que seria preciso observar o disposto no art. 10 do Decreto n. 20.910/1932, por força do qual a previsão ali contida

---

65 CARVALHO FILHO, José dos Santos. *Manual de Direito Administrativo*. 2. ed. São Paulo: Atlas, 2014. p. 583-584. No mesmo sentido, OLIVEIRA, Rafael Carvalho Rezende. *Curso de Direito Administrativo*. São Paulo: Método, 2013. p. 708.

168 | REPENSANDO A PRESCRIÇÃO • ALEXANDRE FREITAS CÂMARA

"não altera as prescrições de menor prazo, constantes das leis e regulamentos, as quais ficam subordinadas às mesmas regras".[66] De outro lado, há quem sustente que o prazo de prescrição do direito de exigir reparação de dano contra a Fazenda Pública continua a ser de cinco anos, por força do disposto no Decreto n. 20.910/1932.[67] Esse foi o entendimento que prevaleceu no Superior Tribunal de Justiça, conforme se pode ver do acórdão que assim ficou ementado:

> Administrativo. Recurso especial representativo de controvérsia (artigo 543-C do CPC). Responsabilidade civil do Estado. Ação indenizatória. Prescrição. Prazo quinquenal (art. 1º do Decreto 20.910/32) × prazo trienal (art. 206, § 3º, V, do CC). Prevalência da lei especial. Orientação pacificada no âmbito do STJ. Recurso especial não provido.
>
> 1. A controvérsia do presente recurso especial, submetido à sistemática do art. 543-C do CPC e da Res. STJ n. 8/2008, está limitada ao prazo prescricional em ação indenizatória ajuizada contra a Fazenda Pública, em face da aparente antinomia do prazo trienal (art. 206, § 3º, V, do Código Civil) e o prazo quinquenal (art. 1º do Decreto 20.910/32).
>
> 2. O tema analisado no presente caso não estava pacificado, visto que o prazo prescricional nas ações indenizatórias contra a Fazenda Pública era defendido de maneira antagônica nos âmbitos doutrinário e jurisprudencial. Efetivamente, as Turmas de Direito Público desta Corte Superior divergiam sobre o tema, pois existem julgados de ambos os órgãos julgadores no sentido da aplicação do prazo prescricional trienal previsto no Código Civil de 2002 nas ações indenizatórias ajuizadas contra a Fazenda Pública. Nesse sentido, os seguintes precedentes: REsp 1.238.260/PB, 2ª Turma, Rel. Min. Mauro Campbell Marques, DJe de 05.05.2011; REsp 1.217.933/RS, 2ª Turma, Rel. Min. Herman Benjamin, DJe de 25.04.2011; REsp 1.182.973/PR, 2ª Turma, Rel. Min. Castro Meira, DJe de 10.02.2011; REsp 1.066.063/RS, 1ª Turma, Rel. Min. Francisco Falcão, DJe de 17.11.2008; EREsp sim 1.066.063/RS, 1ª Seção, Rel. Min. Herman Benjamin, DJe de 22.10.2009). A tese do prazo prescricional trienal também é defendida no âmbito doutrinário, dentre outros renomados doutrinadores: José dos Santos Carvalho Filho ("Manual de Direito Administrativo", 24ª ed., Rio de Janeiro: Editora Lumen Júris, 2011, págs. 529/530) e Leonardo José Carneiro

---

66 WILLEMAN, Flávio de Araújo. *Temas de Direito Público*. Rio de Janeiro: Lumen Juris, 2017. p. 218-221.

67 THEODORO JÚNIOR, Humberto. *Prescrição e decadência*, cit., p. 286.

CAP. 7 – PRAZOS PRESCRICIONAIS | **169**

da Cunha ("A Fazenda Pública em Juízo", 8ª ed., São Paulo: Dialética, 2010, págs. 88/90).

3. Entretanto, não obstante os judiciosos entendimentos apontados, o atual e consolidado entendimento deste Tribunal Superior sobre o tema é no sentido da aplicação do prazo prescricional quinquenal – previsto do Decreto 20.910/32 – nas ações indenizatórias ajuizadas contra a Fazenda Pública, em detrimento do prazo trienal contido do Código Civil de 2002.

4. O principal fundamento que autoriza tal afirmação decorre da natureza especial do Decreto 20.910/32, que regula a prescrição, seja qual for a sua natureza, das pretensões formuladas contra a Fazenda Pública, ao contrário da disposição prevista no Código Civil, norma geral que regula o tema de maneira genérica, a qual não altera o caráter especial da legislação, muito menos é capaz de determinar a sua revogação. Sobre o tema: Rui Stoco ("Tratado de Responsabilidade Civil". Editora Revista dos Tribunais, 7ª ed. São Paulo, 2007; págs. 207/208) e Lucas Rocha Furtado ("Curso de Direito Administrativo". Editora Fórum, 2. ed. Belo Horizonte, 2010; pág. 1042).

5. A previsão contida no art. 10 do Decreto 20.910/32, por si só, não autoriza a afirmação de que o prazo prescricional nas ações indenizatórias contra a Fazenda Pública foi reduzido pelo Código Civil de 2002, a qual deve ser interpretada pelos critérios histórico e hermenêutico. Nesse sentido: Marçal Justen Filho ("Curso de Direito Administrativo". Editora Saraiva, 5ª ed. São Paulo, 2010; págs. 1.296/1.299).

6. Sobre o tema, os recentes julgados desta Corte Superior: AgRg no AREsp 69.696/SE, 1ª Turma, Rel. Min. Benedito Gonçalves, *DJe* de 21.08.2012; AgRg nos EREsp 1.200.764/AC, 1ª Seção, Rel. Min. Arnaldo Esteves Lima, *DJe* de 06.06.2012; AgRg no REsp 1.195.013/AP, 1ª Turma, Rel. Min. Teori Albino Zavascki, *DJe* de 23.05.2012; REsp 1.236.599/RR, 2ª Turma, Rel. Min. Castro Meira, *DJe* de 21.05.2012; AgRg no AREsp 131.894/GO, 2ª Turma, Rel. Min. Humberto Martins, *DJe* de 26.04.2012; AgRg no AREsp 34.053/RS, 1ª Turma, Rel. Min. Napoleão Nunes Maia Filho, *DJe* de 21.05.2012; AgRg no AREsp 36.517/RJ, 2ª Turma, Rel. Min. Herman Benjamin, *DJe* de 23.02.2012; EREsp 1.081.885/RR, 1ª Seção, Rel. Min. Hamilton Carvalhido, DJe de 1º.02.2011.

7. No caso concreto, a Corte a quo, ao julgar recurso contra sentença que reconheceu prazo trienal em ação indenizatória ajuizada por particular em face do Município, corretamente reformou a sentença para aplicar a prescrição quinquenal prevista no Decreto 20.910/32, em manifesta sintonia com o entendimento desta Corte Superior sobre o tema.

170 | REPENSANDO A PRESCRIÇÃO • ALEXANDRE FREITAS CÂMARA

8. Recurso especial não provido. Acórdão submetido ao regime do artigo 543-C, do CPC, e da Resolução STJ 08/2008.[68]

Do voto do relator se extrai o fundamento determinante desse julgado:

O principal fundamento que autoriza tal afirmação decorre da natureza especial do Decreto 20.910/32, que regula a prescrição, seja qual for a sua natureza, das pretensões formuladas contra a Fazenda Pública, ao contrário da disposição prevista no Código Civil, norma geral que regula o tema de maneira genérica, a qual não altera o caráter especial da norma, muito menos é capaz de determinar a sua revogação.

Nesse aspecto, é importante consignar que não está sendo afirmado que o Código Civil somente é aplicável ao regramento de questões de natureza privada, pois regulam importantes aspectos de direito público. Todavia, justamente por regular questões de natureza eminentemente de direito privado, os dispositivos que abordam temas de direito público no Código Civil de 2002 são expressos ao afirmarem que a norma rege "as pessoas jurídicas de direito público" (art. 43 do CC), os "bens públicos" (art. 99 do CC) e a "Fazenda Pública" (art. 965, VI, do CC), entre outros exemplos contidos no referido diploma.

No caso do art. 206, § 3º, V, do CC, em nenhum momento foi indicada a sua aplicação à Fazenda Pública. Certamente, não há falar em eventual omissão legislativa, pois o art. 178, § 10, VI, do Código Civil de 1916 estabelecia o prazo prescricional de cinco anos para "As dívidas passivas da União, dos Estados e dos Municípios, e bem assim toda e qualquer ação contra a Fazenda Federal, Estadual ou Municipal". Tal dispositivo legal não foi repetido no atual Código Civil, tampouco foi substituído por outra norma infraconstitucional.[69]

Mais adiante, o relator do acórdão enfrenta a questão relacionada ao art. 10 do Decreto n. 20.910/1932:

Por outro lado, o art. 10 do Decreto 20.910/32 estabelece que o "disposto nos artigos anteriores não altera as prescrições de menor prazo,

---

68 STJ, REsp n. 1.251.993/PR, rel. Min. Mauro Campbell Marques, 1ª Seç., j. 12.12.2012, DJe 19.12.2012. Importante observar que esse julgamento se deu pela técnica de julgamento dos recursos especiais repetitivos, o que lhe atribui eficácia vinculante. Nesse acórdão, firmou-se o que viria a ser o Tema Repetitivo n. 553 do STJ, em que se estabeleceu a seguinte tese: "[a]plica-se o prazo prescricional quinquenal – previsto do Decreto 20.910/32 – nas ações indenizatórias ajuizadas contra a Fazenda Pública, em detrimento do prazo trienal contido do Código Civil de 2002".

69 Idem.

CAP. 7 – PRAZOS PRESCRICIONAIS | 171

constantes das leis e regulamentos, as quais ficam subordinadas às mesmas regras". A previsão contida na norma, por si só, não autoriza a afirmação de que o prazo prescricional nas ações indenizatórias contra a Fazenda Pública foi reduzido pelo Código Civil de 2002, a qual deve ser interpretada pelos critérios histórico e hermenêutico.

A norma expressamente prevê que o disposto no referido decreto "não altera" eventuais prescrições de menor prazo constantes em leis e regulamentos, o que inequivocamente remete à ideia de legislação em vigor à época e que contivesse prazos mais reduzidos em favor da Fazenda Pública.

Como exemplo de tal afirmação pode ser citado o disposto no Decreto 20.230/31 ("Interpreta a prescrição alfandegária instituída no art. 666 da nova Consolidação das Leis das Alfândegas"), que dispõe no artigo 1º: "A prescrição especial, regulada pelo art. 666 da Nova Consolidação das Leis das Alfândegas e Mesas de Rendas, compreende unicamente os erros ou enganos provenientes do cálculo dos direitos, taxa incompetente, redução de pesos e medidas e outros da mesma natureza, cujas provas permanecerem nos despachos, de acordo com a legislação que a instituiu".

Por sua vez, o § 1º do referido artigo estabelece que "o prazo da prescrição será de cinco anos para a Fazenda e de um ano para a parte, contada da data do pagamento dos direitos". (sem destaques no original).

A simples leitura dos referidos dispositivos permite afirmar que o Decreto 20.230/31 expressamente previa prazo reduzido diferenciado em favor da Fazenda Pública no tocante à prescrição alfandegária. Assim, o objetivo do disposto no art. 10 do Decreto 20.910/32 era proteger situações específicas já existentes por ocasião de sua edição, tal como o exemplo citado.

Tal consideração também afasta a possibilidade de interpretação de eventual alteração do prazo prescricional pela edição de norma futura, sob pena de negativa de eficácia na norma prevista no art. 1º do Decreto 20.910/32.[70]

O argumento empregado no acórdão do STJ para afastar a possibilidade de resolver-se a questão a partir da incidência do art. 10 do Decreto n. 20.910/1932 é invencível. Aquele dispositivo estabeleceu que a edição do Decreto não alterou prazos que então vigoravam, já que destinados a tratar de questões ainda mais específicas. No entanto, o fundamental é perceber que, no confronto

---

70 Idem.

entre o Código Civil de 2002 e o Decreto n. 20.910/1932, este diploma é especial em relação àquele. É que o Decreto n. 20.910/1932 prevalece sobre o Código Civil sempre que a relação jurídica de direito material de que o ente público participa seja *de direito público* (como, aliás, foi dito anteriormente quando se analisou o inciso I do § 3º do art. 206 do Código Civil). Ademais, a responsabilidade civil extracontratual do Estado gera, sem sombra de dúvida, um vínculo de Direito Público, e não de Direito Privado.

É que, a partir da Constituição da República de 1988, o direito brasileiro abandonou a concepção privatística da responsabilidade civil do Estado e passou a adotar uma concepção do fenômeno a partir do Direito Público.[71] Se assim é, então o Decreto n. 20.910/1932 há de prevalecer sobre o Código Civil no trato da matéria, como corretamente entendeu o Superior Tribunal de Justiça.

Isso não retira, porém, o acerto da observação feita por José dos Santos Carvalho Filho no trecho há pouco citado. O ordenamento brasileiro sempre estabeleceu para a responsabilidade civil do Estado prazos prescricionais menores do que os estabelecidos para a responsabilidade civil do particular. A partir da entrada em vigor do Código Civil de 2002, todavia, isso se inverteu, e não há mais sentido. Impende promover-se uma alteração legislativa, reduzindo-se o prazo prescricional nos casos de responsabilidade civil extracontratual da Fazenda Pública (pelo menos para os três anos aplicáveis aos particulares).

Uma última questão a ser abordada sobre esse tema é o prazo de prescrição nos casos de responsabilidade pré-contratual, se trienal ou decenal. Entende Humberto Theodoro Júnior que, no caso, a responsabilidade é aquiliana, sujeita à prescrição trienal.[72] Esse entendimento só se justifica pelo fato de o dano, aí, ocorrer quando não existe ainda qualquer negócio jurídico celebrado pelas partes (como se dá, por exemplo, no caso de ruptura de negociações preliminares quando já há uma legítima expectativa de contratação, hipótese apreciada pelo STJ no exame do REsp n. 1.367.955/SP).

---

71 MEIRELLES, Hely Lopes. *Direito Administrativo brasileiro*, cit., p. 553. No mesmo sentido, DELGADO, José Augusto. *Responsabilidade civil do Estado*. p. 9. Disponível em: <https://core.ac.uk/download/pdf/16021662.pdf>. Acesso em: 16.09.2022.

72 THEODORO JÚNIOR, Humberto. *Prescrição e decadência*, cit., p. 286.

CAP. 7 – PRAZOS PRESCRICIONAIS | 173

Essa mesma decisão do Superior Tribunal de Justiça, porém, aprecia a controvérsia acerca da natureza da responsabilidade pré-contratual e afirma que ela se submete ao regime da *responsabilidade contratual*, e não ao da extracontratual.[73] Esse entendimento do STJ deve ser, portanto, reputado correto.

A fase pré-contratual é uma das fases da relação contratual, em que as partes iniciam seus contatos, fazem propostas e contrapropostas. Embora aí não haja, ainda, o contrato, já existe o *contato*.[74] Esse contato deve ser considerado uma das fases da relação contratual, e o dever de reparar os danos aí ocorridos resulta de uma responsabilidade contratual. Como ensina Luiz Roldão de Freitas Gomes:

> (...) os deveres pré-contratuais não se configuram, como tipicamente acontece com os deveres cuja violação constitui ato ilícito extraobrigacional, por um conteúdo negativo, antes tendendo para a promoção e satisfação do interesse de um determinado sujeito.[75]

Isso leva o autor, invocando o art. 422 do que então era o Projeto do Código Civil (e que corresponde exatamente ao art. 422 do Código Civil), a afirmar que deve ser essa também a natureza da responsabilidade pré-contratual no ordenamento brasileiro. Portanto, será decenal o prazo de prescrição nesse caso, não se aplicando o prazo trienal de que trata o art. 206, § 3º, V, do Código Civil.

Na sequência, a lei civil estabelece um prazo – igualmente trienal para a prescrição do direito à restituição dos lucros ou dividendos recebidos de má-fé, correndo o prazo da data em que foi deliberada a distribuição. Trata-se de disposição normativa que

---

73 STJ, REsp n. 1.367.955/SP, rel. Min. Paulo de Tarso Sanseverino, 3ª T., j. 18.03.2014, *DJe* 24.03.2014.

74 CAVALIERI FILHO, Sergio. *Programa de responsabilidade civil*. 8. ed. São Paulo: Atlas, 2009. p. 284. Interessante notar que Cavalieri afirma basear seu pensamento nas ideias de Clóvis do Couto e Silva sobre o "contato social" (citando-o expressamente: "*A obrigação como processo*, São Paulo, José Bushatsky Editor, 1976, p. 88-89"). Ocorre que, para o professor gaúcho (e isso pode ser visto exatamente no trecho citado por Cavalieri), a responsabilidade pelas lesões produzidas na fase pré-contratual, embora se assemelhe à proveniente de um contrato, tem um "suporte fático [de] ordem delitual" (SILVA, Clóvis do Couto e. *A obrigação como processo*. São Paulo: José Bushatsky, 1976. p. 91).

75 GOMES, Luiz Roldão de Freitas. *Elementos de responsabilidade civil*. Rio de Janeiro: Renovar, 2000. p. 224.

Cahali qualifica como uma *reprodução distorcida* do que já existe na Lei n. 6.404/1976.[76] Certamente, refere-se o autor ao que se encontra no art. 287, II, *c*, da Lei das Sociedades Anônimas, por força do qual prescreve em três anos "a ação contra acionistas para restituição de dividendos recebidos de má-fé, contado o prazo da data da publicação da ata da assembleia-geral ordinária do exercício em que os dividendos tenham sido declarados".

Não se deve, porém, considerar estar-se, aí, diante de uma reprodução distorcida. O que se tem é, tão somente, uma reprodução desnecessária de algo que fica melhor na lei própria.

É natural que as sociedades empresárias distribuam, periodicamente, entre seus sócios ou acionistas, os lucros ou dividendos obtidos. Pode haver, contudo, distribuição, de má-fé, de lucros fictícios ou ilícitos, valores a que os acionistas ou sócios não teriam direito. Nesse caso, é importante ressaltar que aqueles que tenham recebido valores indevidos e os administradores que tenham realizado a distribuição indevida desses lucros ou dividendos respondem solidariamente perante a sociedade cujo patrimônio tenha sido lesado (art. 1.009 do Código Civil, que trata da sociedade simples e é aplicável à sociedade limitada por força do que dispõe o art. 1.053 do mesmo Código; art. 201, § 1º, da Lei das Sociedades Anônimas).

Nesses casos, e em outros a eles equivalentes, o direito da sociedade de exigir a restituição dos valores indevidamente pagos se submete a um prazo prescricional de três anos, contados da data da assembleia que tenha autorizado o pagamento (ou, se não tiver havido deliberação assemblear, da data do ato deliberativo avulso, praticado por administrador, que tenha determinado a distribuição dos lucros ou dividendos).

Também é trienal o prazo prescricional a que se submete o direito que resulta da violação da lei ou do estatuto, quando a violação tenha sido praticada: a) pelos fundadores, da publicação dos atos constitutivos da sociedade anônima; b) pelos administradores, ou fiscais, da apresentação, aos sócios, do balanço referente ao exercício em que a violação tenha sido praticada, ou da reunião ou assembleia geral que dela deva tomar conhecimento; c) pelos liquidantes, da primeira assembleia semestral posterior à violação.

---

76 CAHALI, Yussef Said. *Prescrição e decadência*, cit., p. 170.

CAP. 7 - PRAZOS PRESCRICIONAIS | 175

No caso dos fundadores da companhia, pode acontecer de não terem recolhido a subscrição em conta bancária, ou as entradas podem ter sido feitas em bens não sujeitos a depósito. Nesse caso, os subscritores têm o direito de exigir dos fundadores a recuperação dos valores das subscrições, além da reparação de quaisquer outros danos.[77]

Já no caso dos administradores e fiscais, é preciso observar o disposto no art. 1.011 do Código Civil, assim como no art. 153 da Lei das Sociedades Anônimas. Ambos estabelecem que esses sujeitos devem ter, no exercício de suas funções, cuidado, diligência e probidade. O descumprimento desse dever, o abuso de gestão ou qualquer outra conduta análoga capaz de gerar dano à sociedade levará ao surgimento de um direito à reparação do dano que se extinguirá após o decurso do prazo prescricional de três anos, contados da data da apresentação, aos sócios ou acionistas, do balanço referente ao exercício em que o ato ilícito tenha sido praticado, ou da assembleia geral que dele deve tomar conhecimento.[78]

Por fim, no caso de liquidação da sociedade, o liquidante pode ser responsabilizado pela falta de pagamento a algum credor, ou por algum ato ilícito ou abusivo que tenha praticado, na forma do art. 1.110 do Código Civil. O direito de cobrar as obrigações não satisfeitas oportunamente prescreve em um ano (art. 206, § 1º, V, do Código Civil). Já o direito de cobrar indenização pelos danos resultantes de ato ilícito ou abusivo prescreve em três anos, na forma do art. 206, § 3º, VII, *c*, do Código Civil, contados da data da primeira assembleia semestral realizada após o evento danoso.

Prosseguindo na longa enumeração de casos em que o prazo prescricional é trienal, o Código Civil estabelece que prescreve em três anos o direito de cobrar o pagamento de dívida representada por título de crédito, ressalvadas as disposições de lei especial.

Evidentemente, havendo disposição específica acerca do prazo prescricional em lei que trate de algum título de crédito, esta prevalecerá sobre a regra geral estabelecida pelo Código Civil. Assim, por exemplo, o art. 52 do Decreto n. 2.044/1908 prevê um prazo de cinco anos para a prescrição no caso de letra de câmbio.

---

77 THEODORO JÚNIOR, Humberto. *Prescrição e decadência*, cit., p. 289.
78 Ibidem, p. 291.

176 | REPENSANDO A PRESCRIÇÃO • ALEXANDRE FREITAS CÂMARA

É de três anos, porém, por força do que dispõe o Código Civil, o prazo prescricional para cobrar crédito representado por cédula de crédito rural, cédula industrial, cédula de exportação, cédula de crédito imobiliário, entre outros títulos para os quais não há prazo prescricional especificamente previsto.

Em matéria de título de crédito, porém, há uma enorme confusão acerca da prescrição, notadamente quando se trata de examinar o prazo dentro do qual é possível – com base em vários desses títulos – promover-se execução por título extrajudicial. É comum, então, falar-se em "prescrição" da pretensão executiva. É o caso, por exemplo, do cheque.

Em relação a esse título, a lei de regência estabelece, em primeiro lugar, um prazo para a apresentação do cheque de 30 ou 60 dias, conforme o caso. Ultrapassado esse prazo, inicia-se outro, de seis meses, dentro do qual pode o credor demandar a execução forçada de seu crédito, representado pelo cheque. Essa demanda executiva evidentemente exclui qualquer discussão acerca da *causa debendi*, o que é próprio das demandas fundadas em títulos cambiais ou cambiariformes. Além disso, é demanda de execução, tendo em vista o fato de que o cheque é, no ordenamento processual vigente, título executivo extrajudicial (art. 784, I, do CPC). Ultrapassado o prazo de seis meses, não se pode mais demandar a execução forçada com base no cheque. Isso não significa dizer, porém, e com todas as vênias, que o cheque tenha deixado de ser título de crédito. Ele terá deixado, na verdade, de ser título executivo, conceito que com aquele não se confunde.

Título de crédito, na conhecida definição de Cesare Vivante, é "o documento necessário ao exercício do direito literal e autônomo nele contido".[79] De outro lado, título executivo é, como já tive oportunidade de dizer em sede doutrinária, o "ato (ou fato) jurídico a que a lei atribui eficácia executiva, tornando adequada a utilização da via executiva como forma de fazer atuar a responsabilidade patrimonial".[80] Observa-se, assim, que aqui se está diante de dois conceitos absolutamente distintos. Para se confirmar isso, basta verificar que, de um lado, há títulos executivos que não são

---

79 VIVANTE, Cesare. *Trattato di Diritto Commerciale*. 3. ed. Milão: Casa Editrice Dott. Francesco Vallardi, s/d. v. III. p. 154-155 *apud* ROSA JR., Luiz Emygdio F. da. *Títulos de crédito*. 5. ed. Rio de Janeiro: Renovar, 2007. p. 52.

80 CÂMARA, Alexandre Freitas. *Manual de Direito Processual Civil*, cit., p. 653.

CAP. 7 - PRAZOS PRESCRICIONAIS | 177

títulos de crédito (por exemplo, a sentença condenatória, título executivo por excelência) e, de outro lado, há títulos de crédito que não são títulos executivos, como se dá, por exemplo, com os chamados "títulos de crédito atípicos".

O prazo de seis meses (contado do término do prazo de 30 ou 60 dias para sua apresentação) a que se refere a Lei n. 7.357/1985, em seu art. 59, é, pois, o prazo dentro do qual se produz a eficácia executiva do cheque. Ultrapassado esse prazo, não se pode mais promover a execução forçada do crédito representado pelo cheque, mas este preserva sua natureza de título de crédito, continuando, pois, a representar um direito literal e autônomo.

Tal prazo de seis meses, portanto, não pode ser considerado de prescrição nem, a rigor, de decadência. Afinal, prescrição e decadência são fenômenos de direito material, enquanto o prazo de seis meses mencionado limita seus efeitos ao plano puramente processual. O que há aí, a rigor, é o que se pode chamar de "prazo extintivo do interesse-adequação".[81] O decurso desse prazo tem, como única consequência, fazer com que a execução deixe de ser a via processual adequada para que o titular do crédito faça valer seu direito substancial. Passa ele, então, a precisar buscar a formação de um novo título executivo, pois o que tinha perdeu tal eficácia.

Surge, desse modo, a chamada "ação de enriquecimento", expressamente mencionada no art. 61 da Lei n. 7.357/1985, a qual se submete a um prazo de dois anos, contado do término daquele prazo de seis meses anteriormente referido.

Cabe anotar, antes de tudo, o que se deve entender por "ação de enriquecimento". Este é o nome que se costuma atribuir à demanda que, fundada no cheque (entendido, ainda, como título de crédito, embora já não tenha mais eficácia de título executivo), leva à instauração de processo cognitivo, com o fim de permitir a formação de título executivo judicial. A demanda de enriquecimento, a ser proposta pelo credor, poderá levar à utilização do procedimento monitório ou de procedimento comum (ordinário

---

81 Sobre o tema, seja permitido fazer alusão ao que por mim foi dito em CÂMARA, Alexandre Freitas. *Manual do mandado de segurança*. São Paulo: Atlas, 2012. p. 324-329, em que se analisa a natureza do prazo para impetração de mandado de segurança (que não é decadencial, mas extintivo do interesse-adequação), ali se fazendo uma comparação entre aquele prazo e o prazo para execução do cheque.

ou sumário, conforme o caso), por opção do demandante. Impende, pois, considerar que a assim chamada "ação monitória" não é figura distinta da "ação de enriquecimento", mas tão somente o nome dado pela lei processual a um dos procedimentos que podem ser usados para o desenvolvimento do processo instaurado pela propositura da "ação de enriquecimento".

Ultrapassado o biênio a que se refere o art. 61 da Lei n. 7.357/1985, aí sim, o cheque deixa de ser título de crédito, ocorrendo a prescrição do direito literal e autônomo que este representa. Registre-se, aliás, que o prazo aqui é, mesmo, o de dois anos, previsto na lei especial, e não o de três anos, previsto no Código Civil de 2002.

Observe-se, porém, que, com o decurso desse prazo (que, na verdade, é de dois anos, seis meses, e mais 30 ou 60 dias, conforme o caso), prescreve o direito literal e autônomo, representado pela própria cártula, mas não desaparece o direito de crédito oriundo da relação jurídica subjacente àquele título. Com a prescrição do direito representado pela cártula, o cheque se converte em mero documento particular representativo de crédito, crédito esse que não terá os atributos da literalidade e autonomia, o que, em termos práticos, significa que a demanda para sua cobrança não prescindirá da invocação da *causa debendi*, trazendo-se a juízo a relação jurídica de direito material subjacente ao cheque.

O direito de crédito decorrente da relação subjacente ao cheque, por sua vez, está sujeito a prazo prescricional de cinco anos, na forma do disposto no art. 206, § 5º, I, do Código Civil, que estabelece o prazo quinquenal no caso de cobrança de dívida líquida constante de instrumento público ou particular. Esse prazo de cinco anos, a meu ver, deve ser contado a partir do momento da lesão ao direito material sofrida pelo seu titular, na forma do que dispõe o art. 189 do Código Civil. Tal lesão se dá, no caso em exame, no momento da devolução dos cheques por falta de provisão de fundos.

Pode parecer estranho que se conte o prazo a partir daquele momento, e não do término do prazo dentro do qual poderia ser proposta a "ação de enriquecimento", mas o que aqui se sustenta está baseado no fato de que, a partir da lesão ao direito material, pode seu titular, a meu juízo, ajuizar demanda fundada tanto no direito literal e autônomo representado pelo título de crédito quanto no direito decorrente da relação jurídica subjacente ao

CAP. 7 – PRAZOS PRESCRICIONAIS | 179

cheque. Assim, é de se considerar que os prazos para exercícios desses direitos têm o mesmo termo *a quo*, ainda que tenham diferentes termos *ad quem*.[82]

Esse raciocínio, desenvolvido para o caso do cheque, é bastante similar ao que se pode desenvolver em outros casos, como o da duplicata. O prazo dentro do qual a duplicata mantém sua eficácia executiva, porém, é maior, de três anos, contados da data de vencimento do título, na forma do art. 18, I, da Lei 5.474/1968. Ultrapassado esse prazo, desaparece a eficácia executiva da duplicata, mas não deixa esta de ser título de crédito. A partir daí, entretanto, só se pode demandar com apoio no direito literal e autônomo representado pela duplicata (demanda de enriquecimento, que dispensa a invocação da *causa debendi*). Nesse caso, então, incide o prazo previsto no art. 206, § 3º, IV, do Código Civil, de três anos, contados do término do prazo dentro do qual era adequada a execução.[83] A demanda de enriquecimento, evidentemente, pode ser proposta pelo procedimento ordinário ou monitório, conforme prefira o demandante.

Todavia, como afirmado anteriormente, há uma tendência de se confundir a natureza de todos esses prazos, especialmente para se afirmar que a "pretensão executiva" do título "prescreve" em seis meses (no caso do cheque), ou em algum outro prazo, quando for outro o título de crédito dotado também de eficácia executiva.[84]

Assim, só é mesmo de prescrição o prazo cujo decurso implica a extinção do próprio direito de crédito representado pelo título, e não o prazo dentro do qual seria possível o emprego da via executiva como meio de obtenção de tutela processual do crédito.

É de três anos o prazo de prescrição do direito do beneficiário contra o segurador, e a pretensão do terceiro prejudicado,

---

82 Sobre a coexistência de dois prazos prescricionais, um aplicável no caso de demanda fundada no direito decorrente da "relação fundamental", outro para o caso da demanda de enriquecimento, MESSINEO, Francesco. *Manuale di Diritto Civile e Commerciale*. 9. ed. Milão: Giuffrè, 1972. v. V. p. 468-469.

83 Em sentido aproximado, THEODORO JÚNIOR, Humberto. *Comentários ao novo Código Civil*, cit., p. 334, em que se faz expressa alusão à letra de câmbio e à nota promissória, em relação às quais, assim como se dá com a duplicata, não há previsão expressa de prazo prescricional no caso de se pretender ajuizar demanda de enriquecimento.

84 Assim, por exemplo, o que afirmou o STJ no julgamento do AgInt no AREsp n. 1.208.737/SP, rel. Min. Raul Araújo, j. 21.02.2019. Na doutrina, empregando os conceitos criticados no texto, entre outros, MAMEDE, Gladston. *Direito Empresarial brasileiro*, v. 3, cit., p. 214.

no caso de seguro de responsabilidade civil obrigatório (art. 206, § 3º, IX, do Código Civil).

Há casos em que o contrato de seguro é celebrado tendo o próprio segurado como beneficiário. Assim, ocorrendo o sinistro, a seguradora deverá indenizar o próprio segurado. Pode acontecer, porém, de se contratar algum seguro em que o beneficiário é terceiro, pessoa distinta do segurado. É o que se dá, por exemplo, no seguro de vida, em que o beneficiário nunca poderá ser o segurado, cuja morte é, exatamente, o sinistro gerador do dever de pagar (ao beneficiário) a indenização. Nos seguros de responsabilidade civil obrigatórios, como é o caso do seguro DPVAT, o beneficiário do seguro é sempre um terceiro, diferente do segurado.[85]

Nesses casos em que o beneficiário não segurado pretende exercer seu direito contra a seguradora, dela exigindo o pagamento da indenização, o prazo prescricional é de três anos, não incidindo o disposto no art. 206, § 1º, II.[86] Essa regra, porém, só se aplica nos casos de seguro de responsabilidade civil legalmente obrigatório, caso regido pelo disposto no art. 788 do Código Civil: "Nos seguros de responsabilidade legalmente obrigatórios, a indenização por sinistro será paga pelo segurador diretamente ao terceiro prejudicado".

É preciso, desse modo, estabelecer uma distinção. Nos casos de seguro de responsabilidade civil obrigatório (como o seguro DPVAT), o prazo para o beneficiário ou terceiro prejudicado cobrar a indenização é de três anos (art. 206, § 3º, IX, do Código Civil). Já, nos casos de seguro de responsabilidade de contratação voluntária (como o seguro de vida), não se aplica esse dispositivo, incidindo o prazo decenal previsto no art. 205 do Código Civil.

É firme a jurisprudência do STJ, por exemplo, no sentido de que, no caso de seguro de vida em grupo, o prazo prescricional para o beneficiário exercer seu direito perante a seguradora seria de dez anos, aplicando-se o disposto no art. 205 do Código Civil. Confira-se, a título de exemplo, a seguinte ementa:

---

85 THEODORO JÚNIOR, Humberto. *Prescrição e decadência*, cit., p. 298.

86 O STJ, julgando recurso especial repetitivo (REsp n. 1.418.347/MG, rel. Min. Ricardo Villas Bôas Cueva, j. 08.04.2015), fixou tese (Tema Repetitivo n. 883, consolidado no enunciado da Súmula n. 405) em que se estabeleceu que "[a] pretensão de cobrança e a pretensão a diferenças de valores do seguro obrigatório (DPVAT) prescrevem em três anos, sendo o termo inicial, no último caso, o pagamento administrativo considerado a menor".

CAP. 7 – PRAZOS PRESCRICIONAIS | 181

Agravo interno no agravo em recurso especial. Civil. Ação de repetição de indébito c/c indenização por danos morais. Seguro de vida em grupo. Prazo prescricional decenal. Acórdão recorrido em consonância com o entendimento do Superior Tribunal de Justiça. Súmula 83/STJ. Agravo interno desprovido.

1. Segundo a jurisprudência do Superior Tribunal de Justiça, às ações propostas com base em responsabilidade contratual aplica-se o prazo prescricional de 10 (dez) anos previsto no art. 205 do CC/2002.

2. A orientação jurisprudencial que vigora nesta Corte Superior reconhece que a "discussão acerca da cobrança indevida de valores constantes de relação contratual e eventual repetição de indébito não se enquadra no conceito de enriquecimento ilícito, seja porque a causa jurídica, em princípio, existe (relação contratual prévia em que se debate a legitimidade da cobrança), seja porque a ação de repetição de indébito é ação específica; por essa razão, aplica-se a prescrição decenal e não a trienal" (AgInt no REsp n. 1.820.408/PR, Relatora Ministra Nancy Andrighi, Terceira Turma, julgado em 28.10.2019, *DJe* 30.10.2019).

3. Agravo interno desprovido.[87]

A distinção entre os casos é muito bem feita neste outro julgado:

Agravo regimental no agravo (artigo 544 do CPC). Ação de cobrança de indenização securitária ajuizada pelo beneficiário da apólice de seguro de vida. Decisão monocrática negando provimento ao reclamo. Irresignação da demandada.

1. Violação do art. 535 do Código de Processo Civil não configurada. É clara e suficiente a fundamentação adotada pelo Tribunal de origem para o deslinde da controvérsia, revelando-se desnecessário ao magistrado rebater cada um dos argumentos declinados pela parte.

2. Prazo prescricional para exercício da pretensão deduzida em face da seguradora por pessoa designada como beneficiária do seguro de vida (terceiro beneficiário), a qual não se confunde com a figura do segurado. Lapso vintenário (artigo 177 do Código Civil de 1916) ou decenal (artigo 205 do Código Civil de 2002), não se enquadrando na hipótese do artigo 206, § 1º, inciso II, do mesmo *Codex* (prescrição ânua para cobrança de segurado contra segurador). Inaplicabilidade, outrossim, do prazo trienal previsto para o exercício da pretensão do

---

87 STJ, AgInt no AREsp n. 2.030.970/PR, rel. Min. Marco Aurélio Bellizze, 3ª T., j. 13.06.2022, *DJe* 15.06.2022.

182 REPENSANDO A PRESCRIÇÃO • ALEXANDRE FREITAS CÂMARA

beneficiário contra o segurador em caso de seguro de responsabilidade civil obrigatório (artigo 206, § 3º, inciso IX, do Código Civil). Precedentes.

3. Agravo regimental desprovido.[88]

Como afirma o relator no acórdão que acaba de ser mencionado:

(...) a pretensão deduzida em face da seguradora por pessoa designada como beneficiária do seguro de vida em grupo (terceiro beneficiário), a qual não se confunde com a figura do segurado, sujeita-se ao prazo prescricional vintenário (artigo 177 do Código Civil de 1916) ou decenal (artigo 205 do Código Civil de 2002), não se enquadrando na hipótese do artigo 206, § 1º, inciso II, do mesmo *Codex* (prescrição ânua para cobrança de segurado contra segurador).[89]

Isso porque o prazo prescricional de um ano só se aplica ao direito do segurado contra a seguradora, e aqui se trata de examinar o direito de um terceiro (beneficiário do seguro ou terceiro prejudicado pelo sinistro) perante a seguradora.

De outro lado, diz o Min. Buzzi que é caso de:

(...) assinalar a inaplicabilidade à espécie do prazo trienal previsto para o exercício da pretensão do beneficiário contra o segurador em caso de seguro de responsabilidade civil obrigatório (artigo 206, § 3º, inciso IX, do Código Civil), por não guardar identidade com o caso em tela.

É que, realmente, o art. 206, § 3º, IX, do Código Civil só se aplica aos seguros de responsabilidade obrigatórios, e não aos de contratação voluntária.

Em síntese, há o seguinte:

a) direito do segurado contra o segurador: prazo prescricional de um ano (art. 206, § 1º, II, do Código Civil);

b) direito do terceiro contra o segurador, nos casos de seguro de responsabilidade civil legalmente obrigatórios: prazo prescricional de três anos (art. 206, § 3º, IX, do Código Civil);

---

88 STJ, AgRg no AREsp n. 545.318/RS, rel. Min. Marco Buzzi, 4ª T., j. 20.11.2014, *DJe* 26.11.2014.

89 Idem.

c) direito do terceiro contra o segurador, nos casos de seguro de responsabilidade civil facultativos: prazo prescricional de dez anos (art. 205 do Código Civil).

7.6. O PRAZO PRESCRICIONAL DE QUATRO ANOS

Estabelece o § 4º do art. 206 do Código Civil um prazo prescricional de quatro anos no caso da "pretensão relativa à tutela, a contar da data da aprovação das contas".

Prevê o art. 1.728 do Código Civil que os filhos são sujeitos a tutela quando ambos os genitores morrem, ou no caso de ambos decaírem do poder familiar. Surge aí, então, a necessidade de constituição de uma relação jurídica (a tutela), entre tutor e pupilo, relação essa que perdurará até que o pupilo se torne civilmente capaz.

Enquanto durar a tutela, não corre prazo prescricional entre tutor e pupilo, na forma do art. 197, III, do Código Civil, o que já se examinou em passagem anterior deste trabalho.

Ocorre que o tutor tem o dever de prestar contas da administração dos bens do tutelado (art. 1.755 do Código Civil). Essa prestação de contas deve se dar a cada dois anos, assim como ao final da tutela ou quando o determinar o juiz (art. 1.757 do Código Civil), pois, após a aprovação das contas do tutor, passa a ser possível o exercício do direito do tutelado à reparação dos danos eventualmente causados ao seu patrimônio pelo tutor (art. 1.752, primeira parte, do Código Civil). Do mesmo modo, é a partir da aprovação das contas do tutor que este pode exigir do tutelado o ressarcimento do que tenha despendido no exercício da tutela e de uma remuneração pela administração dos bens do pupilo (art. 1.752, parte final, do Código Civil).

Ambos esses direitos se submetem ao prazo prescricional de quatro anos. Note-se, porém, que aqui se trata da prescrição do direito de exigir o valor devido e que tenha sido apurado com a prestação de contas. Situação distinta é a do tutor que não presta contas. Nesse caso, a prescrição do direito de exigir essa prestação se submete ao prazo decenal previsto no art. 205 do Código Civil, contado a partir do encerramento da tutela.[90]

---

90 THEODORO JÚNIOR, Humberto. *Prescrição e decadência*, cit., p. 300.

7.7. OS PRAZOS PRESCRICIONAIS DE CINCO ANOS

Dispõe o art. 206, § 5º, I, que prescreve em cinco anos o direito de cobrar dívidas líquidas constantes de instrumento público ou particular. Estando, portanto, o crédito documentado, por instrumento público ou particular, e não havendo previsão expressa de prazo específico que considere a natureza do crédito, o prazo prescricional será de cinco anos.

Impõe-se, todavia, que a dívida seja *líquida*. Ao tempo do Código Civil de 1916, havia expressa previsão legal acerca do conceito de dívida líquida, em dispositivo (o art. 1.533) que não encontra correspondente no Código Civil vigente: "Considera-se líquida a obrigação certa, quanto à sua existência, e determinada, quanto ao seu objeto". Com base nesse dispositivo legal, e com absoluta precisão, ensinava Álvaro Villaça Azevedo que "líquida é a obrigação perfeitamente conhecida quanto a seu valor".[91]

Na vigência do Código Civil de 2002, apesar da inexistência de dispositivo correspondente ao art. 1.533 do Código anterior, a doutrina civilista continua a se valer do que ali constava. É o que se vê, por exemplo, na obra de Tepedino e Schreiber: "[o]brigação líquida é a certa quanto à sua existência (*an debeatur*) e determinada quanto ao seu objeto (*quantum debeatur*)".[92] Há quem apresente definição que desvincula a liquidez da existência da obrigação. É o caso de Guilherme Calmon Nogueira da Gama, para quem obrigação líquida é

> (...) aquela que é determinada quanto ao seu objeto, permitindo a imediata identificação da prestação no que tange à sua qualidade, quantidade e natureza, como nos exemplos de obrigação de fornecer quinhentas sacas de arroz, entregar o caminhão individualizado na concessionária, dar o cavalo premiado em prova de turfe identificada, pagar a quantia de R$ 20.000,00.[93]

Entretanto, nenhuma dessas definições encontradas em obras produzidas já sob a vigência do Código Civil de 2002 é correta,

---

91 AZEVEDO, Álvaro Villaça. *Teoria geral das obrigações*. 6. ed. São Paulo: Ed. RT, 1997. p. 299.

92 TEPEDINO, Gustavo; SCHREIBER, Anderson. *Fundamentos do Direito Civil*, cit., p. 162. Definições análogas podem ser encontradas em TARTUCE, Flávio. *Direito Civil*. 11. ed. Rio de Janeiro: Forense, 2016. v. 2. p. 100.

93 GAMA, Guilherme Calmon Nogueira da. *Direito Civil*: obrigações. São Paulo: Atlas, 2008. p. 195.

CAP. 7 - PRAZOS PRESCRICIONAIS | 185

devendo-se adotar o conceito de obrigação líquida que, ao tempo da legislação civil anterior, adotou Azevedo no trecho citado no início deste tópico. Não se confundem os conceitos de certeza (especialmente de certeza quanto à existência) e de liquidez.

Em primeiro lugar, é preciso dizer que a certeza de um crédito não é *certeza quanto à existência*. Afinal, nenhum documento, por mais idôneo que seja, é capaz de atestar a existência de um crédito. Nem mesmo o documento em que registrado o teor de uma sentença é capaz dessa proeza. Ademais, no intervalo de tempo entre sua prolação e o momento em que se pretende exigir o pagamento, o crédito pode ter sido extinto (por exemplo, em razão do adimplemento, ou por novação). É exatamente por isso que a doutrina do Direito Processual Civil já afirmava, ao tempo do Código Civil de 1916, estar equivocada a definição contida no seu art. 1.533.[94]

A certeza da obrigação é exigida para viabilizar a atuação de quem se considera credor, que só assim poderá demandar sua cobrança (buscando tutela processual cognitiva ou executiva), do mesmo modo que será possível dimensionar os limites do sacrifício que pode ser imposto ao patrimônio do responsável em uma eventual execução.[95]

Deve-se considerar certa a obrigação quando seus elementos constitutivos são perfeitamente conhecidos, ou seja, o direito é certo quando estiverem definidos seus sujeitos (ativo e passivo) e a natureza da relação jurídica e de seu objeto,[96] pois a certeza (ou seja, a determinação dos elementos constitutivos da obrigação) é sempre necessária, qualquer que seja a espécie de obrigação, para que se possa cogitar do exercício do direito de crédito. Já de liquidez só se cogita quando o direito tem por objeto a entrega de bens fungíveis. Como ensina Salvatore Satta, "[a] liquidez é a precisa determinação da soma devida, ou da coisa devida, ou da quantidade de coisa (fungível) devida".[97]

---

94 DINAMARCO, Cândido Rangel. *Execução civil*. 5. ed. São Paulo: Malheiros Editores, 1997. p. 489-490.

95 Em sentido aproximado, DINAMARCO, Cândido Rangel. *Execução civil*, cit., p. 490.

96 Idem. No mesmo sentido, CASTRO, Amilcar de. *Comentários ao Código de Processo Civil [de 1973]*. 3. ed. São Paulo: Ed. RT, 1983. v. VIII. p. 57 ("[a] simples leitura do escrito deve por o juiz em condições de saber quem seja o credor, quem seja o devedor, qual seja o bem devido, e quando seja devido").

97 SATTA, Salvatore. *L'Esecuzione Forzata*. Milão: Giuffrè, 1937. p. 148 (tradução livre).

É precisa a lição de Dinamarco acerca do ponto:

> Sendo quantificável o objeto do direito, [o documento] há de contar a indicação de uma quantidade determinada de bens (ou ao menos determinável). Nisso reside a liquidez dos créditos em sua expressão mais simples.[98]

Prossegue o professor paulista dizendo que:

> (...) [não] se concebe o predicado da liquidez em relação aos direitos que têm por objeto uma coisa certa, ou quanto às obrigações de fazer ou não fazer, simplesmente porque não se conceberia a *iliquidez* desses direitos e obrigações. Quanto a estes, o predicado da certeza do direito cumpre por si só toda a tarefa de fixar com precisão os contornos da execução, indicando o bem a ser constrito; inexiste quantificação a fazer.[99]

De outro lado, a liquidez não exige que o documento indique com precisão o valor (ou quantia) que o devedor terá de pagar ao credor. O que se exige é que a quantidade seja determinada *ou determinável*, de modo que o documento deva trazer todos os elementos necessários para que, mediante uma operação aritmética, se possa encontrar a quantidade devida. Assim, por exemplo, o documento que indique um valor histórico e estabeleça os critérios de incidência de correção monetária (como o índice a ser empregado e o termo inicial da correção) representa uma obrigação líquida. Não é por outra razão, aliás, que o art. 786, parágrafo único, do CPC é expresso em afirmar que a necessidade de realização de simples operações aritméticas não retira a liquidez da obrigação.

De tudo isso, o que se verifica é que o prazo quinquenal de prescrição a que se refere o art. 206, § 5º, I, do Código Civil se aplica apenas a obrigações de dar coisa fungível, representadas por documentos que indiquem o *quantum debeatur*, ou seja, a quantidade devida. Nesses casos, então, a prescrição do direito ao pagamento prescreve em cinco anos a contar do vencimento da dívida.

Foi com base nesse dispositivo, por exemplo, que já se afirmou ser quinquenal o prazo de prescrição de crédito representado

---

98 DINAMARCO, Cândido Rangel. *Execução civil*, cit., p. 493.
99 Ibidem, p. 494.

CAP. 7 – PRAZOS PRESCRICIONAIS | 187

por boleto bancário.[100] Também foi o caso de dívida resultante de contrato de consórcio que serviu de base para o ajuizamento de "ação monitória".[101]

É igualmente de cinco anos o prazo de prescrição do direito dos profissionais liberais em geral, procuradores judiciais, curadores e professores pelos seus honorários, contado o prazo da conclusão dos serviços, da cessação dos respectivos contratos ou mandato (art. 206, § 5º, II, do Código Civil). Ficaram reunidos, nesse dispositivo legal, todos os casos de direito a honorários de profissionais liberais, sendo a referência a "procuradores judiciais, curadores e professores" meramente exemplificativa.[102]

Entende-se por profissional liberal a pessoa que exerce sua profissão de forma livre, autônoma (isto é, sem se submeter a vínculo empregatício), com base em conhecimento técnico especializado obtido em curso de nível técnico ou superior.[103] Não se confunde com o trabalhador autônomo, como o carpinteiro ou a costureira (sem remuneração por honorários, mas por *ganhos*), pois o profissional liberal, como advogado, psicólogo, médico, dentista, corretor de imóveis, tem o direito de exigir o pagamento da remuneração de seu trabalho submetido ao prazo de cinco anos.

Também se aplica essa regra aos professores, mas aqui é preciso tomar um cuidado: é que, normalmente, estes estão submetidos a um regime de trabalho que não pode ser considerado *liberal*, já que são servidores públicos ou empregados. Há, porém, professores que são verdadeiros profissionais liberais, como é o caso dos "professores particulares", que lecionam fora de qualquer instituição de ensino, diretamente aos seus alunos, em geral ministrando aulas de reforço (para estudantes de Ensino Fundamental e Médio) ou ensinando idiomas estrangeiros.

O prazo de cinco anos, aqui, tem como termo inicial o momento da conclusão do serviço prestado ou o do encerramento da relação contratual entre o profissional liberal e seu cliente (pouco

---

100 STJ, REsp n. 1.763.160/SP, rel. Min. Ricardo Villas Bôas Cueva, j. 17.09.2019.
101 STJ, AgInt no REsp n. 1.668.427/SP, rel. Min. Ricardo Villas Bôas Cueva, j. 27.02.2018.
102 CAHALI, Yussef Said. *Prescrição e decadência*, cit., p. 174.
103 Em sentido aproximado, MORAES, Maria Celina Bodin de; GUEDES, Gisela Sampaio da Cruz. Anotações sobre a responsabilidade civil do profissional liberal. *civilistica. com*, n. 2, ano 4, 2015. p. 4.

importando se havia sido celebrado um contrato de prestação de serviços ou de mandato).

No caso dos honorários advocatícios, é preciso atentar para o fato de que o art. 25 da Lei n. 8.906/1994 (Estatuto da Advocacia e da Ordem dos Advogados do Brasil) prevê a prescrição em cinco anos, mas estabelece outros termos iniciais para esse prazo:

> Art. 25. Prescreve em cinco anos a ação de cobrança de honorários de advogado, contado o prazo:
>
> I – do vencimento do contrato, se houver;
>
> II – do trânsito em julgado da decisão que os fixar;
>
> III – da ultimação do serviço extrajudicial;
>
> IV – da desistência ou transação;
>
> V – da renúncia ou revogação do mandato.

Deve-se entender que a disposição da lei especial de regência da advocacia prevalece sobre a regra geral do Código Civil, que, então, só seria aplicável para o caso em que a fixação do valor dos honorários dependa de arbitramento judicial, caso em que a "ação de arbitramento" deverá ser proposta dentro do prazo previsto no art. 206, § 5º, II, do Código Civil.[104]

Por fim, prescreve em cinco anos o direito do vencedor de haver do vencido o que despendeu em juízo (art. 206, § 5º, III, do Código Civil). Trata-se do prazo prescricional a que se submete o direito de uma das partes do processo de exigir da outra o ressarcimento do valor das despesas processuais que adiantou, ressarcimento esse que deve ocorrer em razão do assim chamado (mesmo que impropriamente) "ônus da sucumbência". Esse prazo, evidentemente, só pode começar a correr a partir do trânsito em julgado da decisão que condenou uma das partes a ressarcir a outra das despesas processuais que tenha adiantado.

Há, contudo, uma questão a considerar: é que pode acontecer de a condenação ao pagamento das despesas processuais ser o único capítulo da sentença a ser executado (além de honorários

---

104 Nesse sentido, THEODORO JÚNIOR, Humberto. *Prescrição e decadência*, cit., p. 304. Na jurisprudência do STJ, esse entendimento tem sido acolhido, como se pode ver, por exemplo, nos acórdãos proferidos no AgRg no REsp n. 1.422.515/SP, rel. Min. Marco Buzzi, j. 09.05.2017, bem como no REsp n. 1.344.123/RJ, rel. Min. Luis Felipe Salomão, j. 03.10.2017.

CAP. 7 – PRAZOS PRESCRICIONAIS | 189

advocatícios, mas estes se sujeitam a regime próprio, por força do art. 25 da Lei n. 8.906/1994 e do inciso II do art. 206, § 5º, do Código Civil). É o que se dá no caso de ser o capítulo principal da sentença de natureza meramente declaratória (como a que julga procedente o pedido de reconhecimento de paternidade) ou constitutiva (como a sentença que anula um negócio jurídico por vício de consentimento).

Existindo, porém, uma condenação principal, de que a condenação ao ressarcimento de despesas processuais seja acessória, não se aplicará o disposto nesse inciso III do art. 206, § 5º, e o prazo de prescrição da verba acessória, aí, será o mesmo prazo da prescrição da obrigação principal, que pode ser igual, maior ou menor do que cinco anos.[105] Trata-se, aqui, de desenvolver o mesmo raciocínio que, em passagem anterior deste capítulo, se desenvolveu acerca da prescrição do direito de exigir o pagamento de juros, distinguindo-se os casos em que esses juros são acessórios de outra prestação das situações em que os juros têm autonomia (art. 206, § 3º, III, do Código Civil, examinado no item 7.5, *supra*).

---

105 THEODORO JÚNIOR, Humberto. *Prescrição e decadência*, cit., p. 306.

8

A "PRESCRIÇÃO INTERCORRENTE"

O Direito brasileiro regula uma figura que pode ser qualificada como *exótica*: a prescrição intercorrente, ou prescrição no curso do processo. Trata-se da possibilidade de extinção do direito a uma prestação (ou seja, da "prescrição" desse direito) durante o curso de um processo instaurado exatamente com o objeto de satisfazer o direito do credor.

Essa simples afirmação já mostra que, na verdade, não se está aqui diante de algo que verdadeiramente se enquadre no conceito de prescrição, já que a "prescrição intercorrente" não pressupõe, necessariamente, que haja inércia do credor para ocorrer.

É preciso, então, que se façam algumas considerações preliminares – e algumas distinções – para que seja possível discorrer sobre o tema.

Inicialmente, vale dizer que se vai chamar de "prescrição intercorrente" qualquer situação em que desaparece o direito a uma prestação em razão da paralisação prolongada de um processo cujo objeto seja a satisfação do crédito. No entanto, isso exige que se recorde de que, ao menos como regra, o processo civil começa por iniciativa da parte *e se desenvolve por impulso oficial* (art. 2º do CPC). Consequência dessa disposição é que, ao menos como regra geral, eventual paralisação do processo não poderá ser considerada resultado da inércia da parte, mas do Estado-juiz, que não terá cumprido adequadamente seu dever de dar andamento ao processo.

Casos há, porém, em que o andamento do processo pode depender de algum ato a ser praticado pelo demandante. É o que se tem, por exemplo, no processo em que – na fase de conhecimento – se tenha proferido decisão condenando o devedor a pagar quantia em dinheiro. Nesse caso, por expressa previsão do art. 513, § 1º, do CPC, a atividade executiva – que se dará, em regra, em uma fase complementar do mesmo processo em que constituído o título executivo judicial – só pode ter início por provocação do credor, vedada a atuação de ofício do juiz. Nessa situação, portanto, se o credor deixar transcorrer o prazo prescricional (contado a partir do trânsito em julgado), haverá, em virtude de sua inércia, uma prescrição que pode ser chamada de intercorrente (visto que todo o curso da prescrição terá ocorrido no curso do processo).

Há quem considere ser possível ocorrer essa prescrição em razão da paralisação de um processo (de conhecimento ou de execução) por desídia do demandante por todo o tempo necessário para o decurso do prazo prescricional. Pense-se, por exemplo, no caso de o autor não atender a uma determinação judicial no sentido de que deve "requerer o que de direito".[1] Não se pode, todavia, concordar de forma plena com esse raciocínio. É que, em caso assim, incumbe ao juiz dar andamento ao processo e, se for o caso, extingui-lo sem resolução do mérito por abandono da causa (art. 485, III, do CPC).

Pode ocorrer, entretanto, de esse abandono se dar depois do oferecimento da contestação, caso em que a lei veda ao juiz extinguir o processo de ofício (art. 485, § 6º, do CPC), pois, nessa situação, é possível o processo ficar paralisado, por inércia do autor e por não ter o réu requerido a extinção do processo por abandono, por prazo suficiente para a consumação da prescrição. Haverá, aí, prescrição intercorrente.

Fenômeno análogo não pode, porém, acontecer no curso do processo de execução (ou do cumprimento de sentença). É

---

1 A hipótese é aventada por AURELLI, Arlete Inês; PANTALEÃO, Cristina Pinheiro Cardoso. Uma revisita ao tema da prescrição intercorrente no âmbito do processo civil com ênfase no novo CPC. *Revista de Direito da Advocef*, n. 24, ano XII, 2017. p. 57.

CAP. 8 - A "PRESCRIÇÃO INTERCORRENTE" | 193

que, nesses casos, a extinção do processo por abandono unilateral sempre poderá (e deverá) se dar de ofício.[2]

Os casos até aqui apresentados de prescrição intercorrente, como visto, são mesmo de *prescrição*, já que a extinção do direito resultará da inércia do titular do direito. Há, contudo, outra situação de "prescrição intercorrente", expressamente prevista em lei, que de prescrição não tem rigorosamente nada. É a hipótese a que se refere o art. 924, V, do CPC, segundo o qual a execução deve ser extinta quando "ocorrer a prescrição intercorrente". Trata-se, aí, da causa de extinção do crédito a que se refere o art. 206-A do Código Civil, consoante o qual:

> (...) [a] prescrição intercorrente observará o mesmo prazo de prescrição da pretensão, observadas as causas de impedimento, de suspensão e de interrupção da prescrição previstas neste Código e observado o disposto no art. 921 da Lei n. 13.105, de 16 de março de 2015 (Código de Processo Civil).

É preciso dizer que o único ponto em relação ao qual se tem alguma clareza acerca dessa matéria é o prazo: a "prescrição intercorrente" está sujeita ao mesmo prazo da prescrição propriamente dita. Tudo o mais é obscuro. Impõe-se, então, tentar dar algum sentido lógico ao que consta do texto legal.

Necessário começar pelo disposto no art. 921, III, do CPC, por força do qual o procedimento executivo (seja cumprimento de sentença, seja processo de execução) deverá ser suspenso "quando não for localizado o executado ou bens penhoráveis". Nesse caso,

---

2 Assim decidiu o STJ, por exemplo, ao julgar os EDcl no REsp n. 1.120.097/SP, rel. Min. Napoleão Nunes Maia Filho, j. 26.06.2013, e o REsp n. 1.329.670/GO, rel. Min. Ricardo Vilas Bôas Cueva, j. 28.08.2012. É preciso, porém, fazer uma observação acerca da jurisprudência do STJ: aquele Tribunal Superior tem entendido que esse mesmo raciocínio não seria aplicável se o executado tivesse oposto embargos à execução e estes ainda estivessem pendentes de julgamento. Assim não é, entretanto. Os embargos têm natureza de processo de conhecimento autônomo. Eventual extinção do processo de execução por abandono unilateral da causa, *data venia*, mesmo embargos à execução pendentes, não depende de requerimento do executado. Ocorre que a extinção da execução, nesse caso, só vai acarretar a automática extinção do processo dos embargos se estes versarem exclusivamente sobre matéria processual (como no caso de embargos em que se alega ilegitimidade de parte). Caso versem os embargos sobre matéria de mérito (como seria a alegação de alguma causa extintiva da obrigação), o processo dos embargos só seria extinto com a concordância do embargante, aplicando-se aí a mesma regra da desistência da execução (art. 775, parágrafo único, do CPC).

o processo ficará suspenso por um ano, e, durante esse tempo, "se suspenderá a prescrição" (art. 921, § 1º, do CPC). Aqui já começam os problemas. É que evidentemente não se tem aí um caso de suspensão do prazo prescricional, mas de impedimento à prescrição. De toda sorte, apesar da impropriedade do texto legal, durante esse período de um ano não corre qualquer prazo prescricional contra o exequente e a favor do executado, devendo os autos permanecer em cartório.

Caso se localize o executado durante esse prazo de um ano, ou se verifique que o executado adquiriu bens penhoráveis (ou caso se venha a descobrir bens penhoráveis que não haviam sido encontrados anteriormente), a execução voltará a tramitar. Decorrido, porém, o prazo de um ano sem que seja localizado o executado, ou sem que se localizem bens penhoráveis, os autos serão arquivados (art. 921, § 2º, do CPC), sem que ocorra a extinção do processo. Arquivados os autos, sempre será possível ao exequente requerer seu desarquivamento para que possa prosseguir a execução, cabendo ao exequente demonstrar que localizou o executado ou que encontrou bens penhoráveis (art. 921, § 3º).

Após o decurso daquele prazo de um ano, também começará a correr o prazo da "prescrição intercorrente". Verifica-se, aí, uma "prescrição" em que não há qualquer desídia do credor, que não está inerte. O que acontece, aí, é o desaparecimento do devedor ou a não localização de bens penhoráveis.

O § 4º do art. 921 do CPC estabelece que o termo inicial do prazo de "prescrição intercorrente" é "a ciência da primeira tentativa infrutífera de localização do devedor ou de bens penhoráveis", e que a "prescrição no curso do processo [será] suspensa, por uma única vez, pelo prazo máximo previsto no § 1º". Ora, o termo inicial do prazo não pode ser "a ciência da primeira tentativa infrutífera de localização do devedor ou de bens penhoráveis", já que o próprio Código estabelece, como visto, que não corre a "prescrição intercorrente" pelo prazo de um ano a contar da suspensão do processo. Em outras palavras, não se pode admitir que o termo inicial do prazo se dê em determinada data (por exemplo, a da primeira tentativa infrutífera de localização do devedor), mas esse prazo só comece a correr um ano depois por estar suspenso. O que acontece, nesse caso, não é uma suspensão do prazo, mas a

CAP. 8 – A "PRESCRIÇÃO INTERCORRENTE" | 195

manifestação de uma causa impeditiva da prescrição, nos mesmos termos dos arts. 197 a 199 do Código Civil.

A correta interpretação do dispositivo, então, é no sentido de considerar que a "prescrição intercorrente" não corre pelo prazo máximo de um ano a contar da data da primeira tentativa infrutífera de localização do executado ou de bens penhoráveis; passado esse prazo de um ano, começa a correr o prazo da "prescrição intercorrente".

Perceba-se, dessa maneira, que o prazo ânuo durante o qual não corre a "prescrição intercorrente" não será contado da data em que o juízo da execução suspender o processo, mas da data em que tenha ocorrido a primeira tentativa infrutífera de localizar o executado ou seus bens penhoráveis.[3]

O texto normativo do CPC estabelece que esse prazo de "prescrição intercorrente" só pode ser "suspens[o] por uma única vez" (art. 921, § 4º). De suspensão aí, porém, não se trata (como visto anteriormente). O que há aí é uma causa de impedimento da fluência do prazo da "prescrição intercorrente". De outro lado, o art. 206-A do CC estabelece que, na "prescrição intercorrente", devem ser "observadas as causas de impedimento, de suspensão e de interrupção da prescrição previstas neste Código", além de observado o disposto no art. 921 do CPC. Acontece que o art. 206-A do Código Civil foi ali incluído pela Lei n. 14.382/2022, posterior à redação dada ao art. 921, § 4º, do CPC (que foi estabelecida pela Lei n. 14.195/2021). Embora a lei posterior, como é notório, prevaleça sobre a lei anterior quando, tendo a mesma hierarquia, tratam do mesmo tema de formas distintas, não se precisa chegar ao ponto de afirmar que teria havido uma revogação (ainda que parcial) do dispositivo do Código de Processo Civil. É possível promover-se uma interpretação que os harmoniza. Assim, deve-se entender que aquele prazo de um ano, contado da primeira tentativa infrutífera de localizar o executado ou seus bens penhoráveis, só pode correr uma vez. Outras causas de impedimento, suspensão e interrupção do prazo, entretanto, podem também incidir, nos termos da lei civil.

---

3   Tudo o que vai no texto até este ponto se baseia no que foi anteriormente dito em CÂMARA, Alexandre Freitas. *O novo processo civil brasileiro*, cit., p. 430-431.

Imagine-se, por exemplo, a seguinte situação: em uma execução, não são encontrados bens penhoráveis, razão pela qual o processo fica suspenso (art. 921, III, do CPC). Passado um ano da tentativa frustrada de localizar bens penhoráveis, começa a correr o prazo da "prescrição intercorrente". Dois anos depois, ainda antes de consumada a "prescrição intercorrente", o devedor adquire um bem penhorável, o que chega ao conhecimento do credor. Este, então, promove o desarquivamento dos autos e requer a penhora desse bem. Efetivada a constrição do bem, o prazo prescricional é "interrompido" (ou, melhor dizendo, não haverá consumação da prescrição), e o processo executivo volta a fluir.

Pense-se, agora, que a expropriação desse bem não tenha sido suficiente para a obtenção de meios para a satisfação integral do crédito exequendo. Nesse caso, será preciso prosseguir com a execução, buscando-se outros bens penhoráveis. Havendo uma tentativa frustrada de localização de bens sujeitos à atividade executiva (por não haver outros bens penhoráveis no patrimônio do executado), o processo deverá ser novamente suspenso, com base no disposto no art. 921, III, do CPC. Nessa situação, todavia, não haverá a fluência daquele prazo de um ano durante o qual se impede o início do prazo "prescricional", e a "prescrição intercorrente" começará a correr desde logo.

Tanto no primeiro desses prazos de "prescrição intercorrente" como no segundo, porém, outras causas de impedimento, suspensão ou interrupção da prescrição podem incidir normalmente. É que a "prescrição intercorrente" não corre entre cônjuges, na constância da sociedade conjugal, ou contra ausentes do País em serviço público da União, Estado, Distrito Federal ou Município. Remete-se quem estiver lendo, então, ao que foi anteriormente dito acerca do impedimento, da suspensão e da interrupção do prazo prescricional.

O reconhecimento da "prescrição intercorrente", que pode se dar de ofício ou a requerimento do interessado, depende da observância do contraditório prévio e efetivo, o que é uma exigência do modelo constitucional de processo civil brasileiro. Impõe-se, desse modo, que sejam ouvidas as partes, no prazo comum de quinze dias, antes da decisão judicial (art. 921, § 5º, do CPC). Ademais, o reconhecimento da "prescrição intercorrente", que implicará a declaração da extinção do direito do exequente à prestação que lhe

CAP. 8 – A "PRESCRIÇÃO INTERCORRENTE" | 197

era devida, se dará "sem ônus para as partes", ou seja, sem que haja condenação ao pagamento de honorários advocatícios.[4] A ausência dessa intimação prévia das partes implica nulidade da decisão que reconhece a "prescrição intercorrente", havendo aí uma presunção absoluta de prejuízo (o que impede a aplicação do disposto no art. 282, § 1º, do CPC, que afasta a nulidade quando o vício do ato ou do procedimento não causa prejuízo). Outros vícios desse procedimento também podem gerar nulidade da decisão, claro, mas só se reconhecerá a invalidade do pronunciamento judicial se tiver havido prejuízo causado pelo vício.[5]

Pronunciada a "prescrição intercorrente", extingue-se o procedimento executivo (seja processo de execução, seja cumprimento de sentença), assim como o próprio direito subjetivo à prestação que anteriormente era devida. O que se tem aí, portanto, é uma "prescrição" do direito que não é, propriamente, prescrição, já que não tem qualquer ligação com a inércia do titular do direito. Daí a crítica que aqui se faz ao instituto. Vale lembrar, a propósito, lição de Arruda Alvim (anterior ao vigente CPC e a toda a legislação posterior que tratou do tema aqui versado):

> Não se deve admitir a ocorrência de prescrição se não houver inércia do credor; e, minudeando mais, igualmente não deve ser havida como configurada *prescrição intercorrente* se não há inércia do credor e autor em processo de conhecimento ou em execução.[6]

A afirmação de Arruda Alvim é absolutamente lúcida e correta. Por isso, a verdadeira prescrição intercorrente exige uma inércia do credor que se manifeste já no curso do processo. Essa outra figura que (sempre entre aspas) se chamou aqui – para empregar-se a terminologia legal – de "prescrição intercorrente" ou "prescrição no curso do processo", porém, não é verdadeira prescrição, uma vez que não decorre de qualquer inércia do credor. É, isto sim, uma causa – que já se qualificou aqui como *exótica* – de extinção do direito subjetivo. Exótica não apenas por ser impropriamente chamada de prescrição, mas também – e

---

4 CÂMARA, Alexandre Freitas. *O novo processo civil brasileiro*, cit., p. 431.
5 Sobre o "princípio do prejuízo" no processo civil, consulte-se CABRAL, Antônio do Passo. *Nulidades no processo moderno*. Rio de Janeiro: Forense, 2009. p. 287-290.
6 ARRUDA ALVIM, José Manoel de. *Da prescrição intercorrente*, cit., p. 26.

principalmente – por extinguir o direito a fim de favorecer um devedor que não é encontrado ou não tem bens penhoráveis que possam ser localizados (ainda que eles efetivamente existam). Parece haver, aí, uma proteção exagerada ao devedor, que consegue livrar-se da obrigação de modo anômalo, sem que haja a satisfação do crédito. Melhor seria que, nesse caso, o crédito continuasse a existir, e se tomassem outras medidas (por exemplo, o protesto do título ou outro tipo de inscrição do devedor em cadastros de devedores inadimplentes), o que serviria como mecanismo coercitivo, constrangendo o devedor a pagar o que deve a um credor que não foi desidioso. Impõe-se, todavia, respeitar a opção legislativa e, presentes os requisitos legais, reconhecer a extinção do direito.

9

ASPECTOS PROCESSUAIS

A prescrição é um tema do Direito Material que tem evidentes aspectos de Direito Processual Civil. Esses aspectos, porém, costumam ser deixados de lado, ou tratados de modo muito superficial, nos textos escritos por civilistas. Nesse contexto, é preciso, aqui, cuidar deles. Assim, impende examinar três temas: o poder que tem o juiz de conhecer da prescrição de ofício, a possibilidade de que essa matéria seja alegada em qualquer tempo e grau de jurisdição e a necessidade de contraditório prévio ao reconhecimento da prescrição. É o que se passa a fazer.

9.1. COGNOSCIBILIDADE DE OFÍCIO

O Código Civil brasileiro, em sua redação original, continha a expressa vedação ao reconhecimento de ofício da prescrição, em seu art. 194 ("O juiz não pode suprir, de ofício, a alegação de prescrição, salvo se favorecer a absolutamente incapaz"). A ressalva que existia na parte final do dispositivo resultava do caráter indisponível dos direitos e interesses dos absolutamente incapazes. Fora desse caso excepcional, entretanto, não se admitia o reconhecimento de ofício da prescrição, o que colocava o ordenamento jurídico brasileiro lado a lado com os outros ordenamentos, já que em lugar algum (ao que se saiba) a prescrição pode ser reconhecida de ofício.

200 | REPENSANDO A PRESCRIÇÃO • ALEXANDRE FREITAS CÂMARA

Veio, contudo, a Lei n. 11.280/2006, que revogou o art. 194 do Código Civil. Além disso, a mesma lei acrescentou, ao CPC de 1973, um § 5º do art. 219, assim redigido: "O juiz pronunciará, de ofício, a prescrição". Fica claro, desse modo, que o ordenamento brasileiro passou a admitir o reconhecimento *ex officio* (ou seja, independentemente de alegação) da prescrição. Da justificativa do anteprojeto de lei, assinada pelo Ministro da Justiça Márcio Thomaz Bastos, tudo o que consta a respeito do tema é o seguinte: "louvável a disposição que permite ao juiz decretar de ofício, sem necessidade de provocação das partes, a prescrição, em qualquer caso, conforme proposta de redação inédita ao parágrafo 5º do art. 219 do CPC". Vê-se, pois, que não há sequer uma explicação das razões que levaram a essa inovação.

É preciso tentar entender a razão que levou a essa modificação legislativa, responsável pela criação de uma verdadeira "jabuticaba jurídica". Sobre o tema, logo que editada a Lei n. 11.280/2006, um magistrado trabalhista escreveu:

> (...) [a] possibilidade de o magistrado conhecer a prescrição de ofício, ou seja, sem a necessidade de provocação da parte a quem interessa o instituto, num primeiro momento se afigura como a solução de pilhas e pilhas de processos que se avolumam nas escrivanias do Poder Judiciário, sobretudo na área cível, questões há muito sufragadas pela prescrição que o magistrado poderá decidir rapidamente, desafogar o trabalho e dispender (*sic*) maior atenção para as demais demandas.[1]

Vê-se, assim, que um dos motivos dessa alteração seria permitir aos magistrados melhorar suas estatísticas, proferindo um número maior de sentenças e, com isso, livrar-se de processos cuja pendência não parece fazer qualquer sentido.

Tive oportunidade de escrever, em 2006, logo que editada a Lei n. 11.280/2006, algo que agora reproduzo:

> Registro, aqui, o fato de que há já algum tempo o Poder Judiciário brasileiro tem-se preocupado mais com a quantidade de sentenças que

---

1 BESSA, Leonardo Rodrigues Itacaramby. Arguição da prescrição de ofício pelo magistrado – aspectos positivos e negativos. Aplicabilidade ao processo do trabalho. *Revista Eletrônica da Amatra XX*, Aracaju, n. 8, 2007. Disponível em: <www.amatra20.org.br/amatrawi/interna.wsp?tmp_page=interna&tmp_codigo=182&tmp_secao=3&tmp_topico=Revista%20Eletr%F4nica&tmp_menu=3>. Acesso em: 20.12.2022.

CAP. 9 – ASPECTOS PROCESSUAIS | 201

profere do que com sua qualidade. E isto se vê pelas estatísticas que são apresentadas, em que há uma enorme preocupação com a demonstração de que as sentenças são proferidas em grande quantidade (mas sem qualquer estudo sério e objetivo sobre a qualidade das mesmas). Não se pode, porém, deixar de recordar neste ponto a célebre frase de Benjamin Disraeli: "Há três tipos de mentiras: mentiras, mentiras deslavadas e estatísticas".[2]

Melhorar as estatísticas judiciárias, porém, não foi a única intenção dessa reforma legislativa. Outra finalidade foi beneficiar (de novo) a Fazenda Pública. Veja-se, por exemplo, o que já se escreveu sobre o tema:

> Decerto, quem mais beneficiar-se-á com a alteração legislativa será a Fazenda Pública, principal prejudicada com a anterior mudança que obstara o reconhecimento em casos relativos a direitos indisponíveis, porque o magistrado poderá suprir a não alegação por parte dos procuradores judiciais daquela, visto que a quantidade de processos instaurados nos quais a mesma figura como parte é enorme e não há como se ter um controle absoluto sobre todos os prazos prescricionais.[3]

Aqui a justificativa apresentada é ainda mais absurda. Admitir-se o reconhecimento de ofício da prescrição porque os advogados públicos frequentemente se omitiriam e não apresentariam essa alegação é algo absolutamente desarrazoado. Em primeiro lugar, porque a lei não faz distinção entre os casos em que o prescribente é um particular ou a Fazenda Pública. Em segundo lugar, porque a Fazenda Pública não deve receber essa proteção, absolutamente desarrazoada.

Certo é, todavia, que o Direito brasileiro passou a admitir o reconhecimento da prescrição de ofício.[4] Embora não haja, no

---

2   Sobre as absurdas estatísticas judiciárias, que não produzem qualquer efeito útil, confira-se ARAGÃO, Egas Dirceu Moniz de. Estatística judiciária. *Genesis: Revista de Direito Processual Civil*, v. 8, n. 27, p. 71-80, jan.-mar. 2003.

3   ARAPIRACA, Ciro José de Andrade. *A Lei 11.280/06 e o reconhecimento de ofício da prescrição*. Disponível em: <www.juspodivm.com.br/i/a/{4C7533F0-6726-493A-806A-BA63BC5A636B}_A%20Lei%2011[1].280-06%20e%20o%20Reconhecimento%20de%20of%C3%ADcio%20da%20Prescri%C3%A7%C3%A3o%20-%20 Ciro%20Jos%C3%A9%20de%20Andrade%20Arapiraca.doc>. O texto aqui citado foi consultado em 2006, na época da edição da Lei n. 11.280/2006, e não foi possível localizá-lo novamente quando se escrevia o presente trabalho. Foram consultadas as anotações do autor feitas na época da consulta original.

4   Sobre o tema, escrevi um texto logo depois da edição da Lei n. 11.280/2006 (cujo conteúdo serve de base para o que aqui se sustenta). Naquele artigo (CÂMARA,

CPC vigente, dispositivo que corresponda exatamente ao art. 219, § 5º, da lei anterior, o texto normativo continua a prever o reconhecimento de ofício da prescrição, como se pode ver, por exemplo, no art. 487, II, que prevê a resolução do mérito quando o juiz decidir, *de ofício ou a requerimento*, sobre a ocorrência de decadência ou prescrição.

Não basta, porém, dizer que o juiz brasileiro pode reconhecer a prescrição de ofício. É preciso compreender exatamente como esse fenômeno pode ocorrer. Disso se passa a tratar.[5]

No processo de conhecimento, é possível conhecer-se de ofício da prescrição a qualquer tempo *nas instâncias ordinárias*. Dito de outro modo, fica desde logo excluída a possibilidade de suscitar-se de ofício a prescrição originariamente em grau de recurso especial ou extraordinário. É que, nesse caso, faltaria o requisito do prequestionamento, o que impossibilita a apreciação da questão *ex officio*.[6]

Já nas instâncias ordinárias do processo de conhecimento, é possível o reconhecimento de ofício da prescrição, mas há a necessidade de distinguir-se entre os casos em que isso ocorre antes da citação (o que levará a um julgamento de improcedência liminar do pedido) e os casos em que isso se dá após a citação.

Quando a questão é suscitada de ofício em processo de conhecimento no qual o réu já foi citado, é preciso observar o disposto no art. 487, parágrafo único, do CPC, por força do qual a prescrição (assim como a decadência) não será reconhecida "sem que antes seja dada às partes oportunidade de manifestar-se". Essa é disposição que resulta diretamente do princípio constitucional do contraditório, aqui entendido como norma que veda a prolação

---

Alexandre Freitas. Reconhecimento de ofício da prescrição: uma reforma descabeçada e inócua. *Professor Flávio Tartuce*. Disponível em: <www.flaviotartuce.adv.br/artigos_convidados/22>. Acesso em: 16.12.2022), demonstrei toda minha revolta com essa alteração legislativa. Continuo a acreditar tratar-se de algo completamente sem sentido. Uma reforma *descabeçada*, insana e praticamente inócua, como se tentará demonstrar.

5   Faça-se, porém, e desde logo, uma observação: neste tópico, a cognoscibilidade de ofício da prescrição será apreciada apenas em seus aspectos processuais. Os efeitos materiais do conhecimento de ofício da prescrição (que dizem respeito à própria consumação da prescrição, já que a decisão se insere no procedimento prescricional) foram tratados no capítulo 1, mais especificamente no tópico 1.5, deste livro.

6   Assim tem sempre decidido o STJ, como se pode ver, por exemplo, pelo acórdão proferido no julgamento do AgInt nos EDcl no AgInt no REsp n. 1.523.934/RS, rel. Min. Moura Ribeiro, j. 28.09.2020.

CAP. 9 – ASPECTOS PROCESSUAIS | 203

de decisões-surpresa (na forma do disposto no art. 10 do CPC). É que a autorização para o juiz conhecer de uma matéria de ofício não pode ser compreendida como uma possibilidade de dispensa do contraditório. A decisão judicial precisa, necessariamente, ser produzida com pleno respeito ao contraditório efetivo, como forma de respeito ao modelo constitucional de processo.[7]

Por isso, quando a prescrição for suscitada de ofício, deverá ser dada a ambas as partes oportunidade para manifestarem-se acerca da prescrição ou da decadência. Aqui há um dado relevante: suscitada de ofício a questão atinente a ter havido prescrição, e aberta a oportunidade para manifestação das partes, o silêncio do devedor deve ser interpretado como renúncia tácita à prescrição (art. 191 do CC). Assim, silenciando o devedor sobre a matéria quando provocado de ofício pelo juiz para sobre ela manifestar-se, deverá o juiz reputar tacitamente renunciada a prescrição, o que a impedirá de a pronunciar.[8]

Essa oportunidade para manifestação das partes é fundamental, já que o reconhecimento da prescrição depende da análise de uma série de questões fáticas que podem surgir, como as atinentes a eventuais causas de impedimento, suspensão ou interrupção do prazo prescricional, que só chegarão ao conhecimento do juiz por meio da manifestação das partes. Apenas depois de receber essas manifestações (ou do decurso do prazo sem que as partes se manifestem) é que o juiz poderá decidir se a prescrição se consumou ou não.

Distinto é o fenômeno, porém, quando se trata de reconhecer a prescrição de ofício antes da citação do réu. É que, nesse caso, não faria mesmo sentido falar-se em prévia oitiva de *ambas as partes*, uma vez que o réu ainda não ingressou no processo. Isso explica o disposto no art. 487, parágrafo único, do CPC, segundo o qual, "[r]essalvada a hipótese do § 1º do art. 332, a prescrição e a decadência não serão reconhecidas sem que antes seja dada às partes oportunidade de manifestar-se".

De outro lado, contudo, o art. 332, § 1º, do CPC expressamente permite que a prescrição seja reconhecida antes da citação

---

7   Sobre o modelo constitucional de processo civil brasileiro, consulte-se CÂMARA, Alexandre Freitas. *Manual de Direito Processual Civil*, cit., p. 43 e seguintes (e, especificamente sobre o princípio do contraditório, p. 54-58).

8   Ibidem, p. 443.

do réu, mediante sentença de improcedência liminar do pedido. Apesar disso, há quem diga que "o juiz não conseguirá decidir liminarmente a lide para decretar a prescrição, sem que antes ouça as partes a respeito das questões de fato que podem influir na sua ocorrência".[9] Em outros termos, o que parece ser afirmado aí é que seria impossível, do ponto de vista prático, um julgamento de improcedência liminar do pedido fundado no reconhecimento de ofício da prescrição antes mesmo de haver a citação do réu, visto que a prescrição exige, para ser reconhecida, o enfrentamento de questões fáticas, como a de determinar se houve ou não a ocorrência de alguma causa de impedimento, suspensão ou interrupção do prazo. Isso porque, segundo Theodoro Júnior:

> (...) o juiz nunca tem condições seguras para, de ofício, decretar qualquer prescrição, já que não são fatais os prazos da lei para a perda da pretensão. Inúmeras situações de fato e de direito redundam em suspensão ou interrupção da prescrição (Código Civil, arts. 197 a 204), e só o credor está em condições de invocá-las e demonstrá-las. Admitir que o juiz aja à revelia do credor e do devedor entra em contradição invencível com os poderes e faculdades que nascem do instituto da prescrição para um e outro, os quais se apresentam como livremente disponíveis para os respectivos titulares, e cuja verificação assume a verdadeira natureza de *condição* de incidência do efeito extintivo sobre a pretensão deduzida em juízo. Em outras palavras: o juiz está inibido de decretar *ex officio* a prescrição porque, no comum dos casos, sequer tem condições de reconhecer, *in concreto*, se ela se consumou ou não.[10]

É imprescindível, porém, reconhecer que o CPC expressamente autoriza o juiz da causa a reconhecer a prescrição não apenas de ofício, mas antes da citação do réu. Impende, todavia, compatibilizar essa regra com o princípio constitucional do contraditório. É que, nos termos do já mencionado art. 487, parágrafo único, do CPC, antes de se pronunciar a prescrição, é preciso ouvir as partes, "[r]essalvada a hipótese do § 1º do art. 332". A interpretação dessa regra tem gerado bastante controvérsia.

Marinoni e Arenhart, por exemplo, sustentam que, nesse caso, não há mesmo que se falar em contraditório prévio. É a

---

9 THEODORO JÚNIOR, Humberto. *Prescrição e decadência*, cit., p. 107.
10 Ibidem, p. 102.

CAP. 9 – ASPECTOS PROCESSUAIS | 205

seguinte a explicação dada pelos dois processualistas, ao tratarem do tema em coautoria:

> Alguém poderia imaginar que o julgamento liminar de improcedência não poderia levar em consideração questões sobre as quais o autor não teve a oportunidade de se manifestar (arts. 5º, LV, da CF, e 10, CPC). Isso poderia levar à conclusão de que, *acaso o autor não se tenha pronunciado sobre a aplicação do precedente, da jurisprudência, da decadência ou da prescrição* ao seu caso na petição inicial, teria o juiz de oportunizar que o autor se pronunciasse sobre a aplicação do precedente ou da jurisprudência ao seu caso (viabilizando a demonstração de *eventual distinção ainda não realizada* que o autor entenda pertinente) ou sobre a decadência do direito ou a prescrição da pretensão.
>
> No entanto, como nesse caso a apelação excepcionalmente viabiliza a retratação do juiz de 1º grau (art. 332, § 3º, do CPC), pode o contraditório ser exercido eficazmente na apelação, inclusive com a possibilidade de o juiz se retratar e reconhecer que o precedente não é aplicável, que a orientação jurisprudencial não alcança o caso, que não há decadência ou prescrição. E é justamente por essa razão que o art. 332, § 1º, do CPC dispensa o contraditório prévio no julgamento da improcedência liminar que declara a decadência ou a prescrição (art. 487, parágrafo único, do CPC).[11]

De outro lado, Daniel Neves sustenta a necessidade de oitiva prévia do autor no caso de pronúncia da prescrição mediante julgamento de improcedência liminar. São suas palavras:

> Entendo que em respeito ao art. 9º do Novo CPC, a sentença liminar de improcedência só pode ser proferida após a intimação do autor e a concessão de prazo para que tente afastar a impressão inicial do juiz pelo cabimento do julgamento liminar de improcedência. Afinal, o dispositivo legal dispensa o contraditório apenas quando a decisão for favorável à parte não ouvida, o que obviamente não é o caso.[12]

Já tive oportunidade, em outro trabalho, de me manifestar acerca do ponto, analisando o disposto no parágrafo único do

---

11 MARINONI, Luiz Guilherme; ARENHART, Sérgio Cruz. *Comentários ao Código de Processo Civil*. São Paulo: Ed. RT, 2016. v. IV. p. 492-493.

12 NEVES, Daniel Amorim Assumpção. *Novo Código de Processo Civil comentado artigo por artigo*. 2. ed. Salvador: JusPodivm, 2017. p. 591-592. No mesmo sentido: MEDINA, José Miguel Garcia. *Direito Processual Civil moderno*, cit., p. 530; ARAÚJO, José Henrique Mouta; LEMOS, Vinicius Silva. *Procedimento comum no processo de conhecimento*. Salvador: JusPodivm, 2021. p. 138.

206 | REPENSANDO A PRESCRIÇÃO • ALEXANDRE FREITAS CÂMARA

art. 487 (especialmente quanto à ressalva ali feita aos casos previstos no art. 332, § 1º, do CPC), nos seguintes termos:

> Há, porém, nesse parágrafo único do art. 487 uma ressalva que precisa ser adequadamente compreendida. É que ali se faz uma ressalva ao disposto no art. 332, § 1º, que prevê o julgamento de improcedência liminar do pedido quando se reconhecer desde logo a decadência ou a prescrição. Impende, porém, considerar que a ressalva prevista na lei significa que nesse caso o juiz não terá de ouvir, antes de proferir a sentença por este fundamento, "[as] partes" (como consta do texto normativo do parágrafo único do art. 487). Não se extraia daí, porém, que não seria necessário ouvir sequer o autor. É que a prévia oitiva deste resulta da incidência do disposto no art. 9º. Em outros termos, caso o juiz verifique desde logo que pode ter ocorrido a prescrição ou a decadência e, portanto, que pode ser caso de julgamento de improcedência liminar do pedido, deverá abrir vista ao autor para que se manifeste sobre o ponto, somente podendo decidir com base nesse fundamento depois de ter assegurado ao autor oportunidade para manifestar-se (arts. 9º e 10). De outro lado, verificando o juiz que pode ser caso de ter-se consumado a decadência ou a prescrição após o oferecimento da contestação, a decisão com base nesse fundamento só poderá ser proferida depois de se dar oportunidade de manifestação a ambas as partes (arts. 9º, 10 e 487, parágrafo único).[13]

É preciso compreender bem o que diz o texto legal, e – evidentemente – dar a ele interpretação que seja compatível com a Constituição da República e com o modelo constitucional de processo civil. Como já se viu, no caso de reconhecimento de ofício da prescrição dar-se depois da citação do réu, só poderá ser proferida a decisão depois de ouvir-se ambas as partes. Não é à toa que, no texto do parágrafo único do art. 487 do CPC, lê-se que o juiz terá de dar oportunidade de manifestação "às partes", no plural, já que todas precisarão ser ouvidas. No caso da improcedência liminar, porém, não há mesmo que se cogitar em oitiva prévia *das partes*, uma vez que o réu ainda não terá sido integrado ao processo. Há, é verdade, quem sustente que, mesmo nesse caso, deveriam ser ouvidas previamente ambas as partes.[14] Isso, entretanto, seria incompatível

---

13 CÂMARA, Alexandre Freitas. *Manual de Direito Processual Civil*, cit., p. 443.
14 COSTA FILHO, Venceslau Tavares. Breves reflexões sobre a prescrição no Código de Processo Civil de 2015. In: MACÊDO, Lucas Buril de; PEIXOTO, Ravi; FREIRE, Alexandre (org.). *Procedimento comum*. 2. ed. Salvador: JusPodivm, 2016. p. 119-120.

CAP. 9 - ASPECTOS PROCESSUAIS | 207

com a ideia de improcedência *liminar* do pedido, visto que essa técnica processual só faz sentido se o pedido é julgado improcedente sem a prévia oportunidade de manifestação do demandado. De outro lado, o art. 9º do CPC é expresso em estabelecer que não se pode proferir decisão *contra* uma das partes sem antes dar a ela oportunidade de ser ouvida. Nada impede, porém, que se decida favoravelmente à parte sem ouvi-la previamente. É isso que justifica, por exemplo, a possibilidade de decisão monocrática do relator que, sem prévia oitiva do recorrido, não conhece do recurso ou lhe nega provimento (art. 932, III e IV, do CPC), enquanto a decisão monocrática que dá provimento ao recurso (art. 932, V, do CPC) só pode ser proferida depois de se dar ao recorrido oportunidade para oferecimento de contrarrazões. Aqui a lógica é a mesma. Não se poderia rejeitar a ocorrência de prescrição sem previamente se dar ao demandado oportunidade de se manifestar (por isso, não pode o juiz, evidentemente, declarar *que não houve prescrição* liminarmente, antes mesmo da citação). Nada impede, contudo, que o juiz profira decisão *favorável ao réu*, julgado o pedido liminarmente improcedente em razão do reconhecimento da prescrição, sem ouvi-lo antes. Daí não resulta, porém, a possibilidade de o juiz pronunciar a prescrição de ofício, em julgamento de improcedência liminar do pedido, sem antes dar *ao autor* oportunidade para se manifestar sobre o ponto. Aí terá o autor um espaço para demonstrar, por exemplo, que o prazo prescricional ainda não decorreu (seja por se tratar de um prazo maior do que aquele que ao juiz parecia incidir no caso, seja por ter havido alguma causa de impedimento, suspensão ou interrupção da prescrição). Fica, assim, respeitado o contraditório, não se podendo cogitar da prolação de uma decisão-surpresa sobre a prescrição (o que afrontaria diretamente o art. 10 do CPC, violando a garantia constitucional do contraditório).

Embora não seja este o local adequado para tratar dos efeitos materiais da declaração de ofício e *inaudita altera parte* da prescrição (já que disso se tratou no item 1.5, *supra*), vale aqui recordar que, caso proferida decisão de improcedência liminar do pedido fundada no reconhecimento da improcedência, poderá o autor, querendo, interpor apelação. Caso esta seja interposta, o réu será citado e a ele caberá, nas contrarrazões, afirmar o acerto da sentença, alegando ter mesmo ocorrido a prescrição. Na eventualidade de isso não ser feito (seja por não ter o apelado oferecido contrarrazões, seja por as contrarrazões oferecidas não veicularem essa alegação), haverá renúncia tácita à prescrição, e o tribunal deverá reformar a sentença. De outro lado, caso o autor não apele, haverá verdadeira renúncia ao seu direito, gerando o que se pode chamar de *prescrição presumida*, em razão da coisa julgada que se terá formado sobre a decisão de improcedência liminar do pedido, único caso em que a prescrição poderá ser reconhecida sem que o devedor a tenha alegado.

9.2. ALEGABILIDADE EM QUALQUER TEMPO E GRAU DE JURISDIÇÃO

Estabelece o art. 193 do Código Civil que "[a] prescrição pode ser alegada em qualquer grau de jurisdição, pela parte a quem aproveita". É preciso, porém, compreender adequadamente o que isso significa, consideradas as características do sistema processual civil brasileiro.

Inicialmente, é essencial considerar que há uma necessária distinção entre a alegação da prescrição em procedimentos cognitivos e em procedimentos executivos (seja no cumprimento de sentença, seja no processo de execução). É preciso, então, analisar primeiro a possibilidade de alegação da prescrição ao longo dos procedimentos cognitivos.

A regra geral estipula que toda a matéria de defesa – o que, evidentemente, inclui a alegação de prescrição – seja deduzida na contestação (art. 336 do CPC). O fato de o réu não alegar a prescrição nesse momento, todavia, não pode ser considerado uma renúncia tácita à prescrição (dada a expressa possibilidade de alegação posterior, na forma do art. 193 do Código Civil) nem gera preclusão, uma vez que, nos termos do art. 342, III, do CPC, é possível alegar, depois da contestação, matéria de defesa ali não alegada quando, "por expressa autorização legal, [puder ser formulada] em qualquer tempo e grau de jurisdição". Desse modo, é possível, ao longo do procedimento de primeiro grau de jurisdição, alegar-se a prescrição a qualquer tempo.

Proferida a sentença, a matéria pode ser alegada em grau de apelação,[15] seja no próprio recurso, seja nas contrarrazões. Mesmo

---

15 Sobre a possibilidade de alegação da prescrição em grau de recurso, THEODORO JÚNIOR, Humberto. *Prescrição e decadência*, cit., p. 75.

CAP. 9 - ASPECTOS PROCESSUAIS | 209

depois disso, é possível alegar a prescrição até mesmo no momento da sustentação oral, durante a sessão de julgamento do recurso. Questão interessante é a de saber se, não tendo havido alegação anterior, seria possível suscitar-se a prescrição nos embargos de declaração contra o acórdão que julga a apelação. Há decisões do Tribunal de Justiça do Estado do Rio de Janeiro em que se afirma a impossibilidade dessa alegação, pois seria uma indevida inovação recursal:

> Embargos de declaração na apelação. Ação de obrigação de fazer c/c danos morais. Paciente portadora de hérnia umbilical. Solicitação médica de internação do paciente para realização de procedimento cirúrgico. Recusa indevida da Semeg Saúde, sucedida posteriormente pela ré. Paciente que comprovou a recusa através da reclamação protocolada junto à ANS. Dano moral configurado. Súmula n. 337 deste Tribunal. *Quantum* fixado em R$ 10.000,00 (dez mil reais), que se mostra em harmonia com a capacidade econômica das partes e com o alto grau de culpabilidade da Semeg Saúde, que diante da urgência do caso narrado, não realizou o procedimento cirúrgico, colocando em risco a vida da autora, que embora seja segurada do plano, teve que ser submetida, em caráter emergencial, à internação em hospital da rede pública. Alegação de prescrição em sede de embargos declaratórios. Inovação recursal. Prescrição que sequer foi alegada pelo embargante em seu recurso de apelação. Preclusão consumativa. Precedentes do STJ. Inexistência de omissão, contradição e obscuridade. Embargos declaratórios desprovidos.[16]

> Embargos de Declaração. Apelação Cível. Alegação de inexistência de relação jurídica c/c indenizatória por danos morais. Sentença de improcedência. Falseamento da verdade. Demandado que comprovou a regularidade da contratação, valendo-se de gravação telefônica. Aclaratórios tirados do Acórdão que confirmou o provimento de mérito. Determinação de reapreciação dos mesmos, por parte do E. STJ, para manifestação da arguição de prescrição. Ação proposta em 2013, para questionar negativação realizada naquele mesmo ano. Inocorrência da prescrição no que toca ao direito de lançar o nome da parte autora nos cadastros restritivos de crédito. Demandante que não comprovou a permanência da negativação naqueles bancos de dados, após a passagem de cinco anos. Arguição de prescrição que se caracteriza como

---

16 TJRJ, Apelação Cível n. 0317974-42.2018.8.19.0001, rel. Des. Paulo Sérgio Prestes dos Santos, j. 07.02.2022, 2ª Câm. Cív.

inovação recursal desvinculada tanto dos fatos atinentes à controvérsia, quanto da prova dos autos. Desprovimento dos embargos. Manutenção do Acórdão recorrido.[17]

De outro lado, há decisões do STJ, no sentido oposto:

Recurso especial. Civil. Indenização. Falha na prestação jurisdicional. Não ocorrência. Tutela antecipada. Concessão e revogação. Danos materiais. Responsabilidade civil extracontratual. Liquidação. Causa interruptiva. Prescrição. Reconhecimento. Contradição. Inovação recursal. Inexistência.

1. Recurso especial interposto contra acórdão publicado na vigência do Código de Processo Civil de 1973 (Enunciados Administrativos n. 2 e 3/STJ).

2. Cinge-se a controvérsia a definir (i) qual o prazo prescricional aplicável à espécie, (ii) qual o seu termo inicial, (iii) se a liquidação configurou causa interruptiva da prescrição e (iv) se houve inovação recursal em embargos de declaração.

3. Não há falar em falha na prestação jurisdicional se o Tribunal de origem motiva adequadamente sua decisão, solucionando a controvérsia com a aplicação do direito que entende cabível, ainda que em desacordo com a expectativa da parte.

4. Na hipótese dos autos, a pretensão está fundada na reparação dos danos causados pela antecipação de tutela concedida e posteriormente revogada. Trata-se, portanto, de responsabilidade extracontratual, sendo aplicável o prazo trienal de que cuida o artigo 206, § 3º, V, do Código Civil.

5. O termo inicial da prescrição é a data do trânsito em julgado da ação de conhecimento. Na hipótese em apreço, a extinção do procedimento de liquidação de sentença, após a intimação da parte contrária, constituiu causa interruptiva da prescrição, não podendo a parte ser penalizada por equívoco do Poder Judiciário.

6. A existência de contradição no acórdão, devidamente apontada em embargos de declaração, não constitui inovação recursal.

7. Recurso especial conhecido e não provido.[18]

---

17   TJRJ, Apelação Cível n. 0047927-55.2013.8.19.0210, rel. Des. Pedro Freire Raguenet, j. 23.11.2028, 21ª Câm. Cív.

18   STJ, REsp n. 1.645.759/SC, rel. Min. Ricardo Villas Bôas Cueva, 3ª T., j. 20.04.2021, *DJe* 26.04.2021. No corpo do acórdão, lê-se o seguinte: "a prescrição, por se tratar de matéria de ordem pública, pode ser alegada em embargos de declaração".

CAP. 9 – ASPECTOS PROCESSUAIS | **211**

Processual civil. Agravo regimental. Agravo em recurso especial. Recurso manejado sob a égide do CPC/73. "ação estimatória c/c indenização por danos morais e materiais". Parcial procedência. Apelo nobre. Violação a dispositivos de lei federal. Falta prequestionamento. Súmula n. 211 do STJ. Prazo decadencial. Suspensão. Matéria de ordem pública. Precedentes. Súmula n. 83 do STJ.

1. Inaplicabilidade do NCPC neste julgamento ante os termos do Enunciado Administrativo n. 2 aprovado pelo Plenário do STJ na sessão de 09.03.2016: Aos recursos interpostos com fundamento no CPC/1973 (relativos a decisões publicadas até 17 de março de 2016) devem ser exigidos os requisitos de admissibilidade na forma nele prevista, com as interpretações dadas até então pela jurisprudência do Superior Tribunal de Justiça.

2. Incide a Súmula n. 211 do STJ quando os dispositivos de lei invocados no apelo nobre não foram debatidos no acórdão recorrido, apesar de opostos embargos de declaração a fim de suscitar os temas neles contidos na instância *a quo*. Caberia à parte, nas razões do seu especial, alegar a violação do art. 535 do CPC/1973 a fim de que esta Corte pudesse averiguar a existência de possível omissão no julgado, o que não foi feito.

3. A jurisprudência firmou-se no sentido de que as matérias de ordem pública, tais como prescrição e decadência, nas instâncias ordinárias, podem ser reconhecidas a qualquer tempo, ainda que alegadas em embargos de declaração, não estando sujeitas a preclusão. Incidência da Súmula n. 83 do STJ.

4. Agravo regimental não provido.[19]

Em minha atuação como Magistrado, tive oportunidade de tratar do tema em pelo menos um caso, assim ementado:

Embargos de declaração. Alegações do embargante que não foram suscitadas nas contrarrazões recursais. Prescrição e decadência que podem ser apreciadas de ofício. Cabimento dos embargos de declaração. Art. 1.022, II, do CPC. Prescrição e decadência não configuradas. Demais alegações que configuram inovação recursal. Impossibilidade. Art. 517 do CPC/1973 e art. 1.014 do CPC/2015. Desnecessidade de mencionar todos os dispositivos normativos apontados pela parte.

---

19   STJ, AgRg no AREsp n. 686.634/DF, rel. Min. Moura Ribeiro, 3ª T., j. 04.08.2016, *DJe* 09.08.2016.

Precedentes do STJ, que admite o prequestionamento implícito. Recurso parcialmente provido, sem efeitos infringentes.[20]

Como já se pode perceber, deve ser observado o entendimento seguido pelo STJ, admitida a alegação da prescrição, originariamente, em sede de embargos de declaração (nas instâncias ordinárias). Isso se diz por duas razões. A primeira é que, como já visto, a lei civil autoriza que se alegue a prescrição "em qualquer tempo", de modo que essa é matéria que não se sujeita à preclusão. A segunda razão é que os embargos de declaração permitem que seja sanada omissão referente a matéria que o juiz ou tribunal deveria ter apreciado de ofício (art. 1.022, II, do CPC). Nesse sentido, se a prescrição é matéria que se pode (e deve) conhecer de ofício, então o acórdão que sobre ela não se pronuncia é omisso, e tal omissão pode ser sanada por meio de embargos de declaração.

Encerradas as instâncias ordinárias, porém, não será possível alegar-se a prescrição originariamente nos recursos excepcionais (especial ou extraordinário), ou nos que deles resultam como desdobramentos, como seria o caso de agravo em recurso especial ou extraordinário, ou embargos de divergência. É que, nesses casos, faltaria prequestionamento, requisito essencial para que uma matéria possa vir a ser apreciada nas instâncias excepcionais.[21] O Superior Tribunal de Justiça, por exemplo, já teve oportunidade de decidir no sentido de que:

> (...) [a] questão relativa à alegação de implementação da prescrição aquisitiva no curso do processo não foi arguida no recurso especial, configurando, assim, inovação recursal; matéria, ademais, que não foi examinada pelas instâncias ordinárias, carecendo, assim, do necessário prequestionamento.[22]

O que se tem aí, registre-se, não é contrariedade ao disposto no art. 193 do Código Civil (que permite a alegação da prescrição em qualquer tempo e grau de jurisdição), mas uma interpretação desse dispositivo em conformidade com a Constituição

---

20 TJRJ, Apelação Cível n. 0116608-30.2010.8.19.0001, rel. Des. Alexandre Freitas Câmara, j. 08.08.2022.
21 THEODORO JÚNIOR, Humberto. *Prescrição e decadência*, cit., p. 78.
22 STJ, AgInt no REsp n. 1.521.577/mandado de segurança, rel. Min. Raul Araújo, 4ª T., j. 16.11.2020, DJe 14.12.2020.

CAP. 9 - ASPECTOS PROCESSUAIS | 213

da República.[23] É que o prequestionamento é uma exigência constitucional para que se possa admitir o recurso especial ou extraordinário. Como ensinam Teresa Arruda Alvim Wambier e Bruno Dantas:

> (...) ao exigir o prequestionamento da *questão constitucional* que se pretende ver apreciada em recurso extraordinário, ou da questão *infraconstitucional*, que se quer ver analisada em recurso especial, o STF e o STJ limitam-se a definir o sentido e o alcance da expressão "causas decididas", interpretando-a, sem "criar" qualquer requisito adicional, e sem visualizar qualquer requisito *implícito*, dotado de autonomia.[24]

Ora, se é a própria Constituição da República a exigir que o recurso especial ou o recurso extraordinário versem, necessariamente, sobre "causas decididas" (e nisso se constitui a exigência de prequestionamento), então seria preciso que essa matéria tivesse sido enfrentada ("decidida") no pronunciamento contra o qual se interpõe o recurso especial ou extraordinário para que pudesse ser apreciada pelos Tribunais de Superposição por meio de recursos excepcionais. Fica vedada, assim, a alegação da prescrição nessa sede como inovação recursal. Interpreta-se, desse modo, a lei federal em conformidade com a Constituição da República, de maneira que o art. 193 do Código Civil deve ser compreendido como uma autorização para que a prescrição seja alegada em qualquer tempo e grau de jurisdição *nas instâncias ordinárias*.

Daí resulta, então, que o fato de a prescrição não ter sido suscitada nas instâncias ordinárias implica renúncia tácita (art. 191 do Código Civil), o que exclui qualquer possibilidade de que ela venha a ser posteriormente reconhecida. Ademais, *é* essa renúncia tácita que impede, inclusive, que a prescrição venha

---

23 A *interpretação conforme a Constituição*, como sabido, é uma técnica interpretativa que permite afirmar qual é a interpretação de um dispositivo legal que está em conformidade com a Constituição da República, evitando-se, assim, a declaração de sua inconstitucionalidade. A interpretação conforme a Constituição, como ensina Inocêncio Mártires Coelho, recomenda "que os aplicadores da Constituição, em face de normas infraconstitucionais de múltiplos significados, escolham o sentido que as torne [constitucionais] e não aquele que resulte na sai declaração de inconstitucionalidade" (COELHO, Inocêncio Mártires. *Interpretação constitucional*. 3. ed. São Paulo: Saraiva, 2007. p. 108).

24 ARRUDA ALVIM WAMBIER, Teresa; DANTAS, Bruno. *Recurso especial, recurso extraordinário e a nova função dos tribunais superiores*. 6. ed. São Paulo: Ed. RT, 2019. p. 353.

originariamente alegada em ação rescisória fundada em violação de norma jurídica.

Com alguma frequência se vê, na prática forense, o ajuizamento de ação rescisória destinada a impugnar decisão que, proferida nas instâncias ordinárias, não reconheceu a prescrição em processo no qual essa matéria não chegou a ser suscitada em momento algum. A jurisprudência do STJ é firme no sentido de não se admitir a ação rescisória nesse caso. Foi o que se decidiu, por exemplo, no seguinte julgado:

> Processual civil. Agravo interno no agravo em recurso especial. Recurso manejado sob a égide do NCPC. Rescisória. Previdência privada. Expurgos inflacionários. Prescrição. Tese não apreciada no acórdão rescindendo. Impossibilidade de apreciação. Precedentes. Recurso não provido.
>
> 1. Aplica-se o NCPC a este julgamento ante os termos do Enunciado Administrativo n. 3 aprovado pelo Plenário do STJ na sessão de 09.03.2016: Aos recursos interpostos com fundamento no CPC/2015 (relativos a decisões publicadas a partir de 18 de março de 2016) serão exigidos os requisitos de admissibilidade recursal na forma do novo CPC.
>
> 2. A propositura de ação rescisória por violação a literal disposição de lei e pela ocorrência de erro de fato exige que o acórdão rescindendo tenha se manifestado expressamente sobre a tese jurídica.
>
> 3. Agravo interno não provido.[25]

No acórdão, o relator afirmou que:

> (...) o entendimento proferido pelo Tribunal catarinense, no sentido que o acórdão não violou nenhuma disposição legal ao deixar de examinar a prescrição, porquanto tal tese não foi aventada em contestação, tampouco na apelação cível, ou seja, somente foi suscitada nesta ação rescisória.[26]

Essa afirmação é, evidentemente, correta. No entanto, a esse argumento pode-se somar outro. É que, não tendo sido a prescrição suscitada em momento algum daquele processo original, e

---

25 STJ, AgInt no AREsp n. 1.546.720/SC, rel. Min. Moura Ribeiro, 3ª T., j. 29.06.2020, *DJe* 01.07.2020.

26 Idem.

CAP. 9 – ASPECTOS PROCESSUAIS | **215**

já tendo sido formada a coisa julgada, teria havido uma renúncia tácita à prescrição, de modo que ela não poderia agora ser reconhecida, nem mesmo em juízo rescisório.[27] Assim, a rigor, seria caso de reconhecer-se a ausência de interesse de agir para essa ação rescisória, daí resultando a extinção do processo sem resolução do mérito.

Outro tema que precisa ser enfrentado é o da preclusão da decisão que se pronuncia sobre a prescrição. É que, sendo possível sua alegação *a qualquer tempo* (nas instâncias ordinárias), poderia ficar a impressão de que, sobre o tema, *não haveria preclusão. Assim não é, porém. Uma vez suscitada a decidida a prescrição, e esgotados os recursos cabíveis contra as decisões que sobre ela tenham versado, a matéria é alcançada pela preclusão, não podendo voltar a ser suscitada, nem pelas partes nem pelo juiz de ofício,* e, por conseguinte, não sendo mais possível decidir-se a respeito da matéria. Em outros termos, o direito de alegar a prescrição não preclui (nas instâncias ordinárias), mas, uma vez exercido, produz-se a preclusão consumativa e, uma vez decidida a matéria por decisão irrecorrível, não será mais possível examinar-se o tema (art. 507 do CPC).[28]

Totalmente diversa é a abordagem da matéria quando se pensa em alegar a prescrição originariamente em sede executiva. Aqui é preciso, em primeiro lugar, verificar se o caso é de processo de execução (fundado em título extrajudicial) ou de cumprimento de sentença (ou seja, de procedimento executivo fundado em título judicial).

No processo de execução, é perfeitamente possível ao executado defender-se, o que se faz por meio de embargos à execução, mediante a alegação de prescrição. É que, como dispõe o art. 917, VI, do CPC, admite-se que o executado alegue, em seus embargos, "qualquer matéria que lhe seria lícito deduzir como defesa em processo de conhecimento", o que, evidentemente, inclui a alegação de prescrição.

---

27 Ou seja, no rejulgamento do processo original que se dá no âmbito da própria ação rescisória, quando é procedente o pedido de rescisão.

28 THEODORO JÚNIOR, Humberto. *Prescrição e decadência*, cit., p. 76. O Superior Tribunal de Justiça tem entendimento firme acerca do ponto, no mesmo sentido sustentado no texto, como se pode ver, entre muitos outros, pelo julgado proferido no Resp n. 1.972.877/PR, rel. Min. Marco Aurélio Bellizze, j. 27.09.2022, *DJe* 29.09.2022.

Já no cumprimento de sentença só se poderá alegar prescrição quando o prazo prescricional tiver corrido de forma superveniente à formação do título executivo judicial. É o que resulta do art. 525, § 1º, VII, do CPC, segundo o qual o executado, na impugnação ao cumprimento de sentença, poderá alegar "qualquer causa modificativa ou extintiva da obrigação, como pagamento, novação, compensação, transação ou prescrição, desde que supervenientes à sentença". Como já visto, a instauração do processo de conhecimento obsta a consumação da prescrição. Ocorre que, uma vez transitada em julgado a decisão de mérito, inicia-se a fluência de um novo prazo prescricional (como, aliás, foi visto no capítulo 8 deste estudo), e, consumado esse prazo sem que tenha começado o procedimento executivo, terá ocorrido a prescrição do direito, em razão do decurso de prazo superveniente à formação do título.

O que se verifica, então, é que, respeitadas as características do caso concreto (processo de execução por título extrajudicial ou cumprimento de sentença), será possível a alegação da prescrição em embargos ou em impugnação ao cumprimento de sentença. É preciso, porém, verificar a possibilidade de alegação da prescrição em sede de "exceção de pré-executividade".[29]

O Superior Tribunal de Justiça tem admitido a alegação da prescrição em "exceção de pré-executividade" quando sua apreciação não exigir algum tipo de dilação probatória. Foi o que se decidiu, por exemplo, no julgamento de recurso cujo acórdão foi assim ementado:

> Processual civil. Recurso especial. Astreintes. Execução de multa fixada por decisão interlocutória de antecipação dos efeitos da tutela. Necessidade de confirmação em decisão definitiva. Julgamento de improcedência do pedido formulado na exordial. Afastamento da multa cominatória.
>
> 1. A Corte Especial, em sede de recurso repetitivo, REsp n. 1.200.856/RS, Relator Ministro Sidnei Beneti, entendeu que a "multa diária prevista no § 4º do art. 461 do CPC [1973], devida desde o dia em que configurado o descumprimento, quando fixada em antecipação de tutela, somente poderá ser objeto de execução provisória após a sua confirmação pela sentença de mérito e desde que o recurso eventualmente interposto não seja recebido com efeito suspensivo".

---

29 Não é este, evidentemente, o local adequado para tratar dessa modalidade atípica de defesa do executado. Sobre o tema, consulte-se CÂMARA, Alexandre Freitas. *Manual de Direito Processual Civil*, cit., p. 786 e seguintes.

CAP. 9 – ASPECTOS PROCESSUAIS | **217**

2. Por um lado, em vias de o litígio ser solucionado – pelo STJ – houve inadequada tramitação da execução provisória das astreintes, haja vista a inexistência de título executivo. Por outro lado, nos autos do REsp n. 1.134.483/RS houve julgamento de integral improcedência do pedido formulado, pela ora recorrida, na inicial da ação.

3. Com efeito, independentemente do mérito da questão acerca da correta incidência das astreintes – tese de que houve fornecimento de documentação hábil à transferência de Detran do veículo –, a multa cominatória está definitivamente afastada pelo julgamento exauriente do mérito da demanda, em sede de recurso especial.

4. Recurso especial parcialmente provido para reconhecer a nulidade insanável de todos os atos processuais praticados no cumprimento provisório das astreintes.[30]

No voto condutor do acórdão, o relator afirmou:

(...) é pacífico, na jurisprudência desta Corte Superior, o entendimento de que a exceção de pré-executividade é cabível para discutir questões de ordem pública, cognoscíveis de ofício, *v.g.*, os pressupostos processuais, as condições da ação, a prescrição, os vícios objetivos do título executivo atinentes à certeza, liquidez e exigibilidade, desde que não demandem dilação probatória.[31]

É preciso, entretanto, considerar que a prescrição só poderá ser conhecida por meio de alegação feita em "exceção de pré-executividade" se não houver necessidade de dilação probatória. Basta que o exequente, então, ao ser ouvido sobre a defesa do executado, alegue alguma causa de suspensão ou interrupção do prazo prescricional para que já não possa mais examinar-se a matéria por essa via, sendo necessária sua alegação pelos meios ordinários de defesa do executado.

9.3. A NECESSIDADE DE CONTRADITÓRIO PRÉVIO AO RECONHECIMENTO DA PRESCRIÇÃO

Tema que já foi abordado (no item 9.1, *supra*), mas nunca é demais reiterar, é o da necessidade de contraditório prévio ao

---

30 STJ, REsp n. 1.327.511/RS, rel. Min. Luis Felipe Salomão, 4ª T., j. 10.03.2020, *DJe* 04.08.2020.

31 Idem.

reconhecimento da prescrição, ainda que esse reconhecimento se dê *ex officio*. É que decidir sobre prescrição – seja para reconhecê-la, seja para afastá-la – sem prévia oitiva das partes configura decisão-surpresa, o que viola diretamente o disposto no art. 10 do CPC e, por via reflexa, o que vai no art. 5º, LV, da Constituição da República, sede do princípio do contraditório.

O CPC, de forma expressa, veda a pronúncia da prescrição sem que antes se dê às partes oportunidade de manifestarem-se sobre o tema. É o que se verifica pelo texto normativo de seu art. 487, parágrafo único, por força do qual "a prescrição e a decadência não serão reconhecidas sem que antes seja dada às partes oportunidade de manifestar-se".

Tendo sido, portanto, alegada a prescrição pelo devedor, será preciso ouvir-se o autor, que poderá alegar ter ocorrido qualquer causa suspensiva ou interruptiva da prescrição ou a renúncia ao seu reconhecimento. Em contrapartida, suscitada a questão pelo juiz de ofício, será preciso abrir prazo para que ambas as partes se manifestem (sempre recordando que, como visto no capítulo 3, o silêncio do devedor que tenha sido especificamente intimado para manifestar-se sobre a possibilidade de reconhecimento da prescrição implica renúncia tácita, de modo que não será possível pronunciar-se, nesse caso, a prescrição do direito).

De outro lado, no caso de o juiz suscitar de ofício a prescrição antes da citação do réu (art. 332, § 1º, do CPC), não há mesmo que se falar em prévia oitiva de ambas as partes, e é nesse sentido que se deve interpretar a ressalva contida na parte inicial do texto normativo do parágrafo único do art. 487. Há, porém, a necessidade de ouvir-se previamente o demandante, sob pena de prolação de decisão-surpresa. Além disso, sempre é preciso recordar que, nos termos do art. 9º do CPC, não se pode proferir decisão contra uma das partes sem que ela tenha sido previamente ouvida (com as exceções constantes do parágrafo único do aludido dispositivo, entre as quais não está a improcedência liminar do pedido).

Dada ao autor oportunidade para manifestar-se, pode ele suscitar a existência de alguma causa de impedimento, suspensão ou interrupção do prazo prescricional, ou ainda a ocorrência de renúncia à prescrição, e a verificação desses fatos demanda dilação probatória, o que é suficiente para impedir a improcedência liminar do pedido (uma vez que esta só pode ocorrer "nas causas que dispensem a fase instrutória", como consta do *caput* do art. 332 do CPC. No entanto, caso o autor nada alegue (ou não apresente qualquer alegação provida de alguma seriedade), será possível proferir-se sentença de improcedência liminar do pedido por força do reconhecimento da prescrição.

REFERÊNCIAS

ABBOUD, Georges. Premissas fundamentais para o correto uso da proporcionalidade no Direito. *Revista Eletrônica da Faculdade de Direito de Franca*, v. 5, n. 1, p. 144-153, 2012.

AMIN, Andréa Rodrigues. Princípios orientadores do Direito da Criança e do Adolescente. In: MACIEL, Kátia Regina Ferreira Lobo Andrade (coord.). *Curso de Direito da Criança e do Adolescente*: aspectos teóricos e práticos. Rio de Janeiro: Lumen Juris, 2006.

AMORIM FILHO, Agnelo. Critério científico para distinguir a prescrição da decadência e para identificar as ações imprescritíveis. *Revista da Faculdade de Direito da Universidade Federal do Ceará*, v. 14, p. 301-351, 1958.

ANDRADE, Fábio Siebeneichler de. O desenvolvimento do contrato de seguro no Direito Civil brasileiro atual. *Revista de Derecho Privado*, n. 28, 2015.

ANDRADE, Manuel A. Domingues de. *Teoria geral da relação jurídica*. Coimbra: Coimbra Editora, 1992. t. II.

ARAGÃO, Egas Dirceu Moniz de. Estatística judiciária. *Genesis: Revista de Direito Processual Civil*, v. 8, n. 27, p. 71-80, jan.--mar. 2003.

ARAGÃO, Nilsiton. *Execução civil*. Rio de Janeiro: Lumen Juris, 2020.

ARAPIRACA, Ciro José de Andrade. *A Lei 11.280/06 e o reconhecimento de ofício da prescrição*. Disponível em: <www.juspodivm.com.br/i/a/{4C7533F0-6726-493A-806A-BA-63BC5A636B}_A%20Lei%2011[1].280-06%20e%20o%20Reconhecimento%20de%20of%C3%ADcio%20da%20Prescri%C3%A7%C3%A3o%20-%20Ciro%20Jos%C3%A9%20de%20Andrade%20Arapiraca.doc>.

ARAÚJO, José Henrique Mouta; LEMOS, Vinicius Silva. *Procedimento comum no processo de conhecimento*. Salvador: JusPodivm, 2021.

ARRUDA ALVIM, José Manoel de. Da prescrição intercorrente. In: CIANCI, Mirna (coord.). *Prescrição no novo Código Civil*: uma análise interdisciplinar. São Paulo: Saraiva, 2005.

ARRUDA ALVIM WAMBIER, Teresa; DANTAS, Bruno. *Recurso especial, recurso extraordinário e a nova função dos tribunais superiores*. 6. ed. São Paulo: Ed. RT, 2019.

AURELLI, Arlete Inês; PANTALEÃO, Cristina Pinheiro Cardoso. Uma revisita ao tema da prescrição intercorrente no âmbito do processo civil com ênfase no novo CPC. *Revista de Direito da Advocef*, n. 24, ano XII, 2017.

AZEVEDO, Álvaro Villaça. *Teoria geral das obrigações*. 6. ed. São Paulo: Ed. RT, 1997.

BARBOSA, Antônio Alberto Alves. *Da preclusão processual civil*. 2. ed. São Paulo: Ed. RT, 1992.

BARBOSA MOREIRA, José Carlos. Notas sobre o problema da "efetividade" do processo. *Temas de Direito Processual (terceira série)*. São Paulo: Saraiva, 1984.

REFERÊNCIAS | 223

BARBOSA MOREIRA, José Carlos. Notas sobre pretensão e prescrição no sistema do novo Código Civil brasileiro. *Revista da Academia Brasileira de Letras Jurídicas*, v. 19, n. 22, 2002.

BERALDO, Leonardo de Faria. Ensaio sobre alguns pontos controvertidos acerca da prescrição no Direito brasileiro. *Amagis Jurídica*, n. 6, ano III, 2011.

BESSA, Leonardo Rodrigues Itacaramby. Arguição da prescrição de ofício pelo magistrado – aspectos positivos e negativos. Aplicabilidade ao processo do trabalho. *Revista Eletrônica da Amatra XX*, Aracaju, n. 8, 2007. Disponível em: <www.amatra20.org.br/amatrawi/interna.wsp?tmp_page=interna&tmp_codigo=182&tmp_secao=3&tmp_topico=Revista%20Eletr%F4nica&tmp_menu=3>. Acesso em: 20.12.2022.

BEVILÁQUA, Clóvis. *Teoria geral do Direito Civil*. 4. ed. Brasília: Ministério da Justiça, 1972.

BEVILÁQUA, Clóvis. *Código Civil dos Estados Unidos do Brasil commentado*. 2. ed. Rio de Janeiro: Francisco Alves, 1921. v. 1.

BONNECASE, Julien. *Tratado Elemental de Derecho Civil*: parte B. Trad. Enrique Figueroa Alfonzo. Cidade do México: Harla, 1997.

BULHÕES-ARIEIRA, Bernardo Alvarenga; ROSMAN, Luiz Alberto Colonna. Prazos prescricionais em espécie. In: LAMY FILHO, Alfredo; PEDREIRA, José Luiz Bulhões (coord.). *Direito das companhias*. 2. ed. Rio de Janeiro: Forense, 2017.

CABRAL, Antônio do Passo. *Nulidades no processo moderno*. Rio de Janeiro: Forense, 2009.

CAHALI, Yussef Said. *O casamento putativo*. 2. ed. São Paulo: Ed. RT, 1979.

CAHALI, Yussef Said. *Prescrição e decadência*. 2. tir. São Paulo: Ed. RT, 2008.

CÂMARA, Alexandre Freitas. Da evicção – aspectos materiais e processuais. In: HIRONAKA, Giselda Maria Fernandes Novaes;

TARTUCE, Flávio (coord.). *Direito contratual*: temas atuais. São Paulo: Método, 2007.

CÂMARA, Alexandre Freitas. *Manual do mandado de segurança*. São Paulo: Atlas, 2012.

CÂMARA, Alexandre Freitas. "União estável" hetero ou homoafetiva: relação matrimonial sem casamento. *Revista Trimestral de Direito Civil*, v. 50, 2012.

CÂMARA, Alexandre Freitas. Petição de herança, reconhecimento de paternidade *post mortem* e termo inicial do prazo prescricional. In: LARA, Mariana Alves et al. (coord.). *Direito das Famílias e das Sucessões*. Belo Horizonte: Conhecimento, 2021.

CÂMARA, Alexandre Freitas. *Manual de Direito Processual Civil*. São Paulo: Atlas, 2022.

CÂMARA, Alexandre Freitas. *O novo processo civil brasileiro*. 8. ed. São Paulo: Atlas, 2022.

CÂMARA, Alexandre Freitas. Reconhecimento de ofício da prescrição: uma reforma descabeçada e inócua. *Professor Flávio Tartuce*. Disponível em: <www.flaviotartuce.adv.br/artigos_convidados/22>. Acesso em: 16.12.2022.

CÂMARA LEAL, Antônio Luís da. *Da prescrição e da decadência*. 2. ed. atual. por José de Aguiar Dias. Rio de Janeiro: Forense, 1959.

CAMPINHO, Sérgio. *Falência e recuperação de empresa*. 4. ed. Rio de Janeiro: Renovar, 2009.

CANARIS, Claus Wilhelm. O novo Direito das Obrigações na Alemanha. *Revista da Emerj*, v. 7, n. 27, 2004.

CARNACCHIONI, Daniel Eduardo. *Curso de Direito Civil*: parte geral. Rio de Janeiro: Lumen Juris, 2010.

CARNELUTTI, Francesco. *Sistema de Direito Processual Civil*. Trad. Hiltomar Martins Oliveira. São Paulo: Classic Book, 2000. v. II.

REFERÊNCIAS | 225

CARPENTER, Luiz F. *Da prescrição*. 3. ed. Rio de Janeiro: Editora Nacional de Direito, 1958.

CARVALHO FILHO, José dos Santos. *Manual de Direito Administrativo*. 2. ed. São Paulo: Atlas, 2014.

CASTRO, Amilcar de. *Comentários ao Código de Processo Civil [de 1973]*. 3. ed. São Paulo: Ed. RT, 1983. v. VIII.

CAVALIERI FILHO, Sergio. *Programa de responsabilidade civil*. 8. ed. São Paulo: Atlas, 2009.

CHIOVENDA, Giuseppe. *Instituições de Direito Processual Civil*. Trad. J. Guimarães Menegale. 3. ed. São Paulo: Saraiva, 1969. v. 1.

COELHO, Fábio Ulhoa. *Curso de Direito Comercial*. 12. ed. São Paulo: Saraiva, 2008. v. 1.

COELHO, Inocêncio Mártires. *Interpretação constitucional*. 3. ed. São Paulo: Saraiva, 2007.

CONCEITOS fundamentais de Direito Civil – Nelson Rosenvald – prescrição. [*S.l.: s.n.*], 2020. 1 vídeo (55min17s). Publicado pelo canal Nelson Rosenvald. Disponível em: <www.youtube.com/watch?v=E2hr6MPcsdg>. Acesso em: 20.12.2022.

COSTA FILHO, Venceslau Tavares. Breves reflexões sobre a prescrição no Código de Processo Civil de 2015. In: MACÊDO, Lucas Buril de; PEIXOTO, Ravi; FREIRE, Alexandre (org.). *Procedimento comum*. 2. ed. Salvador: JusPodivm, 2016.

COVIELLO, Nicolas. *Doctrina General del Derecho Civil*. Buenos Aires: Rodamillans, 2003.

CUNHA, Leonardo Carneiro da. *A atendibilidade dos fatos supervenientes no processo civil*. Coimbra: Almedina, 2012.

DELGADO, José Augusto. *Responsabilidade civil do Estado*. Disponível em: <https://core.ac.uk/download/pdf/16021662.pdf>. Acesso em: 16.09.2022.

DE LUCCA, Newton. *Comentários ao novo Código Civil*. Rio de Janeiro: Forense, 2003. t. XII.

DIAS, Maria Berenice. *Manual de Direito das Famílias*. 14. ed. Salvador: JusPodivm, 2021.

DIDIER JR., Fredie; BONFIM, Daniela. *Parecer 23/2021*. Cedido pelos autores.

DINAMARCO, Cândido Rangel. *Execução civil*. 5. ed. São Paulo: Malheiros Editores, 1997.

DINAMARCO, Cândido Rangel. *Fundamentos do processo civil moderno*. 3. ed. São Paulo: Malheiros Editores, 2000. v. I.

DINAMARCO, Cândido Rangel. *Instituições de Direito Processual Civil*. 6. ed. São Paulo: Malheiros Editores, 2009. v. II.

DINAMARCO, Cândido Rangel. *Instituições de Direito Processual Civil*. 6. ed. São Paulo: Malheiros Editores, 2009. v. III.

ENNECCERUS, Ludwig; KIPP, Theodor; WOLFF, Martin. *Tratado de Derecho Civil*. 3. ed. Trad. Blas Pérez González e José Alguer. Barcelona: Bosch, 1981. v. 2. t. I.

FARIAS, Cristiano Chaves de; ROSENVALD, Nelson. *Curso de Direito Civil*. 13. ed. São Paulo: Atlas, 2015. v. 1.

FARIAS, Cristiano Chaves de; BRAGA NETTO, Felipe; ROSEN-VALD, Nelson. *Novo tratado de responsabilidade civil*. 2. ed. São Paulo: Saraiva, 2017.

FIGUEIREDO, Gabriel Seijo Leal de. *Contrato de fiança*. São Paulo: Saraiva, 2010.

FRANÇA, R. Limongi. *Instituições de Direito Civil*. 3. ed. São Paulo: Saraiva, 1994.

GAMA, Guilherme Calmon Nogueira da. *Direito Civil*: obrigações. São Paulo: Atlas, 2008.

GODINHO, Robson Renault. *Comentários ao Código de Processo Civil*. São Paulo: Saraiva, 2018. v. XIV.

GOMES, Luiz Roldão de Freitas. *Elementos de responsabilidade civil*. Rio de Janeiro: Renovar, 2000.

REFERÊNCIAS | 227

GUASP DELGADO, Jaime. *La Pretensión Procesal*. 2. ed. Madri: Civitas, 1985.

JAUERNIG, Othmar. *Direito Processual Civil*. Trad. F. Silveira Ramos. Coimbra: Almedina, 2002.

LEIPOLD, Dieter. *Oral and Written Elements within the Introductory Phase of Civil Procedure*. Texto de palestra proferida no colóquio *Oralidad y Escritura en un Proceso Civil Eficiente*, organizado pela International Association of Procedural Law em Valência, Espanha, em novembro de 2008. Disponível em: <www.uv.es/coloquio/coloquio/ponencias/5oraleip.pdf>. Acesso em: 20.12.2022.

LEONI LOPES DE OLIVEIRA, José Maria. *Direito Civil*: parte geral. 2. ed. Rio de Janeiro: Forense, 2018.

LIEBMAN, Enrico Tullio. O despacho saneador e o julgamento do mérito. *Estudos sobre o processo civil brasileiro*. São Paulo: Saraiva, 1947.

LIEBMAN, Enrico Tullio. *Manuale di Diritto Processuale Civile*. 5. ed. Milão: Giuffrè, 1992. v. 1.

MAMEDE, Gladston. *Direito Empresarial brasileiro*. 5. ed. São Paulo: Atlas, 2012. v. 4.

MAMEDE, Gladston. *Direito Empresarial brasileiro*. 7. ed. São Paulo: Atlas, 2012. v. 3.

MARINONI, Luiz Guilherme. Il Diritto alla Tutela Giurisdizionale Effettiva nella Prospettiva della Teoria dei Diritti Fondamentali. *Studi di Diritto Processuale Civile in Onore di Giuseppe Tarzia*. Milão: Giuffrè, 2005. t. I.

MARINONI, Luiz Guilherme; ARENHART, Sérgio Cruz. *Comentários ao Código de Processo Civil*. São Paulo: Ed. RT, 2016. v. IV.

MAROI, Fulvio; RUGGIERO, Roberto de. *Istituzioni di Diritto Privato*. 8. ed. Milão: Giuseppe Principato, 1950. v. I.

MARTINS, Fran. *Comentários à Lei das S.A*. 2. ed. Rio de Janeiro: Forense, 1985. v. 3.

228 | REPENSANDO A PRESCRIÇÃO • ALEXANDRE FREITAS CÂMARA

MARTINS, Fran. *Contratos e obrigações comerciais*. 9. ed. Rio de Janeiro: Forense, 1988.

MEDINA, José Miguel Garcia. *Direito Processual Civil moderno*. São Paulo: Ed. RT, 2015.

MEIRELLES, Hely Lopes. *Direito Administrativo brasileiro*. 14. ed. São Paulo: Malheiros Editores, 1989.

MELO, Marco Aurélio Bezerra de. *Direito Civil*: contratos. Rio de Janeiro: Forense, 2019.

MENEZES CORDEIRO, António Manuel da Rocha e. *Da boa fé no Direito Civil*. 4. reimpr. Coimbra: Almedina, 2011.

MESSINEO, Francesco. *Manuale di Diritto Civile e Commerciale*. 9. ed., Milão: Giuffrè, 1957. v. I.

MESSINEO, Francesco. *Manuale di Diritto Civile e Commerciale*. 9. ed. Milão: Giuffrè, 1972. v. V.

MICHELON, Claudio. *Direito restitutório*. São Paulo: Ed. RT, 2007.

MORAES, Maria Celina Bodin de; GUEDES, Gisela Sampaio da Cruz. Anotações sobre a responsabilidade civil do profissional liberal. *civilistica.com*, n. 2, ano 4, 2015.

MÜLLER, Friedrich. *Teoria estruturante do Direito*. Trad. Peter Naumann e Eurides Avance de Souza. 2. ed. São Paulo: Ed. RT, 2009.

MUTHER, Theodor. Sobre la Doctrina de la Actio Romana, del Derecho de Accionar Actual, de la Litiscontestatio y de la Sucesión Singular en las Obligaciones – Crítica del Libro de Windscheid *La Actio del Derecho Civil Romano, Desde el Punto de Vista del Derecho Actual*. In: WINDSCHEID, Bernhard; MUTHER, Theodor. *Polemica sobre la "Actio"*. Trad. Tomás A. Banzhaf. Buenos Aires: EJEA, 1974.

NEVES, Daniel Amorim Assumpção. *Novo Código de Processo Civil comentado artigo por artigo*. 2. ed. Salvador: JusPodivm, 2017.

NEVES, Gustavo Kloh Müller. *Prescrição e decadência no Direito Civil*. Rio de Janeiro: Lumen Juris, 2006.

REFERÊNCIAS | 229

NEVES, José Roberto de Castro. *Teoria geral dos contratos*. Rio de Janeiro: GZ, 2021.

NEVES, José Roberto de Castro. *Contratos*. 3. ed. Rio de Janeiro: GZ, 2021.

NUNES, Dierle; BAHIA, Alexandre; PEDRON, Flávio Quinaud. *Teoria geral do processo*. Salvador: JusPodivm, 2020.

OLIVEIRA, Carlos Santos de. *Dos contratos e atos unilaterais de vontade*. Rio de Janeiro: GZ, 2022.

OLIVEIRA, Rafael Carvalho Rezende. *Curso de Direito Administrativo*. São Paulo: Método, 2013.

PENTEADO, Luciano de Camargo. Figuras parcelares da boa-fé objetiva e *venire contra factum proprium*. *Thesis*, São Paulo, v. 8, ano IV, 2007.

PEREIRA, Caio Mário da Silva. *Instituições de Direito Civil*. 7. ed. Rio de Janeiro: Forense, 1986. v. III.

PEREIRA, Caio Mário da Silva. *Instituições de Direito Civil*. 9. ed. Rio de Janeiro: Forense, 1986. v. I.

PERLINGIERI, Pietro. *Manuale di Diritto Civile*. 6. ed. Nápoles: Edizioni Scientifiche Italiane, 2007.

PICÓ I JUNOY, Joan. *El Principio de la Buena Fe Procesal*. Barcelona: Bosch, 2003.

PINTO, Carlos Alberto da Mota. *Teoria geral do Direito Civil*. 3. ed. Coimbra: Coimbra Editora, 1994.

PLANIOL, Marcel; RIPERT, Georges. *Derecho Civil (parte B)*. Trad. Leonel Pereznieto Castro. Cidade do México: Harla, 1997.

PONTES DE MIRANDA, Francisco Cavalcanti. *Tratado das ações*. Atual. por Vilson Rodrigues Alves. Campinas: Bookseller, 1998. t. I.

RODRIGUES, Silvio. *Direito Civil*. 17. ed. São Paulo: Saraiva, 1987. v. 1.

ROSA JR., Luiz Emygdio F. da. *Títulos de crédito*. 2. ed. Rio de Janeiro: Renovar, 2002.

ROSA JR., Luiz Emygdio F. da. *Títulos de crédito*. 5. ed. Rio de Janeiro: Renovar, 2007.

ROSENBERG, Leo. *Tratado de Derecho Procesal Civil*. Trad. Angela Romera Vera. Lima: Ara, 2007. t. II.

ROSENVALD, Nelson. Prescrição: da exceção à objeção. In: FARIAS, Cristiano Chaves de (org.). *Leituras complementares de Direito Civil*. Salvador: JusPodivm, 2007.

ROSENVALD, Nelson. *O Direito Civil em movimento*: desafios contemporâneos. 4. ed. Salvador. JusPodivm, 2022.

RUGGIERO, Roberto de; MAROI, Fulvio. *Istituzioni di Diritto Privato*. 8. ed. Milão: Giuseppe Principato, 1950. v. I.

SATTA, Salvatore. *L'Esecuzione Forzata*. Milão: Giuffrè, 1937.

SAVIGNY, Friedrich Karl von. *Traité de Droit Romain*. Trad. Ch. Guenoux. Paris: 1840. v. VIII.

SCHREIBER, Anderson. *A proibição de comportamento contraditório*. Rio de Janeiro: Renovar, 2005.

SCHREIBER, Anderson. *Manual de Direito Civil*. 4. ed. São Paulo: Saraiva, 2021.

SCHWAB, Karl Heinz. *El Objeto Litigioso del Proceso*. Trad. Tomás A. Banzhaf. Buenos Aires: EJEA, 1968.

SEABRA, Gustavo Cives. *Manual de Direito da Criança e do Adolescente*. Belo Horizonte: CEI, 2020.

SENTÍS MELENDO, Santiago. Presentación. In: WACH, Adolf. *La Pretensión de Declaración*. Trad. Juan M. Semon. Buenos Aires: EJEA,1962.

SERPA LOPES, Miguel Maria de. *O silêncio como manifestação de vontade*. Rio de Janeiro: A. Coelho Branco Filho, 1935.

SERPA LOPES, Miguel Maria de. *Curso de Direito Civil*, v. IV. Rio de Janeiro: Freitas Bastos, 1958.

SILVA, Clóvis do Couto e. *A obrigação como processo*. São Paulo: José Bushatsky, 1976.

SILVA, Virgílio Afonso da. Princípios e regras: mitos e equívocos acerca de uma distinção. *Revista Latino-Americana de Estudos Constitucionais*, n. 1, 2003.

SIMÃO, José Fernando. *Prescrição e decadência*: início dos prazos. São Paulo: Atlas, 2013.

SOUSA, Miguel Teixeira de. Omissão do dever de cooperação do tribunal: que consequências? *Academia*, 2015. Disponível em: <www.academia.edu/10210886/TEIXEIRA_DE_SOUSA_M._ Omiss%C3%A3o_do_dever_de_coopera%C3%A7%C3%A3o_do_ tribunal_que_consequ%C3%AAncias_01.2015>. Acesso em: 20.12.2022.

STRECK, Lenio Luiz. Aplicar a "letra da lei" é uma atitude positivista? *Novos Estudos Jurídicos*, v. 15, n. 1, p. 158-173, 2010. Disponível em: <https://periodicos.univali.br/index.php/nej/ article/view/2308>. Acesso em: 20.12.2022.

STRECK, Lenio Luiz. *Voluntas legis versus voluntas legislatoris*: esclarecendo a inutilidade da distinção. *Direitos Fundamentais & Justiça*, n. 25, ano 7, 2013.

STRECK, Lenio Luiz. Hermenêutica constitucional. In: CAMPILONGO, Celso Fernandes; GONZAGA, Alvaro de Azevedo; FREIRE, André Luiz (coord.). *Enciclopédia jurídica da PUC--SP*. São Paulo: Pontifícia Universidade Católica de São Paulo, 2017. (Direito Administrativo e Constitucional, t. 2). Disponível em: <https://enciclopediajuridica.pucsp.br/verbete/18/ edicao-1/hermeneutica-constitucional>. Acesso em: 20.12.2022.

TARTUCE, Flavio. *Direito Civil*. 9. ed. Rio de Janeiro: Forense, 2016. v. 6.

TARTUCE, Flávio. *Direito Civil*. 11. ed. Rio de Janeiro: Forense, 2016. v. 2.

TARTUCE, Flavio. *Direito Civil*. 12. ed. Rio de Janeiro: Forense, 2016. v. 1.

TEPEDINO, Gustavo; BARBOZA, Heloísa Helena; MORAES, Maria Celina Bodin de. *Código Civil interpretado*. Rio de Janeiro: Renovar, 2004. v. I.

TEPEDINO, Gustavo; SCHREIBER, Anderson. *Fundamentos do Direito Civil*. Rio de Janeiro: Forense, 2020. v. 2.

THEODORO JÚNIOR, Humberto. *Comentários ao novo Código Civil*. Rio de Janeiro: Forense, 2003. v. III. t. II.

THEODORO JÚNIOR, Humberto. *Prescrição e decadência*. 2. ed. Rio de Janeiro: Forense, 2021.

TORRENTE, Andrea; SCHLESINGER, Piero. *Manuale di Diritto Privato*. 19. ed. Milão: Giuffrè, 2009.

TROISI, Bruno. *Diritto Civile – Lezioni*. 5. ed. Nápoles: Edizioni Scientifiche Italiane, 2009.

VELOSO, Zeno. *Condição, termo e encargo*. São Paulo: Malheiros Editores, 1997.

VON BÜLOW, Oskar. *La Teoría de las Excepciones Procesales y los Presupuestos Procesales*. Trad. Miguel Angel Rosas Lichtschein. Buenos Aires; EJEA, 1964.

VON TUHR, Andreas. *Derecho Civil*: parte general. Trad. Wenceslao Roces. Cidade do México: Porrúa, 1946.

WILLEMAN, Flávio de Araújo. *Temas de Direito Público*. Rio de Janeiro: Lumen Juris, 2017.

WINDSCHEID, Bernhard. La "actio" del Derecho Civil romano, desde el punto de vista del Derecho actual. In: WINDSCHEID, Bernhard; MUTHER, Theodor. *Polemica sobre la "Actio"*. Trad. Tomás A. Banzhaf. Buenos Aires: EJEA, 1974.

YARSHELL, Flávio Luiz. *Tutela jurisdicional específica nas obrigações de declaração de vontade*. São Paulo: Malheiros Editores, 1993.

ZACHARIAE, Karl-Salomo. *Le Droit Civil Français*. Trad. G. Massé e Ch. Vergé. Paris: Auguste Durand, Libraire-Éditeur, 1860. t. 5.